本书是四川省社科规划 2019 年度青年项目最终成果（结题等级：良好）。

王飞 著

抗逆力视野中
个人极端暴力犯罪研究
——基于 232 个案例的分析

KANGNILI SHIYE ZHONG
GEREN JIDUAN BAOLI FANZUI YANJIU
JIYU 232 GE ANLI DE FENXI

中国政法大学出版社

2023·北京

图书在版编目（ＣＩＰ）数据

抗逆力视野中个人极端暴力犯罪研究/王飞著. —北京：中国政法大学出版社，2023.3
ISBN 978-7-5764-0851-5

Ⅰ. ①抗… Ⅱ. ①王… Ⅲ. ①暴力－刑事犯罪－预防犯罪－研究
Ⅳ. ①D917.6

中国国家版本馆 CIP 数据核字(2023)第 055286 号

出 版 者	中国政法大学出版社
地　　址	北京市海淀区西土城路 25 号
邮寄地址	北京 100088 信箱 8034 分箱　邮编 100088
网　　址	http://www.cuplpress.com (网络实名：中国政法大学出版社)
电　　话	010-58908586(编辑部) 58908334(邮购部)
编辑邮箱	zhengfadch@126.com
承　　印	固安华明印业有限公司
开　　本	880mm×1230mm　1/32
印　　张	9.5
字　　数	240 千字
版　　次	2023 年 3 月第 1 版
印　　次	2023 年 3 月第 1 次印刷
定　　价	59.00 元

前　言

本书在对课题组掌握的 2000 年以来发生的 232 例个人极端暴力犯罪进行系统剖析的基础上，构建解析个人极端暴力犯罪的抗逆力模型，以"过程—事件"分析法为主，辅以"结构—功能"分析法，验证与修正抗逆力模型，据此解析个人极端暴力犯罪的发生机理。

抗逆力的触发机制：风险因素冲击。个人极端暴力犯罪的风险因素主要有身体技能不佳、学业受阻、事业不顺、情感（亲情、友情、爱情）受挫、其他纠纷（拆迁纠纷、劳资纠纷、债务纠纷、合伙纠纷等）五大类。这五类风险因素源自外在环境、与个人联系较为密切的社会关系、个人自身因素。分析作案人的生命历程可以发现，促使作案人实施恶行的风险因素通常是多重风险因素叠加联动，鲜有单一风险因素冲击便促发恶行的情况。

抗逆力的应对机制：外部保护因素"溃败"。个人的外在保护因素介入时机不准与介入方式不当，则很可能会"恶逆变"成为风险因素，同其他风险因素叠加联动共同冲击个人。社会支持残缺、学校帮扶欠佳、单位支持残缺、政府扶助缺失致个人抗逆力的社区防护失利。亲人联结恶化、家庭价值观念残损、家庭结构形态松散、家庭沟通支持弱化致使个人的家人联结阻隔而家庭防护失效。

个人特质恶化互蚀：个体抵御瓦解。个人抗逆力特质中，一旦身体技能弱化、人格（性格）异化、情绪失控、认知偏误、自我调适残缺失败、自我效能绝望与无助，则会陷入特质恶化互蚀的恶性循环圈，极易促发情绪型风险应对策略与行为，当其抗逆力恶化至瓦解时，会形成极端犯罪心理，故而促发极端暴力犯罪行为。

本书将分别以抗逆力恶化急剧程度和抗逆力特质作用理路为标准，对抗逆力视野中个人极端暴力犯罪进行归类。根据个人抗逆力曲线恶化趋势与导致其恶化的负性事件数量，可将个人抗逆力恶性曲线粗略分为急剧恶化型、逐次恶化型、介于二者之间的衍生恶化型，以此三类为基础，基于风险因素数量、抗逆力恶化率、风险因素引发极端暴力犯罪的作用时间等因素的综合作用，会形成各类型子式抗逆力恶化状态。作案人遭遇风险因素冲击，促使其作案的核心因素是其个体抗逆力特质瓦解，归根结底，便是作案人在情绪失控和认知偏误等影响下，自我调适失败，致使其自我效能感跌至无助与绝望，或者是情绪"越位"直接导致其自我效能感"触底"。于是，在深思熟虑或慌乱之余抉择情绪型风险应对策略，最终以风险因素施加者及其替代者（作案人并不熟识的无关人员）为侵害目标而痛下杀手。以此为标准，可将杀妻灭门犯罪归类为预谋型杀妻灭门犯罪和激情型杀妻灭门犯罪。

个人极端暴力犯罪的作案趋向。近年来，尽管各地党政机关、学校、公共交通公交站点等人员密集场所的安检安防举措日益严密，但是个人极端暴力犯罪依旧时有发生。个人极端暴力犯罪的作案手段、作案场所、作案人员等方面均呈现出了一系列"转变"：冲入法院等党政机关和校园作案转变为在党政机关和校园门前作案、爆炸转变为纵火、持枪射击转变为持刀砍杀、公交车纵火转变为干扰公共交通公交驾驶员正常驾驶、公交乘客作案转变为驾驶员作案、校外人员作案转变为本校（园）教师保安作案……呈现出作案工具易得、作案场所难防等特点。此外，精神病人作案、被害居所作案、驾车在人员密集场所撞人、情感纠纷诱发灭门惨案等作案形式多样。

个人极端暴力犯罪的防治路向。根据个人极端暴力犯罪的作案人抗逆力演化规律、作案条件与作案特征等情况，着力采取"矛盾根源治理、风险及时化解、环境彻底涤清、起势妥善处置"的个人极端暴力犯罪防治策略。依托社区和学校，培育个体抗逆力，打造三层抗逆力互构防御体系；基于个体抗逆力，构筑个人极端风险势能模型，改进个人极端风险监测化解机制；规范暴力犯罪类警情通报，阻断暴力信息滋生传播渠道，净化暴力信息存续弥散环境；在学校、车站、机场、公交车等重点场所和公共交通工具等极端风险敏感受体，织密高风险场域防控网络；整合各方应急处置力量，有机组建多元联动体和科学打造联勤警务站，健全应急联动处置机制。

目 录
CONTENTS

第一章

导　论

第一节　研究缘起

习近平总书记在 2019 年 5 月召开的全国公安工作会议上要求围绕影响群众安全感的突出问题，履行好打击犯罪、保护人民的职责，对涉黑涉恶、涉枪涉爆、暴力恐怖和个人极端暴力犯罪等突出违法犯罪，要保持高压震慑态势，坚持重拳出击、露头就打；要坚持打防结合、整体防控，专群结合、群防群治，推进基层社会治理创新。[1]此后，习近平总书记于 2020 年 11 月对平安中国建设工作作出重要指示，坚持共建共治共享方向，聚焦影响国家安全、社会安定、人民安宁的突出问题，深入推进市域社会治理现代化，深化平安创建活动，加强基层组织、基础工作、基本能力建设，全面提升平安中国建设科学化、社会化、法治化、智能化水平，不断增强人民群众获得感、幸福感、安全感。[2]多年来，个人极端暴力犯罪的作案人员与被害

---

[1] "奋力书写人民公安新篇章——习近平总书记在全国公安工作会议上的重要讲话引起热烈反响"，载 http://cpc.people.com.cn/n1/2019/0509/c64387-31075179.html.

[2] "习近平：全面提升平安中国建设水平不断增强人民群众获得感幸福感安全感"，载 https://baijiahao.baidu.com/s? id = 16830365005937169 23&wfr = spider&for = pc.

对象涉及诸多职业、年龄的人群，作案手段包括爆炸纵火、投毒砍杀、驾车冲撞等极具杀伤力的方式，作案场所既包括被害人居所等私密空间，也包括校园等人员密集场所。在严密管控危险物品和管制刀具的情势下，普通刀具等极易获得且难以管控的作案工具备受作案人"青睐"，故而使得犯罪形态不断"推陈出新"。近年来，公交爆炸纵火案和校园砍杀投毒案等个人极端暴力犯罪依旧"屡见报端"，其作案手段、作案对象、作案场所等屡屡"创新"，致使现有的社会治安防控体系对此"束手无策"，给社会各界形成了"防不胜防"的印象。

近年来发生了一些独特的个人极端暴力犯罪，尤其是最受社会关注的在校园和公交车内实施的个人极端暴力犯罪。2020年6月4日8时许，广西壮族自治区梧州市旺甫镇中心小学内发生了一起重大砍人突发事件，该校保安李某民持刀砍伤39名学生和教职工，其中3人重伤。其后，发生了一起有别于以往利用公交车作案的个人极端暴力犯罪。2020年7月7日12时12分，安顺市公共交通总公司52岁的驾驶员张某钢驾驶一辆公交汽车，在行驶至西秀区虹山水库大坝时，突然转向加速，横穿对向车道，撞毁护栏冲入水库，该案件导致公交车上包括张某钢在内的21人死亡，15人受伤。[1]这两例新近发生的个人极端暴力犯罪的作案人均是利用其职业身份，在被害人难以察觉时迅速实施恶行。

通过梳理所掌握的公开报道的2000年以来发生的个人极端暴力犯罪，笔者发现，最近发生的多起个人极端暴力犯罪呈现出一些新的动向：作案前征兆越来越弱、作案手段可监测性也越来越低……最典型的案例便是因情感纠纷引发的灭门惨案

---

[1] "安顺公交车坠湖事件调查结果：为什么坠湖事件原因"，载 https://baijia-hao. baidu. com/s？id=1672086179645507582&wfr=spider&for=pc.

"高发"，利用职业身份作案也日渐"起势"。即便是在被害防控意识增强和特定场所空间防控体系严密的情形下，当前的犯罪防控体系在面对这些个人极端暴力犯罪时，依旧显得力有不逮，这些问题均暴露出被害防控理念主导下的被害防控策略与手段效能较为有限。在社会主义现代化建设中，我国的犯罪防控体系和平安建设体制机制的社会安全漏洞亟须有效修补。对此，需要从犯罪人角度尽快探寻有效工具，在解析厘清个人极端暴力犯罪的机理基础上，科学设计精准防控体系。

借助抗逆力剖析这些个人极端暴力犯罪作案人的生命历程，可以发现他们的人生轨迹呈现出一个共同规律，他们之所以作案，主要是在持续遭受各类挫折打击后，长期缺乏有力的外部保护因素支持，尤其是在家庭结构功能残缺的情况下，抗逆力特质不佳。一旦再次遭遇风险因素冲击，抗逆力恶性重构会导致其抗逆力瓦解，形成极端犯罪心理的恶念，进而实施残暴的恶行。为此，可以依托抗逆力理论解析个人极端暴力犯罪作案人的行为逻辑，进而有针对性地构筑犯罪防控体系。

一、理论意义

拓展抗逆力与犯罪学研究领域。借助抗逆力解析个人极端案事件，可探寻将抗逆力建构为融合犯罪心理学与犯罪社会学的理论工具，进而解析其他犯罪行为。为此，本书既可拓展抗逆力的应用领域，也可拓宽犯罪心理学与犯罪社会学的交叉领域，还可充实犯罪防控的研究成果。

探索防范化解犯罪风险与犯罪情报研究新思路。构建抗逆力培养体系，降低个人被风险因素"击溃"而形成极端犯罪心理的风险；设计抗逆力与犯罪风险预测预警预防系统，精准测评与防范潜在犯罪人作案，既可探索依托抗逆力疏导与化解风险的研究思路，也可促进情报主导警务的发展，创新公安情报理论与实践，进而推进情报学理论体系的发展。

二、应用价值

防范化解个人极端风险，献力平安中国建设。荀悦有言："防为上、救次之、戒为下。"构建抗逆力培育体系，提升个人应对困难挫折的能力，打造"最强民力"，预防因抗逆力恶化而走向犯罪，实现从源头治理个人极端暴力犯罪。此外，也可用于引导培养服刑人员抗逆力良性发展，杜绝其再次作案。

落实精准犯罪防控，打造智慧治理模式。推动现代科技与社会治理的深度融合，依托抗逆力科学设计犯罪风险预测预警预防系统，促进个人极端风险预测预警预防精准化，打造数据驱动、人机协同、跨界融合的智慧治理新模式，助推社会治理体系与治理能力现代化。

第二节 创新与重难点

一、创新

（一）学术思想的特色

世间不乏遭遇各类逆境挫折之人，然则，仅极个别者付诸极端暴力犯罪，其根源在于：作案人多次遭遇风险因素冲击，保护因素联结弱化、断裂乃至异化，抗逆力特质统合失效，致使抗逆力持续恶化至瓦解，形成极端犯罪心理恶念而作案。依托抗逆力解析个人极端暴力犯罪，可拓展解析个人极端暴力犯罪的理论工具与丰富抗逆力理论。既有理论解析个人极端暴力犯罪陷入了张力不足的窘境，难以解析罪犯何以形成极端犯罪心理、缘何采取极端暴力手段、因何追求极端伤亡后果。现有个人极端暴力犯罪研究多侧重于事后描述研究。只有深入挖掘罪犯生命历程中抗逆力的演变轨迹与心路历程，方能有效解析其"极端"心理与极端犯罪行为。此外，借助抗逆力解析个人极端暴力犯罪，也可进一步完善和丰富抗逆力理论。

（二）学术观点的新意

个人极端暴力犯罪源自罪犯在生命历程中多次遭遇风险因素冲击，抗逆力持续恶性重构直至瓦解，形成极端犯罪心理而作案，即：A 事件中风险因素冲击→保护因素应对不利→抗逆力恶性重构→不良心理→不良行为……F 事件中风险因素冲击→保护因素应对不利→抗逆力瓦解→极端犯罪心理→极端暴力犯罪。个人的外在保护因素应对风险因素方式适当且程度适度，方可有效应对风险因素和化解风险，而外在保护因素应对不当则极可能转变成为风险因素。个人极端暴力犯罪防控只是治标之策，治本之策为从改善个人抗逆力特质与引导个人抗逆力良性发展着手，提升个人遭遇挫折后抗逆力良性重构的能力与心理。

（三）研究方法的特色

资料收集方法有独特的行业优势。依托课题负责人所在单位，课题负责人和一名成员于 2020 年至 2021 年在公安机关锻炼期间，通过公安系统至个人极端暴力犯罪案发地公安机关查阅办案资料和深度访谈办案人员等知情人士，获取了本系统之外的学者难以获得的第一手研究资料。

资料分析方法有效、实用。综合个案研究法和质性研究法，对典型案例进行"过程—事件"分析，着力挖掘与剖析罪犯生命历程的重要事件，勾勒抗逆力演进曲线、心路历程和越轨行为历程，厘清三者间的关系，构建并验证了解析个人极端暴力犯罪的抗逆力模型。

二、重点难点

(一) 重点

基于生命历程视角，厘清风险因素、保护因素和个人抗逆力特质等个人抗逆力的作用因子及其作用机制，据此勾勒出抗逆力演进曲线，构建与验证解析个人极端暴力犯罪的抗逆力模型。

依托解析个人极端暴力犯罪的抗逆力模型，借助典型案例，厘清作案人抗逆力演进曲线、心路历程、越轨行为历程及三者间的关系，进而解析个人极端暴力犯罪的发生机理。

(二) 难点

要阐释各类个人极端暴力犯罪发生机理，需收集和掌握作案人抗逆力演进的详细资料，由于课题组掌握的案例中，大部分极端暴力犯罪人因案件已经离世，尽管课题组可以通过查阅相关资料和深度访谈相关办案人员，以尽可能掌握作案人的相关资料，但囿于难以直接面访作案人，加之基于研究伦理考量，为避免对其亲属造成二次伤害，故而全面深入地收集作案人的一手资料难度极大。

培养良性抗逆力伴随个人整个生命历程，并非成乎于一朝一夕，尤以青少年时期最为关键，有效挖掘与协调个人、家庭、学校和社区的优势资源，构建全方位、全历程的抗逆力培育体系也是极难的。

第三节　文献综述

一、个人极端暴力犯罪研究

自 2010 年开始，个人极端暴力犯罪的学术文章便开始散见于中国知网，当前这类研究成果仍较为"匮乏"。现有研究主要集中于个人极端暴力犯罪的概念、特征、原因和防控等方面。

截至 2020 年 6 月 10 日，在中国知网以"个人极端暴力"为篇名进行检索，共检索到 60 篇文献，对这些文献进行计量可视化分析（参见图 1-1 至图 1-4），个人极端暴力犯罪研究相对"冷门"，其研究热度并不高；其研究主题和关键词分布较为"集中"，主要集中于个人极端暴力犯罪的作案人、特点表现、形成原因、防控对策等方面；其研究的学科分别集中于法学和公安。

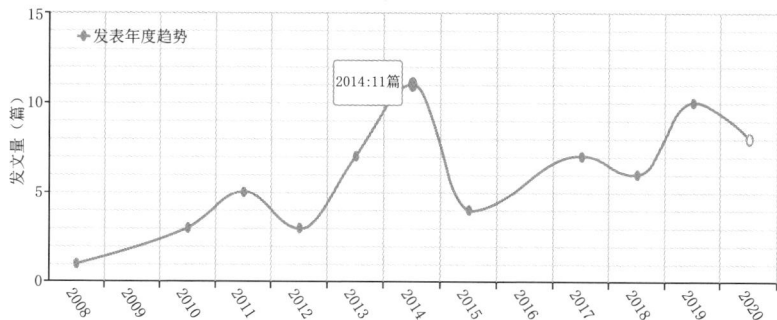

图 1-1 "个人极端暴力"发表年度趋势

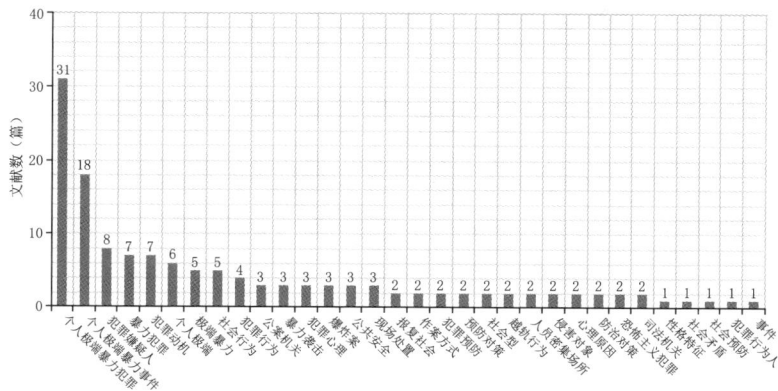

图 1-2 "个人极端暴力"研究主题分布

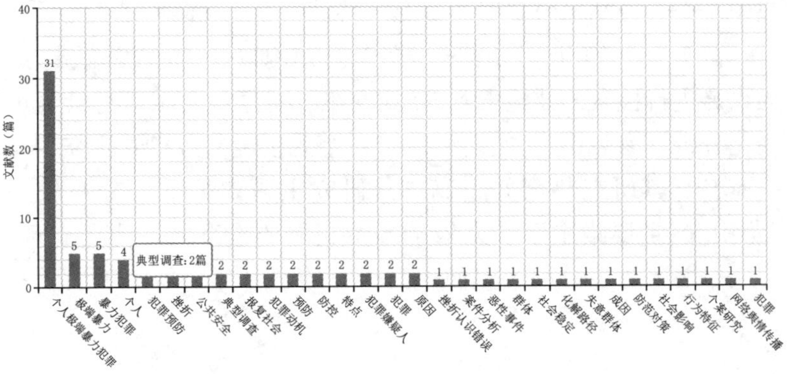

图1-3 "个人极端暴力"关键词分布

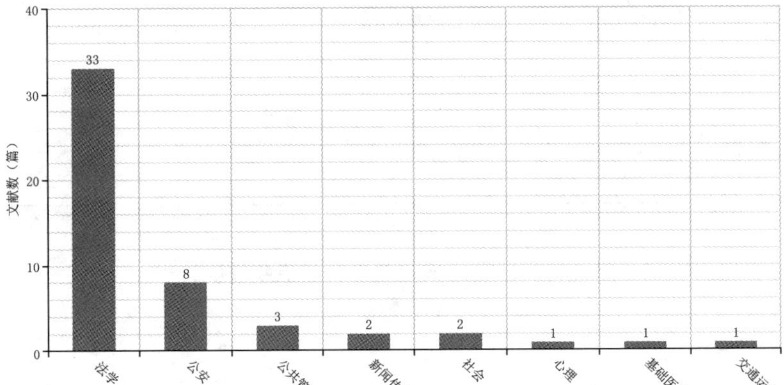

图1-4 "个人极端暴力"研究学科分类分布

（1）概念与特征。在2013年公安部明确使用"个人极端暴力犯罪"这一称谓之前，媒体与学界使用了个人极端暴力事件[1]、

---

[1] 赵建生、周树华："社会学视域的个人极端暴力事件探析"，载《公安研究》2011年第11期，第41～50页。

个体恐怖犯罪[1]、个体报复社会型犯罪[2]等称谓。对于个人极端暴力犯罪的概念，学界基本达成了以下共识：一是犯罪主体为个人；二是呈现极端犯罪心理；三是犯罪手段极端暴力；四是后果的极端性，即伤亡极其严重。[3]笔者认为，个人极端暴力犯罪区别于恐怖主义犯罪，是指不带有政治目的，个人因某些缘由，形成极端犯罪心理的恶念后，使用极端暴力手段实施恶行，意图造成极其严重伤亡恶果的犯罪行为。我国个人极端暴力犯罪的主要特征有：行为方式残忍、后果严重、示范效应强[4]，犯罪主体弱势性、犯罪行为突发性、犯罪动机泄愤性[5]，作案方式简单直接、作案地点相对集中、多为预谋作案、作案前大多遭遇挫折或纠纷等[6]。

（2）原因与防控。学者们普遍认可是社会环境与个人因素共同作用的结果：个体对挫折的错误认识，加之冲动的情绪直接产生了报复社会的动机，社会对特殊群体的关护缺失[7]，社会

〔1〕 杨辉解："个体恐怖犯罪概念辨析"，载《中国人民公安大学学报（社会科学版）》2012年第3期，第140~146页。

〔2〕 莫洪宪、吴爽："论个体报复社会型犯罪的概念及发生原因"，载《河南警察学院学报》2013年第4期，第32~37页。

〔3〕 冯卫国、王超："个人极端暴力犯罪及其防控机制研究——基于75个犯罪案例的实证分析"，载《河南警察学院学报》2015年第6期，第37~45页。

〔4〕 靳高风："当前中国个人极端暴力犯罪个案研究"，载《中国人民公安大学学报（社会科学版）》2012年第5期，第126~134页。

〔5〕 解晓彤、汪景涛："个人极端暴力犯罪与独狼式恐怖主义犯罪比较研究"，载《净月学刊》2018年第2期，第97~102页。

〔6〕 江云、吴杰："对个人极端暴力犯罪应对处置的思考"，载《公安教育》2017年第2期，第34~37页。

〔7〕 沈晓君、吴波："个人极端暴力犯罪的成因分析及预防对策——从挪威'奥斯陆惨案'事件中带来的警示"，载《犯罪研究》2012年第1期，第81~85页。

排斥与社会融合不畅[1]，失意经历是主要原因[2]，需要没有被满足[3]，矛盾激化与个人心理、性格缺陷[4]。由于刑罚对个人极端暴力犯罪的威慑效能较弱[5]，于是，学者们普遍认为要加强防控和治理方能有效应对个人极端暴力犯罪：严厉打击、加强处置与防控[6]，排查化解矛盾[7]。

在当前解析个人极端暴力犯罪的各种理论中，尤以应用社会控制理论和"挫折—攻击"理论居多。持社会控制理论者认为，个人为维护自我形象，会抗拒违法或犯罪，如果自我控制力或社会环境控制力变弱，则容易犯罪；而持社会约束理论者则认为，个人和社会彼此建立起的社会纽带可防止个人犯罪，社会纽带弱化或瓦解，便容易使个人走向犯罪。此外，诸多持"挫折—攻击"理论的学者则认为，当个体遭受挫折时，其便会做出某种形式的攻击行为。尽管这些理论能在一定程度上解析犯罪的缘由，然而，在面对个人极端暴力犯罪的作案人缘何形成极端犯罪心理、因何采取极端暴力手段、为何寻求极端伤亡

〔1〕 魏猛："社会排斥与社会融合：泄愤型个人极端暴力犯罪的社会学思考"，载《北京人民警察学院学报》2012年第4期，第86~90页。

〔2〕 贾俊强："当前个人极端暴力事件研究分析——以'失意群体'为视角"，载《河南财经政法大学学报》2014年第1期，第178~184页。

〔3〕 欧瑜霞："报复社会型个人极端暴力案件研究"，载《安徽警官职业学院学报》2014年第6期，第34~38页。

〔4〕 张应立："个人极端暴力犯罪预防研究——以'枫桥经验'为视角"，载《山东警察学院学报》2019年第2期，第94~102页。

〔5〕 冯卫国、王敏芝："个人极端暴力犯罪及其防范治理——基于100起犯罪案例的实证分析"，载《浙江工业大学学报（社会科学版）》2018年第2期，第217~221页。

〔6〕 马思思："中小学校园极端暴力事件的预防及应急对策"，载《湖北警官学院学报》2015年第8期，第39~42页。

〔7〕 张应立："个人极端暴力犯罪预防研究——以'枫桥经验'为视角"，载《山东警察学院学报》2019年第2期，第94~102页。

结果等极端特征时，解释张力明显不足。

二、抗逆力研究

截至 2020 年 6 月 10 日，在中国知网以"抗逆力"为篇名进行检索，共检索到 632 篇文献，对这些文献进行计量可视化分析（参见图 1-5 至图 1-7），抗逆力研究的发文量自 2010 年开始大增，其研究呈现持续的"增热"趋势；其研究的学科分布较广，涵盖了工科和人文社科中较多的学科门类。分析抗逆力研究的关键词分布可见，抗逆力研究主要分布于研究对象、构成因素、分析层面和应用领域等，其研究对象多为弱势人群。

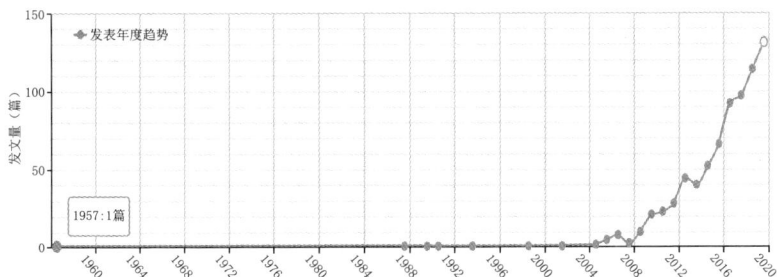

图 1-5 "抗逆力"发表年度趋势分析

不同学者基于不同学科背景和研究需要，对抗逆力的称谓主要有心理弹性、心理韧性、复原力和抗逆力等。为强调外在环境与个体的相互影响与作用，而非仅是内在心理意义与心理表现[1]，笔者采纳"抗逆力"一词。学界对抗逆力的研究主要包括抗逆力的概念内涵、构成要素、运作模型、应用领域和培育途径等方面。

---

〔1〕 冯跃："国外家庭抗逆力的内涵及模式研究述评"，载《首都师范大学学报（社会科学版）》2014 年第 4 期，第 140~145 页。

　　抗逆力的概念内涵。学者们对抗逆力概念内涵形成了四种观念：特质（能力）论、过程论（关系）、结果论和多面向论。诸如，抗逆力是一种即使身陷明显的压力和困境中也不会发生犯罪等问题的品质或重新回到压力事件之前所能适应和胜任的能力。[1]抗逆力是在特定情境中，危险因素和保护因素相互影

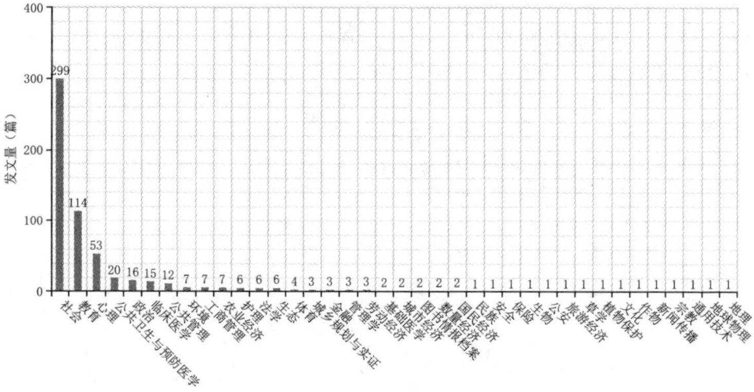

图1-6　"抗逆力"研究学科分类分布

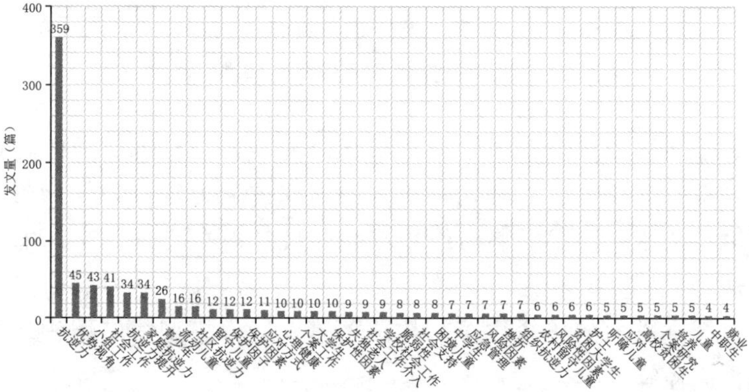

图1-7"抗逆力"研究关键词分布

---

〔1〕　N. Garmezy, *Children in Poverty：Resilience Despite Risk*, Psychiatry, 1993：56.

响的过程[1]；抗逆力是关于整个人的一种状态，包括一个人的情绪与人际关系的和谐[2]；不能将抗逆力视为个体的特质，应该视为适应良好的结果[3]；抗逆力是特定情境的产物，不可能有一个全面的、固定的概念，是能力、过程与结果的统一[4]。

抗逆力的构成要素。抗逆力的构成要素之风险/保护因素主要来自三个方面：个人层面的抗逆力特质，包括智力水平和性格等个体特质；家庭层面的保护因素，可以给予个人的支持、家庭的情感互动等家庭特质；外部支持层面的保护因素，学校和社区等外部支持。[5]构成个体抗逆力的要素主要包括外部支持因素、内在优势因素、效能因素三个方面。[6]换言之，抗逆力的要素主要由外在的保护因素（家庭保护因素与广义的社区保护因素）和内在的个人抗逆力特质组成。

抗逆力的运作模型。主要形成了以下模型：揭示了风险、压力、个人能力特质、行为结果等主要因素之间存在的线性互动关系行为目标模型[7]；以压力事件为激活抗逆力的起点，抗

[1]　M. Rutter, "Geek Environment Interdependence", *Developmental Science*, Vol. 10, No. 1, 2007, pp. 12~18.

[2]　[美] Froma Walsh：《家庭抗逆力》，朱眉华译，华东理工大学出版社2013年版，第7页。

[3]　A. S. Masten & D. Coastworth, "The Development of Competence in Favorable and Unfavorable Environments", *American Psychologist*, Vol. 53, No. 2, 1998, pp. 205~220.

[4]　S. S. Luthar, "Annotation: Methodological and Conceptual Issues in Research on Childhood Resilience", *Journal of Child Psychology and Psychiatry*, Vol. 34, No. 4, 1993, pp. 441~453.

[5]　N. Garmezy, "Resilience in Children's Adaptation to Negative Life Events and Stressed Environments", *Pediatric Annals*, Vol. 20, No. 9, 1989, pp. 459~460, 463~466.

[6]　E. H. Grotberg, "A Guide to Promoting Resilience in Children: Strengthening Human Spirit", *Caregiver Role*, 1995, p. 60.

[7]　N. Garmezy, "Resilience in Children's Adaptation to Negative Life Events and Stressed Environments", *Pediatric Annals*, Vol. 20, No. 9, 1989, pp. 459~460, 463~466.

逆力修饰因子为保护因素，二者相互作用的抗逆力层次模型[1]；从环境与个体呈现出抗逆力运行关系框架的环境——个体策略模型[2]；从抗逆力产生的起点、过程到结果进行分析的环境——个体互动模型[3]；通过风险性因素与保护性因素相互作用，当个体的生理、心理、精神的平衡状态被打破时，呈现四种抗逆力重构水平的身心灵动态平衡模型[4]；提升教师抗逆力的"八因素模型""四维度模型"和"多纳圈模型"模型等[5]。无论哪种运作模型，个人抗逆力的运作机理均为个人遭受风险因素的挫折，其后为外在保护因素与个人抗逆力特质共同抵御风险因素的冲击。

抗逆力的应用领域与培养策略途径。抗逆力理论被部分学者翻译转述至国内后，其应用领域呈现出了逐步拓展的趋势：患者康复治疗[6]，干预问题青少年和高危青少年[7]，戒赌戒毒[8]，

〔1〕 田国秀、邱文静、张妮："当代西方五种抗逆力模型比较研究"，载《华东理工大学学报（社会科学版）》2011 年第 4 期，第 9~19 页。

〔2〕 田国秀、邱文静、张妮："当代西方五种抗逆力模型比较研究"，载《华东理工大学学报（社会科学版）》2011 年第 4 期，第 9~19 页。

〔3〕 K. L. Kumpfer, "Factors and Processes Contributing to Resilience: The Resilience Framework", In M. D. Glantz & J. L. Johnson 95 (Eds.), *Resiliency and Development: Positive Life Adaptations*, New York: Kluwer Academic, 1999.

〔4〕 Glenn E. Richardson, "The Metatheory of Resilience and Richardson Resiliency", *Journal of Clinical Psychology*, Vol. 58, No. 3, 2002, P. 312.

〔5〕 田国秀、李冬卉："教师抗逆力研究的三个模型：比较与借鉴"，载《比较教育研究》2017 年第 8 期，第 78~85 页。

〔6〕 纪文晓："养育罕见病儿童的青年家庭抗逆力分析"，载《青年研究》2015 年第 5 期，第 69~77 页，第 96 页。

〔7〕 田国秀："从抗逆力视角对'问题青少年'实施干预"，载《中国青年研究》2006 年第 11 期，第 5~9 页。

〔8〕 张丽芬："社会工作与戒毒人员回归社会——一个基于抗逆力视角的分析"，载《甘肃社会科学》2015 年第 5 期，第 126~129 页。

社区矫正[1]，自杀危机干预[2]，犯罪预防与干预[3]。培养抗逆力的策略分为个人层面培养[4]、家庭层面培养[5]、社区层面培养[6]。抗逆力培养途径主要有：涵盖胜任力、爱心、贡献、乐群的"4C"常规途径，包括危险的、违规的、失常的和混乱的行为的"4D"非常规途径[7]。

近年来，抗逆力研究呈现出以下趋势：由最初关注风险因素和保护因素的静态模块，转向关注二者间的动态互动；研究取向由聚焦病患者等困境者的"问题"，转向发掘走出困境的"优势"资源；研究层面由最初局限于个人，逐步拓展至家庭、团体、组织和社区等；研究对象从病患者等弱势群体，延伸至军人、救援人员、社区矫正者等特殊职业和特殊人群；研究学科背景由心理学和社会学（社会工作）为主，扩展至心理学、社会学、管理学（应急管理）和政治学等学科及其交叉学科领域；研究方法从主要以定量研究为主，拓展至质性研究、定量

〔1〕 范燕宁："抗逆力在青少年成长过程中的两面性特点——以北京市未成年人社区矫正服刑者的情况为例"，载《中国青年研究》2006年第11期，第10~12页，第46页。

〔2〕 邓玮："农村老年人自杀风险的社会工作干预模式——以抗逆力视角为例"，载《中国农业大学学报（社会科学版）》2014年第1期，第33~40页。

〔3〕 邓玮："社区为本：农村留守青少年犯罪风险的社工干预策略——以抗逆力提升为介入焦点"，载《西北农林科技大学学报（社会科学版）》2014年第5期，第84~90页，第108页。

〔4〕 田国秀："力量与信任：抗逆力运作的两个支点及应用建议——基于98例困境青少年的访谈研究"，载《中国青年研究》2015年第11期，第78~83页，第72页。

〔5〕 冯跃、杨蕾："家庭抗逆力与文化相契性研究"，载《华东理工大学学报（社会科学版）》2018年第6期，第10~17页。

〔6〕 芦恒："以内生优势化解外部风险——'社区抗逆力'与衰落单位社区重建"，载《社会科学》2017年第6期，第71~80页。

〔7〕 田国秀："从'问题视角'转向'优势视角'——挖掘学生抗逆力的学校心理咨询工作模式浅析"，载《中国教育学刊》2007年第1期，第14~18页。

研究与质性研究相结合的混合研究；研究范式则更加注重抗逆力影响因素间相互关系的建构主义。尽管诸多学者构建了各类抗逆力结构模型，但这些结构模型多为抗逆力风险因素与诸保护因素等要素间相对宏观的结构关系模型。除个别学者界定了特殊人群抗逆力特质作用机理，诸如理性应对、坚强人格、自我效能感、乐观感、柔性适应等特质决定了救援人员个人抗逆力，通过认知和情绪的中介作用，进而应对非常规突发事件之外[1]，鲜见有学者厘定特殊人群个人抗逆力特质中核心特质、特质之间的关系架构并进行作用机理等方面的细致剖析。此外，特殊人群的个人抗逆力特质与外部保护因素间关系及其作用机理也尚需进一步厘定。

既有的个人极端暴力犯罪研究成果中，靳高风、冯卫国和钟云华分别依托教育部课题和国家社科基金进行的研究较为系统，其他多为零散研究。靳高风以对公开报道的案件进行个案分析为主，冯卫国结合公开报道的案件和在监狱收集的调查资料，综合采用质性与定量分析方法，二人均侧重于描述性研究，对犯罪原因与犯罪防控的研究较为薄弱。钟云华创设刑事社会抗拒分析架构，结合公开报道的典型案件，着重解析了指向社会制度作案类的个人极端暴力犯罪的逻辑机理。学者们多从矛盾冲突视角、作案人情感纠纷和利益受损等方面剖析个人极端暴力犯罪发生机理。然而，世间不乏遭遇矛盾冲突、情感受挫、利益受损的人，大部分人均会采取依法合理维权等理性行为，缘何仅有极少者付诸极端暴力犯罪这一非理性行为？究其缘由，引发个人极端暴力犯罪的关键症结在于作案人形成了极端犯罪心理并付诸行动。然而，鲜有探究作案人极端犯罪心理形成缘

---

〔1〕 时勘：《救援人员应对非常规突发事件的抗逆力模型》，科学出版社 2017 年版，第 101 页。

由的研究。极端犯罪心理通常是长年累月形成的，尽管学者们强调了犯罪心理、环境与个体互动在个人极端暴力犯罪中的作用，但鲜见基于犯罪人生命历程的描述性与解释性研究。抗逆力的形成源于个人生命历程多次重要事件中保护因素与风险因素互动的过程与结果。为此，细致描绘罪犯的抗逆力恶化演进轨迹，准确勾勒个人抗逆力特质架构及其演化机理，为解析个人极端暴力犯罪的发生机理提供了独特与实用的研究视角与工具。

第二章

理论框架与研究设计

第一节　概念界定

一、个人极端暴力犯罪

张继东是第一个对个人极端暴力犯罪进行界定的研究者，他在界定个人极端暴力犯罪时，特别强调犯罪目的的特殊性（泄愤、报复社会或制造影响）、心理状态的极端性、行为方式的暴力性和危害后果的严重性。[1]靳高风教授着眼于"个人性"和"极端性"两个方面，提出了一个被大多数研究者认同并使用的概念。他认为，个人极端暴力犯罪具体指一个人使用残忍的武力手段针对特定或不特定多数人实施的造成严重伤亡后果的行为及其危害和社会影响。[2]冯卫国教授通过对"极端暴力""恐怖主义""报复社会"等词语的词义、内涵、逻辑等方面的初步比较与分析，认为个人极端暴力犯罪与恐怖犯罪、报复犯罪、一般性暴力犯罪间存在一定的相似性，但要准确地反映这类犯罪的"非组织性"和"极端性"，最好使用"个人极端暴

---

〔1〕　张继东："浅析个人极端暴力犯罪"，载《公安研究》2010 年第 9 期，第 50~55 页。

〔2〕　靳高风："当前中国个人极端暴力犯罪个案研究"，载《中国人民公安大学学报（社会科学版）》2012 年第 5 期，第 126~134 页。

力犯罪"。冯卫国教授除了强调个人极端暴力犯罪的个体性和暴力性外，还特别强调行为人实施犯罪基于极端心理泄愤、报复社会等动机。[1] 赵健生使用个人极端暴力事件指称此类行为，并特别强调此类事件具有预谋性、以泄愤为犯罪动机和无差别伤害三个特征。[2] 把个人极端暴力犯罪的动机限定在"泄愤"上，显得狭隘。杨辉解教授倾向于使用个体恐怖犯罪，并指出个体恐怖犯罪是单个犯罪行为人针对不特定多数人或重大公私财物，使用或者威胁使用暴力手段，制造社会恐怖或灾难，严重威胁或者危害公共安全的行为。[3] 这一概念特别强调行为后果的恐怖或灾难，但"威胁使用暴力"能否成为个体恐怖犯罪的手段，值得商榷。

从上述观点看，个人极端暴力犯罪与个人极端暴力事件、个体恐怖犯罪、个体报复社会型犯罪、极端暴恐犯罪、严重刑事犯罪、个人极端暴力案事件等概念称谓和定义相近。学术界给出的个人极端暴力犯罪及相近概念，其共同点有四个：一是个人性，即主体为单个犯罪人；二是暴力性，即犯罪形式多为爆炸、纵火、滥杀无辜等；三是极端性，即后果极其严重；四是目标泛化，即犯罪对象指向不特定多数，而不再是"冤有头、债有主"。在这四个特征中，区别于其他暴力犯罪的核心特征是极端性，极端表现为犯罪主体往往具有极端心理、犯罪手段极端残暴、犯罪对象过度泛化和犯罪后果极端严重甚至恐怖。目前，个人极端暴力犯罪是官方的标准用语，学术界于 2014 年以

---

〔1〕　冯卫国、王超："个人极端暴力犯罪及其防控机制研究——基于 75 个犯罪案例的实证分析"，载《河南警察学院学报》2015 年第 6 期，第 37~45 页。

〔2〕　赵建生、周树华："社会学视域的个人极端暴力事件探析"，载《公安研究》2011 年第 11 期，第 41~50 页。

〔3〕　杨辉解："个体恐怖犯罪概念辨析"，载《中国人民公安大学学报（社会科学版）》2012 年第 3 期，第 140~146 页。

后也基本不再使用个人极端暴力事件、个体恐怖犯罪等用语。为了防止概念的混乱，本书也倾向于使用个人极端暴力犯罪，并将其定义为个体在极端心理支配下，使用极端的暴力手段，针对特定目标群体或不特定多数人实施的造成严重伤亡后果的犯罪行为。

个人极端暴力犯罪的特征。靳高风教授认为，当前我国个人极端暴力犯罪行为特征主要是突发性强、行为方式残忍、后果严重、示范效应强。[1] 冯卫国教授认为个人极端暴力犯罪具有作案方式简单直接、作案持续时间较短、作案地点相对集中、多为预谋作案、作案动机多是厌世或泄愤、作案前大多遭遇挫折或纠纷等特征。[2] 洪厦银指出，个人极端暴力犯罪的特点表现为犯罪主体弱势性、犯罪对象不特定性、犯罪行为突发性、犯罪动机泄愤性、犯罪影响示范性。[3] 笔者认为，个人极端暴力犯罪具有征兆性弱、阻遏极难、手段残暴、伤亡惨重等特点。

综上，笔者认为，个人极端暴力犯罪区别于恐怖主义犯罪，是指不带有政治目的，个人因某些缘由，形成极端犯罪心理的恶念后，使用极端暴力手段实施恶行，意图造成极其严重伤亡恶果的犯罪行为。

二、抗逆力

"Resilience" 的中文译法经席居哲等人专门梳理，主要有心

---

[1] 靳高风："当前中国个人极端暴力犯罪个案研究"，载《中国人民公安大学学报（社会科学版）》2012 年第 5 期，第 126～134 页。

[2] 冯卫国、王敏芝："个人极端暴力犯罪及其防范治理——基于 100 起犯罪案例的实证分析"，载《浙江工业大学学报（社会科学版）》2018 年第 2 期，第 217～221 页。

[3] 洪厦银："个人极端暴力犯罪探析"，载《湖北警官学院学报》2014 年第 12 期，第 158～159 页。

理弹性、心理韧性、复原力和抗逆力等译法；为强调外在环境
与个体间的相互影响与作用，而非仅是内在心理意义与心理表
现[1]，笔者采纳"抗逆力"一词。学界对抗逆力的研究主要
包括抗逆力的概念内涵、构成要素、运作模型、应用领域和培
养途径等方面。

　　抗逆力的概念内涵与构成要素。学者们对抗逆力概念内涵
形成了五种观念：能力（特质）、结果、关系、过程和多面向。
诸如，抗逆力是一种即使身陷明显的压力和困境中也不会发生
犯罪等问题的品质或重新回到压力事件之前所能适应和胜任的
能力。[2]不能将抗逆力视为个体的特质，应该视为适应良好的
结果[3]；抗逆力是在特定情境中，危险因素和保护因素相互影
响的过程[4]；抗逆力是特定情境的产物，不可能有一个全面
的、固定的概念，是能力、过程与结果的统一[5]。抗逆力的构
成要素之风险/保护因素主要来自三个方面：个人层面，包括智
力水平和性格等个体特质；家庭层面，可以给予个人的支持、
家庭的情感互动等家庭特质；外部支持层面，学校和社区等外
部支持[6]；构成个体抗逆力的要素主要包括外部支持因素、内

　　[1]　参见冯跃："国外家庭抗逆力的内涵及模式研究述评"，载《首都师范大
学学报（社会科学版）》2014年第4期。
　　[2]　N. Garmezy, *Children in Poverty: Resilience Despite Risk*, Psychiatry, 1993: 56.
　　[3]　A. S. Masten & D. Coastworth, "The Development of Competence in Favorable and Unfavorable Environments", *American Psychologist*, Vol. 53, No. 2, 1998, pp. 205~220.
　　[4]　M. Rutter, "Geek Environment Interdependence", *Developmental Science*, Vol. 10, No. 1, 2007, pp. 12~18.
　　[5]　S. S. Luthar, "Annotation, Methodological and Conceptual Issues in Research on Childhood Resilience", *Journal of Child Psychology and Psychiatry*, Vol. 34, No. 4, 1993, pp. 441~453.
　　[6]　N. Garmezy, "Resilience in Children's Adaptation to Negative Life Events and Stressed Environments", *Pediatric Annals*, Vol. 20, No. 9, 1989, pp. 459~460, 463~466.

在优势因素、效能因素三个方面[1]。换言之，抗逆力的保护因素主要由外在的保护因素（家庭保护因素和社区保护因素）和内在的个人抗逆力特质组成。笔者认为，抗逆力是个人在生命历程中，整合保护因素的优势资源，有效应对风险因素的能力、过程与结果。

第二节　理论框架

一、框架的提出

根据个体应对困难挫折的行为逻辑，即遇到超出个人能力范围的困难时，会想方设法寻求亲友等人的帮助，大家一起克服困难，当困难挫折压垮个体精神意志时，则极可能采取冲动行为应对困难挫折。基于笔者对抗逆力概念的界定，抗逆力包括个体可有效应对风险因素的优势资源、能力和应对风险因素的过程与结果。风险是触发抗逆力的因素，个体应对风险因素冲击的资源主要包括外在保护因素（由社区保护因素和家庭保护因素构成）和个人抗逆力特质（由情绪、身体、人格、技能、认知、自我调适和自我效能等特质构成）。基于对大量个人极端暴力犯罪作案人抗逆力的演化规律的分析，笔者提出了解析个人极端暴力犯罪的抗逆力模型（图2-1）。基于抗逆力视野观之个人极端暴力犯罪的基本发生机理是：个体遭遇风险因素冲击，其家庭保护因素、社区保护因素和个体抗逆力特质缺乏整合，致其联结不佳而应对风险因素不利，在无助与失望之际，选择了情绪型风险应对策略和消极应对行为，其消极应对行为则会

---

〔1〕　E. H. Grotberg, "A Guide to Promoting Resilience in Children: Strengthening Human Spirit", *Caregiver Role*, 1995, p. 60.

恶化个体抗逆力特质，当个体遭受多重多次风险因素冲击后，致其习得性无助与绝望，其抗逆力彻底瓦解，最终付诸极端行为。

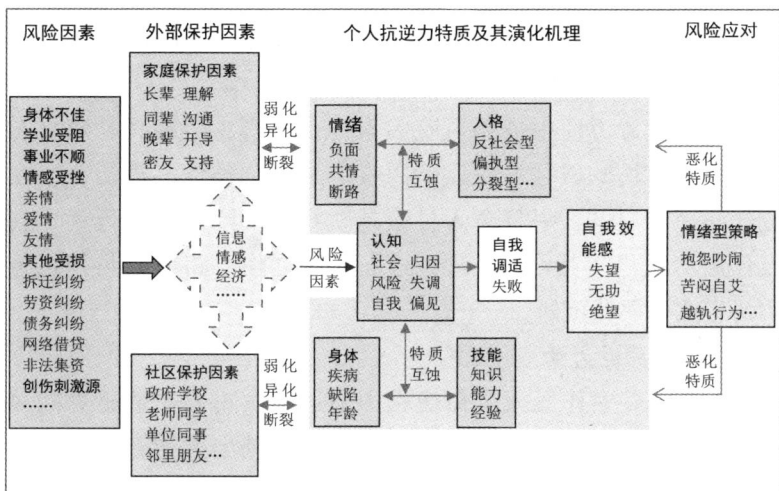

图 2-1 解析个人极端暴力犯罪的抗逆力模型

二、理论框架说明

个人极端暴力犯罪作案人的抗逆力的演化逻辑为，"风险因素冲击—外在保护因素防御失利—个人抗逆力特质恶化—情绪型风险应对策略—消极应对行为"。诚然，作案人的抗逆力瓦解通常是由多重多类风险因素冲击所致，要厘清作案人的抗逆力演化过程，务须从其人生轨迹观之，否则难以准确、完整地厘析其抗逆力演化规律。因此，需基于个人生命历程的视角进行分析。

（一）个人生命历程

个人抗逆力自其遭遇首次困难挫折开始，便会被困难挫折形塑，个人极端暴力犯罪作案人抗逆力瓦解，也并非一朝一夕所致。当其多次遭遇风险因素冲击时，若每次均未有效消除风险因素的不利影响而留有"残余力量"，短期内，这些"残余力量"的影响尚不明显，可能处于个人并未察觉的"蛰伏"状态，一旦其他风险因素冲击累积，使其逐步叠加，便极可能从"残余力量"量的累积转变为质的聚变。

个人生命历程中遭遇风险因素冲击挫伤，会对其心理状态造成影响，长此以往，各风险因素会形成创伤性心理历程。在创伤心理影响下，一旦个人付诸越轨行为，则其越轨行为也会反作用"强化"其创伤心理，进而导致创伤心路历程与越轨行为历程交错恶化演进。

（二）抗逆力曲线演化

为直观观察作案人生命历程中遭遇诸次重要逆境事件的风险因素冲击后的抗逆力状态，故而粗略勾勒出抗逆力曲线用以描绘作案人的抗逆力水平。于此主要提出三个假设。假设1：在每次逆境事件中，保护因素应对风险因素不利时，抗逆力重构后个人抗逆力特质均会演化形成相应的自我效能感状态，进而可能会促发相应的应激越轨行为，一旦做出相应的应激越轨行为便会恶化个人抗逆力特质。于是，从生命历程观之则会形成相应的抗逆力曲线、特质恶化历程和越轨行为历程。假设2：抗逆力曲线演进走势为，在每次逆境事件中遭受风险因素冲击时，抗逆力便走低，保护因素应对后，抗逆力则回升，回升水平取决于保护因素与风险因素相互作用的结果。假设3：纵轴为抗逆力水平，横轴为每次逆境事件中抗逆力演变的时间，每个人的抗逆力曲线都具有波峰波谷两极，抗逆力水平由高到低依次分为最优域、良好域、较好域、适应域、警惕域、危险域和瓦解域七个层次，抗逆力重构后处于适应性区域水平及以上则为良性，处于适应性区域水平以下则为恶性；每次抗逆力恶性重构后，抗逆力特质均会恶化整合形成无助、失望乃至绝望之感；当抗逆力曲线跌入危险域时，则会形成犯罪心理而可能促发犯罪；当抗逆力曲线跌至瓦解域时，犯罪人自感绝望而形成极端犯罪心理，可能促发极端暴力犯罪。某些作案人的抗逆力特质恶化历程和越轨行为历程可能会因某次逆境事件而从适应性水平和正常行为状态急剧恶化形成极端犯罪心理而付诸极端暴力犯罪。诚然，部分作案人的抗逆力曲线、抗逆力特质恶化历程和越轨行为历程会介于常规恶化状况与急剧恶化状况之间。

（三）个人特质演化逻辑

基于对蓄谋型犯罪作案人抗逆力特质的分析，笔者发现，个人抗逆力特质的基本演化逻辑是，当风险因素冲击个体后，其认知首先感知到风险因素，随后会快速作用于其身体、技能、情绪、人格。反之，这些特质也会反作用于个人认知，待这些特质相互作用后，会共同作用于个人的自我调适，自我调适的结果则直接决定其自我效能感，自我效能感直接决定其风险应对策略和行为。基于对激情型犯罪作案人抗逆力特质的分析，笔者发现，抗逆力的特质的演化路向呈现出情绪"越位"现象，即情绪会越过自我调适和自我效能直接决定风险应对策略和行为。这些特质之间会相互影响、交互作用，其影响主要是介于恶化相互侵蚀与优化相互助益之间。个人的抗逆力特质遭遇风险因素冲击，一时间难免会出现"摇摆起伏"，如若某些特质长期处于恶化状态，则会致其抗逆力恶化，影响其风险应对行为。

第三节　研究设计

一、资料收集方法

　　基于个人极端暴力犯罪的特性可知，一旦作案人实施个人极端暴力犯罪，作案人多为作案时死亡或作案后被捕处于羁押状态，直接面访作案人的难度极大。为掌握充足、详实的案例材料，课题组主要采取了网络搜索公开报道的个人极端暴力犯罪案例，在今日头条等APP上获知个人极端暴力犯罪后，以"滚雪球"的方式检索其他个人极端暴力犯罪案例材料，通过百度等搜索引擎搜索案例基本信息后，在中国裁判文书网、中国庭审公开网、天眼查等网站上再次检索掌握案例详情。

　　对近几年四川省发生的部分个人极端暴力犯罪，课题组前往案发地公安机关、司法机关、检察机关，对相关办案人员进行了深度访谈，借此进一步掌握作案人的个人和家庭等相关情况。课题组先后前往宜宾市、绵阳市、乐山市和泸州市等部分个人极端暴力犯罪的办案机关进行调研。依托课题组负责人和成员两人于2020年至2021年在公安机关锻炼，借助工作便利，先后对52名有过相关办案经历的民警进行了深度访谈，平均访谈时间为1小时，对部分民警进行了3轮深度访谈，通过访谈和查阅相关资料，全面深度掌握了7例个人极端暴力犯罪作案人的人生历程。基于对案件办案进度、案件性质和研究伦理的考量，为保护当事人和相关人员隐私，以及防止泄密，课题组并未将调研所获取的全部案例信息在分析中直接呈现，课题组的调查，对理解作案人的抗逆力特质及其抗逆力演化规律有极大的帮助。

二、研究思路

本书遵循"假设—演绎"法的逻辑,沿着"提出问题→建立假说→实证检验→总结应用"的基本思路进行研究,即主要根据图 2-2 的"解析机理-犯罪路向"研究脉络开展研究。

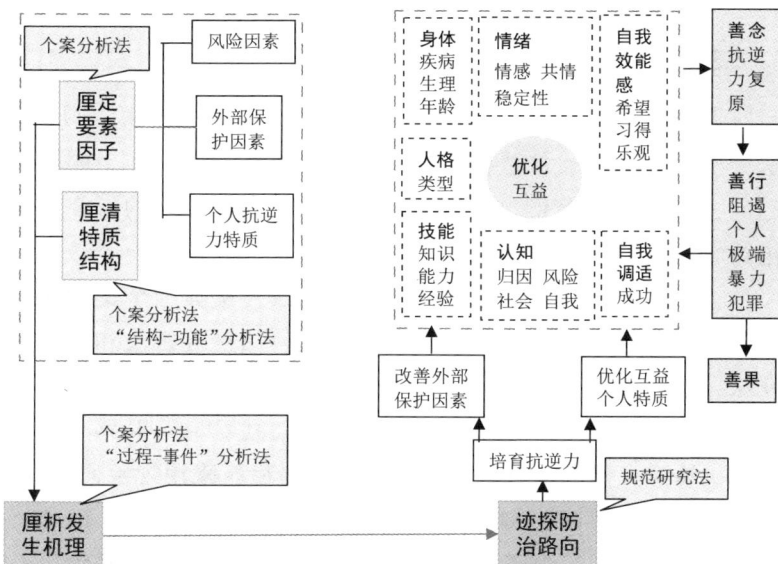

图 2-2 抗逆力视野中个人极端暴力犯罪研究基本思路

第一步,比较抗逆力和理解个人极端暴力犯罪的犯罪社会学与犯罪心理学相关理论的优缺点,理清现有理论解析个人极端暴力犯罪张力不足、防控措施不利等状况,论证抗逆力解释力的优越性;将图 2-1 构建的抗逆力模型作为解析和治理个人极端暴力犯罪的框架与工具,提出研究假设。

第二步,基于生命历程视角和抗逆力理论,搜集案例资料,前往相关个人极端暴力犯罪的案发地公安机关等对典型个案进行调查；在对 2000 年以来公开报道的 232 例个人极端暴力犯罪进行系统剖析的基础上，借助图 2-1，构建解析个人极端暴力犯罪的抗逆力模型，运用"过程—事件"分析法，验证与修正抗逆力模型，据此解析个人极端暴力犯罪的发生机理。

第三步，总结演绎推导的分析结果，根据抗逆力培育特性和个人极大暴力犯罪的特征，设计个人极端暴力犯罪防治路向。

三、分析方法

本书遵循"过程—事件"分析脉络，采用"结构—功能"法分析个人极端暴力犯罪作案人每次逆境事件中抗逆力的演化趋向，采取实证研究、规范研究、质性研究相结合的研究方法进行研究。

首先，采用文献研究法和深入访谈法搜集典型个案中犯罪人的翔实资料。其次，借助个案研究法、质性分析法和规范研究法，厘定风险因素和保护因素的因子，厘定个人抗逆力特质，厘清个人抗逆力特质结构及其演化逻辑，类型化、脉络化、精细化剖析个人极端暴力犯罪发生机理。最后，采用规范研究法，从打造抗逆力共同防御体系、改进风险监测化解机制、净化暴力信息存续空间、织密风险场域防控网络和提升应急联动处置能力等方面，构筑个人极端暴力犯罪防治体系。

第三章

抗逆力的触发机制：风险因素冲击

基于抗逆力的过程属性，其是个体受到风险因素冲击，组织社区保护因素与家庭保护因素等外部保护因素，结合个人抗逆力特质，应对风险因素冲击，简言之，即个人组织保护因素应对风险因素冲击的过程。该应对过程实质为风险因素冲击的威胁度、个人抗逆力特质整合度、保护因素联结度相互作用的过程，受制于抗逆力的能力（关系）属性强弱，进而决定抗逆力的结果属性。故而，从动态角度视之，风险因素冲击便是个体抗逆力启动与重构的触发机制。

梳理个人极端暴力犯罪案例可以发现，个人极端暴力犯罪的风险因素主要有身体技能不佳、学业受阻、事业不顺、情感受挫、其他纠纷五大类。这五类风险因素的形成源头主要有外在环境、与个人自身联系较为密切的社会关系、个人自身因素。剖析这些案例中作案人的生命历程可以发现，促使作案人实施恶行的风险因素通常是多项风险因素交织一起，鲜有单一风险因素冲击便诱发恶行的情况。

第一节　身体技能不佳

良好的身体与过硬的技能原本是强有力的个人抗逆力特质，恰如剑有利弊双刃，一旦身体技能恶化至不佳状态，身体技能便会从个人抗逆力特质优势资源逆变为内生型风险因素直接冲击个人，较之于外源型风险因素，其威胁度通常更大。身体主要包括个人的外貌与健康等状况，外貌不佳主要表现为身高和五官等较常人存在明显差异，健康不佳主要表现为身体受伤乃至残疾、身患疾病乃至绝症。外貌不佳主要通过与之接触者对其外貌的消极言行间接冲击个体，而健康不佳则通过他者间接渠道和自身直接渠道冲击个人。2004 年云南大学马某爵杀人案中，马某爵曾多次因其凶恶的长相被同学嘲笑，也因长相被心仪女生拒绝，这些挫伤了其自尊，使其难以融入校园生活。在 2011 年北京朝阳马某库砍杀雇主案中，马某库因为幼时被继母打伤为斜视和耳聋，在打工期间，多次被工友嘲笑，因自尊心受伤而愈加孤僻。技能主要包括维持生计、推进学业事业、化解风险冲击等方面的素质能力。基于马斯洛需要层次理论对这些技能进行的分析可知，维持生计的技能旨在满足个人生理需要和安全需要，推进学业事业的技能旨在满足个人生理需要、安全需要、尊重需要和自我实效需要，化解风险冲击的技能主要是为了满足安全需要。故而，当个人的这些技能难以满足这些需要时，各类技能缺陷便会逆变为威胁度不同的风险因素冲击个人。身体与技能在恶化时往往会陷入恶化互蚀陷阱，即当身体恶化后，往往会促使技能恶化，当技能恶化后会进一步恶化身体……于是，身体与技能便会持续恶化并相互侵蚀。梳理案例可以发现，在 2005 年黄某银公交爆炸案、2010 年吴某明幼儿园砍杀案、2013 年高某峰爆炸案、2014 年包某旭公交纵火案等案件中，身体技能缺陷作为风险因素对作案人造成了直接冲击，其威胁度较大，在很大程度上助推了这些案件的发生。

在包某旭公交纵火案中，包某旭多次更换打工单位，工作并不顺利，不幸的是，其还被确诊为肺结核，尽管在医院医治了，但无法根治，该病时常复发，要去医治就必须停工，一旦停工便会失去经济来源，不医治则自己痛苦难熬，于是包某旭长期遭受病痛折磨，认为自身遭遇源自社会不公，当其难以承受身体之痛、经济之贫时，遂选择了以极端方式报复社会以泄私愤。

案例 3-1　2014 年包某旭公交纵火案[1]

2015 年 1 月 28 日，杭州市中级人民法院一号法庭正式开庭审理此案，嫌疑人包某旭当庭认罪。包某旭对起诉书指控的罪名及事实均无异议，辩解其因旧疾复发意欲轻生，又对社会不满，故以在公交车上放火的方式报复社会。

包某旭自 2008 年开始，在大城市打工就再也没回过老家，甚至和家人再也没有联系。包某旭性格孤僻内向，很少与他人交往。在浙江暂住期间，包某旭多次更换打工单位，长年孤身在外，有厌世情绪，向他人流露过要效仿制造恶性事件扬名的念头。2013 年 10 月 5 日在杭州某医院治疗，当时他有发热、咳嗽等症状，医院诊断为肺结核。随后，他在这家院住院一周，后转为门诊随访治疗，住院费为 6789 元。其后，因肺结核复发，无法根治，要治疗就必须停下工作，但停下工作也就无法生活，这中间的矛盾让其痛苦不堪，在这种心理的折磨下，同时为了发泄对社会不满，采用极端的方式来报复社会，并选择到杭州犯案以扩大影响。

在 2010 年吴某明幼儿园砍杀案中，吴某明身患 2 型糖尿病、前列腺炎等疾病，并于当年 3 月做了阴茎包皮环切手术，思想极度焦虑、担忧，内心恐慌；迷信地认为自己的病多次医治均

---

[1]　"7·5 杭州公交车纵火案"，载 https://baike.baidu.com/item/7·5 杭州公交车纵火案/14815931? fr=aladdin.

无效果，是因为租住自己房子私办幼儿园的吴某瑛将出现在房内的蛇打死，并从中"施法捣鬼"，给自己带来病患。[1]导致吴某明作案的直接原因便是其患病多次医治无果，根本原因是迷信思想导致其认知偏误。与吴某明类似的是，在 2005 年黄某银公交爆炸案中，导致黄某银作案的直接原因也是被确诊癌症，他便恨把病传染给他的人、恨所有执法人员、恨全村人排挤他。因为身患绝症而逐渐扭曲了认知，最终选择以公交爆炸的方式报复他认为害他的社会。

第二节　学业受阻

在学习期间，以学业为主业的学生遇到学业困难是常事，受制于学生尚在成长中，其人格和认知等个体抗逆力特质尚未成型稳定，在学习中学业受挫的主要表现和影响主要有两类：一是平时学习表现差劲引起老师和家长不满意，时常对其责备数落，长时间后便心生挫败，于是当其再次被责骂致其恐惧愤怒怨恨时，则"揭竿而起"。在肖某杀害姑姑等人案中，12 岁的肖某杀害姑姑、表妹、表弟的直接原因便是其在中学时学业一落千丈，于是自暴自弃，在学校调皮捣蛋，经常被老师和姑姑数落，使其恐惧和怨恨姑姑的责备，愤怒于表妹要向姑姑告状的"威胁"。二是平时师长和自己对升学考试（尤以高考和研究生考试等为代表）期望较高，一旦考试失利，则自认为今后的人生道路并非己所愿，在其后的人生历程中，如其屡屡受挫，则其学生时代学业受阻埋下的种子便可能逐渐"生根发芽，苗壮成长"，在适当条件的刺激下，便可能成为极端行为。

---

〔1〕　"5·12 陕西南郑幼儿园凶杀案"，载 https://baike.baidu.com/item/5·12陕西南郑幼儿园凶杀案/1646229？fr＝aladdin.

在 1988 年至 2002 年高某勇白银系列奸杀案中，家境贫寒的高某勇将参加飞行员选拔视为飞跃"农门"出人头地的唯一出路，于是对招飞选拔充满了期盼，奈何现实残酷，屡屡不遂人意。与上学时的完美女朋友相比，其自尊极为受挫。高某勇不但招飞选拔失败，连自己的婚姻也是父亲包办，替自己找了位性格不合的妻子。受制于自己的身份和经济条件，自己喜爱的女友般的妻子求而不得，高某勇认为，究其根源便是当年招飞选拔失败，使其失去了"改头换面"的良机，于是采取了自己的方式去占有"良妻"以满足私欲。

案例 3-2 1988 年至 2002 年高某勇白银系列奸杀案[1]

2015 年 3 月，确定高某勇为白银系列奸杀案犯罪嫌疑人。8 月 26 日，办案民警将其抓获。高某勇供认，其在 1988 年 5 月至 2002 年 2 月间实施强奸杀人作案 11 起，杀死 11 人。

高某勇中学时成绩不错，还考过前三名，那时他挺孝顺，父亲瘫痪，他一直在身边照顾。高某勇曾参加飞行员选拔，但最终落选，这给了他不小的打击。

家里的经济条件一直较差，高某勇和妻子张某结婚时，只是草草摆了几桌酒席。结婚后，家里的经济状况也未改观。高某勇说："我跟她们没仇没恨，杀她们一是因为穷，二是因为她们反抗。我上学的时候有个女朋友，她无可挑剔，长得好，学习也好，对我也好。只是后来她考上中专，我配不上她。后来认识了我老婆，她和我性格不合，是个直性子，但是心好。我一开始不同意结婚，但是父亲借钱帮我操办婚事，最后还是结了。"

---

〔1〕 "奸杀 11 人狂魔谈首次作案细节：盗窃未遂后灭口"，载 http://m.haiwainet.cn/middle/3541353/2016/0829/content_ 30265343_ 1. html.

第三节　事业不顺

就业乃个人安身立命之本。工作事业是成年人独立生存发展的根本保证，个人衣食住行均需依靠工作事业来获得经济基础。工作事业对个人及其家庭影响颇巨，对家境贫寒者，工作事业不顺易抹杀其维持生计的希望；对于身居"要职"且"事业心"极强者，事业晋升不顺则会挫伤其"颜面"；对于个体工商户和经商者，生意事业不顺可能同时抹杀其生计希望和挫伤其"颜面"。事业不顺主要是通过经济条件和"颜面"等"介质"对个人形成极端犯罪心理产生影响。事业不顺时常会与身患重疾、情感不顺等风险因素交错叠加冲击个人，对于家庭经济一般乃至贫寒者，当其身患重疾、爱情婚姻不顺时，这些风险因素共同形成的破坏力极大。

在 2010 年福建南平郑某生杀人案中，当地警方认为郑某生的作案动机有三个方面：一是周边的人看不起郑某生，说郑某生有桃花病；二是婚姻不顺，女友推脱不与其结婚；三是辞职之后，多次求职无果。[1]在 2012 年吴某昌砍杀学生案中，在 2012 年 7 月之前，吴某昌在广东打工不顺心，于是返回平南家，心情烦闷，悲观厌世；2012 年 9 月 21 日，吴某昌曾产生轻生念头，想开摩托车自杀，其后又萌发采取过激手段的念头，于是在街上买了一把柴刀砍杀午托学生。[2]促发郑某生杀人的风险因素主要有工作不顺利和情感不顺，吴某昌砍杀学生则主要是

〔1〕"福建南平特大杀人案主犯"，载 https://baike.baidu.com/item/郑民生/12222? fr=aladdin.

〔2〕"广西官方称砍杀儿童凶手厌世 只想让别人不开心"，载 http://scitech.people.com.cn/n/2012/0924/c1007-19087003-1.html.

打工不如意而对生活失去信心。

在 2019 年梁某持枪杀人案中，梁某开枪射杀同事的直接原因是，梁某对公司领导成员任用孙某某为第一副厂长一事心存不满，同时也对孙某某在职工大会上的发言不满，二人会后产生口角摩擦。于是，气急心头的梁某便愤怒地持枪射杀同事。此案的作案原因实质为，作为副厂长的梁某不能正确看待公司领导的人事提拔行为，公司领导将与之已有嫌隙的孙某某提拔为第一副厂长，此人晋升排位在自己之前，对此耿耿于怀，人事晋升调整原本为平常之事，对梁某形成了冲击性的风险因素，归根结底问题在于其本人。

案例 3-3 2019 年梁某持枪杀人案[1]

2019 年 3 月 25 日 15 时 30 分许，内蒙古自治区通辽市开鲁县自来水公司供水厂召开职工大会期间，因自来水公司任用孙某某为第一副厂长一事，梁某对自来水公司领导成员心存不满，加上不满孙某某在会议上的发言，在前往厂区办公楼西侧停车场途中与孙某某发生口角继而相互推拥，梁某在其驾驶的三菱越野车后备箱内取出一支枪向孙某某等人射击……

梁某（开鲁县自来水公司第二供水厂副厂长，性格偏执）系因工作和生活琐事产生矛盾，持枪报复杀死特定人员，未伤害现场无关人员。梁某因自来水公司任用被害人孙某某为供水厂第一副厂长一事心存积怨。

法庭上，审判长问梁某为何杀害那些无辜的人，他说有一股神秘的力量，自己也说不清楚，当时脑子一片空白。在庭审的最后环节，梁某终于向被害人道歉，但是，对被害人提起的

---

[1] "50 分钟开 14 枪，致 5 人死亡！开鲁持枪杀人案被告人称'有一股神秘力量'"，载 https://web.shobserver.com/news/detail? id=181696.

附带民事诉讼赔款要求不置可否，只是反复强调自己没有钱。

第四节　情感受挫

作为社会人的个体，从出生到社交再到恋爱结婚，亲情（血亲、姻亲）、友情、爱情等情感，会适时"伴其左右"，然而人与人交往的过程中，因个体差异极大，其情感生活难免会不如意，如若自己不能妥善处理，则可能产生受挫感，造成社会危害性。

一、亲情

基于个体角度而言，其亲情主要有两类：一类是其出生所决定的血亲；一类是其成婚后所形成的姻亲。血亲情感受挫主要表现为亲人关系失和引发家庭纠纷等，姻亲情感受挫主要表现为因婚姻失和引发家庭矛盾纠纷，多为离婚纠纷及由离婚纠纷引发的经济纠纷。

（一）血亲

血亲情感受挫引发的家庭纠纷多为口角责备引发，一方因一时情绪激动联想到过往彼此间的种种摩擦，于是"气不打一处来"，将原本属于关爱类的责备数落放大为一时"难以调和"的冲突。血亲情感通常与经济问题交互作用，共同冲击个体。在 2020 年田某银杀兄家人案中，促使田某银作案的主要风险因素便是兄弟两人在处理母亲后事时，因父亲赡养问题和母亲安葬费问题发生纠纷。

在 2016 年杨某培特大杀亲案中，促发杨某培作案的直接原因是，向父母要钱被拒而与父母发生争吵，家境并不富裕的父母倾尽所有为其买车，杨某培不顾父母经济状况只知"啃老"，但父母经济条件不能满足其需求，故而使得父子母子之情急剧恶化。

案例3-4 2016年杨某培特大杀亲案[1]

犯罪嫌疑人杨某培平时在昆明打工，9月28日中午回到野马村家中，晚上向父母要钱时，与父母发生争执，将父母亲杀死，杨某培对犯罪事实供认不讳。杨某培供述时情绪很正常，说话很平淡，不太讲细节问题。

案发前不久，以靠打散工、卖松果等为主要收入来源的杨某培父亲还在昆明为杨某培买了辆车。买车时间不久，但是，村里不少人都知道，目前这辆车已经消失。杨某培最近几个月与以前相比有些不一样，对妻子和女儿都挺冷淡的。以前每个月杨某培都会给妻子1500元钱保管，但是，最近3个月只给了她300、500、700元钱。

（二）姻亲

姻亲情感受挫主要是指，因婚姻关系结成的姻亲之间产生摩擦纠纷，致使一方对另一方不满，或双方对彼此不满产生挫折感。此处的婚姻关系包括领取结婚证的法律婚姻，也包括未领取结婚证以夫妻名义共同生活的事实婚姻，在2007年张某华特大杀亲案中，张某华与袁某丹之间便属于事实婚姻，二人同居并育有一女，其后二人感情淡薄、关系僵化，袁某丹为摆脱张某华"不眠不休"的骚扰，遂选择以外出打工的方式"逃离"，且"离意已决"，张某华见劝说无果，自感婚姻存续无望而极为愤怒。姻亲情感受挫方，多为婚姻双方当事人或者之一。

---

[1] "曲靖会泽'9·29'特大杀人案一审宣判！杨清培被判处死刑！"，载 https://www.sohu.com/a/160573029_680346.

诚然，有时婚姻双方当事人及其近亲属之间也会因姻亲矛盾导致情感受挫，在 2019 年张某军杀女婿及其父母案中，张某军便是因为女儿与女婿婚姻纠纷产生争夺孩子纠纷，张某军担心外孙被亲家夺走而作案。

案例 3-5　2007 年张某华特大杀亲案 [1]

自 2003 年起，张某华和袁某丹开始同居，于 2004 年育有一女，但并未结婚。2007 年 6 月以后，张某华和袁某丹分别从外地赶回村子，但袁某丹并未回家居住。为将袁某丹叫回家中，张某华托人劝说未果，于 2007 年 8 月初给姐姐和姐夫分别写下绝命书，托付照顾父母及女儿。后来，张某华得知袁某丹将于 8 月 16 日外出打工，便于 15 日下午前往袁某丹亲戚家中寻找，再次劝说未果，便拿起一把木工斧头敲打了袁某丹头部一下，袁某丹跑开后，张某华便开始追砍并造成 5 人死亡、6 人受伤。

在 2015 年汪某生杀妻灭门案中，何某云和汪某生夫妻原本感情很好，但汪某生个人生性多疑暴躁，长期打骂何某云，致其屡屡受伤，何某云忍无可忍，选择以外出打工的方式逃离。汪某生对此极其恼怒，想方设法要让何某云回家，何某云执意不回家，让汪某生无可奈何，汪某生遂生杀意。

案例 3-6　2015 年汪某生杀妻灭门案 [2]

2013 年，妻子何某云实在难以忍受汪某生的家庭暴力，便去外地打工。她这一走，就是 2 年，直到 2015 年 8 月 21 日，何

---

〔1〕 "男子因家庭矛盾杀五人伤六人 陕西警方悬赏 50 万元缉凶"，载 http://news. iqilu. com/shehui/fazhizongheng/20110927/1008229. shtml.

〔2〕 "杀妻者汪文生被捕时叫嚣：20 年后又是一条好汉"，载 http://news. sina. com. cn/s/pa/2015-09-01/doc-ifxhkafa9537259. shtml.

某云的母亲去世，她才再次回到家中，为母亲送终。汪某生听说妻子回乡后，便让女儿去说服何某云回家，何某云表示绝不回家。女儿向汪某生说明情况后，汪某生勃然大怒。2015年8月22日下午，汪某生拿把杀猪刀去见妻子。在见到何某云后，便粗暴地要求其回家，却遭到了拒绝，正巧何某云家人也在一旁。这时的汪某生情绪已经失控，便拿起杀猪刀，将何某云等人杀害……

有不少天桥村的村民至今都想不通，村民们公认的大美女何某云当初为什么就偏偏看上了长相一般的汪某生（左脸有一伤疤）。除了何母支持外，这门亲事遭到了全家反对。甚至有亲戚放出狠话："你如果嫁给他，以后出了事也不要指望家人帮你。"在婚后很长一段时间里，两人感情很好。夫妻间虽然偶有摩擦，但基本上是"床头吵架床尾和"。婚后育有2个女儿，大女儿今年20多岁，已参加工作，小女儿目前在一所大学就读。

汪某生经常打骂何某云，何某云有一次脑袋被汪某生打肿，由于怕被娘家人看见，在家里躲了十多天。何家曾两次告到政府：一次是汪某生用刀将妻子脸部多处划伤，近乎毁容，另一次是汪某生打断了妻子的肋骨。事后，何某云向汪某生提出离婚。汪某生不同意，还多次威胁何某云，"胆敢离婚就杀你全家"。

二、友情

基于马斯洛需要层次理论，个人既有动物本能的生理需要和安全需要，也有作为社会人的社交需要（友谊）和尊重需要。结交朋友获得友情便是满足个人社交需要的重要途径。友情区别于亲情和爱情，对个人具有特殊且重要的意义。友情形成风险因素冲击个体的主要表现通常为，原本关系颇好的朋友之间因发生口角摩擦等不愉快之事，个体片面地只看到对方既往的不是之处，于是对其心生怨恨。在 2004 年云南大学马某爵杀人案中，马某爵长相显得凶狠，尽管他在学校未与他人发生严重冲突且遵章守纪，但是很多同学仍不愿意与之交往，仅有邵某某等极少的同学与之交好。马某爵曾经向爱慕的女生表白，被无情地拒绝了。在云南大学读书以来，仅有的好友邵某某却在打牌时，不仅怀疑他作弊，还到处乱说因为他人品不好，所以同学龚某过生日时才不叫他参加。这不但是对其不信任，而且还是怀疑和否认他的人品，这让他在同学面前极其没有脸面，遂心生怨恨与愤怒。马某爵终究没有摆脱贫穷和外貌带给他的自卑，在他拼命想要出人头地的时候，他的内心也筑起了高墙，有着深深的自卑感。这种自卑感是他的底线，一旦被人挑战，就极有可能做出非常疯狂的行为〔1〕。

案例 3-7　2004 年云南大学马某爵杀人案〔2〕

2004 年寒假，由于要找工作，马某爵没有回家，而邵某某和唐学李早早就返回了学校。案发前的某一天，马某爵和邵某某等几个同学在打牌时，邵某某怀疑马某爵出牌作弊，两人发生了争执。期间，邵某某说："没想到连打牌你都玩假，你为人太差了，难怪龚某过生日都不请你……"这样的话从邵某某口中说出来，深深地伤害到了马某爵。邵某某和马某爵都来自广西农村，共同学习、生活了 4 年，马某爵一直十分看重这个好朋友，但他万万没有想到，自己在邵某某眼中竟然会是这样的，

〔1〕 "李玫瑾聊马加爵案：有些真相是永远不能说的，会伤害无辜的人"，载 https：//baijiahao. baidu. com/s？id=1669489416268747522&wfr=spider&for=pc.
〔2〕 "马加爵"，载 https：//baike. baidu. com/item/马加爵/154174？fr=aladdin.

而且在好朋友龚某眼中居然也是如此。就是这句话使马某爵动了杀邵某某和龚某的念头。

马某爵供述："我跟邵某某很好，邵还说我为人不好。我们那么多年住在一起，我把邵当作朋友，真心的朋友也不多。想不到他们这样说我的为人。我很绝望，我在云南大学一个朋友也没有……我把他当朋友，他这么说我，我就恨他们。"龚某和马某爵从来没有冲突，来往不多，同样没有参与马和邵的牌局，因为过生日没请马某爵，而邵某某又用此事教训马某爵："就是因为你人品不好，所以龚某过生日都没叫你。"因而被马某爵怀恨，惨遭杀害。

三、爱情

个体在恋爱中遭受挫败（包括未恋爱，只是单方面地爱慕别人被拒绝）会给个体造成较大的伤害，甚至可能会促使其迷失自我，如若不能让他们顺利度过爱情危机期，则极可能对自身和他人造成危害。爱情受挫对青年和长期恋爱不顺者的影响颇巨，尤其是对于涉世未深之人的影响极大。当然，其对性格偏执的中老年的影响也不可小觑。受制于个体差异，不同人遭受恋爱挫败后，其实施的个人极端暴力犯罪作案的对象主要包括爱慕对象及其家人、社会公众，以及二者兼有。

在2015年杨某海杀女友家人案中，杨某海想与女友结婚，女友家人则要求杨某海在城里买房，受制于自身经济条件，其在女友家人给的期限内无力凑齐买房的首付。在此情形下，其非但不能与女友结婚，且其女友怀着的孩子也会被拿掉。在无力寻得破解困境之道时，杨某海极度怨恨女友及其家人，最终在"冤有头债有主"的思维逻辑下，对他们痛下杀手。

案例 3-8 2015 年杨某海杀女友家人案[1]

杨某海的父亲是一个地道的农民，家里的主要收入就靠他和妻子种植的水稻、蘑菇和香蕉等一些农产品。他有 2 个儿子，都要成家，所以都在外面打拼。杨某海的哥哥杨某灵，比他大 2 岁，兄弟两人感情很好。七八年前，初中未毕业的杨某海到了厦门同安开摩的。

2013 年杨某海与女友认识后，十分痴迷女友，一直想和她结婚。到了 2014 年春节，杨某海便和女友到其重庆老家去见她父母。可是，女方的家人提出，要在当地购买婚房。杨某海无法拿出首付，这事也就耽搁了。2015 年 10 月，杨某海再次去了女方老家。可是，女方家人坚持要求杨某海买房子，否则就不让他们在一起。此后，杨家人劝他分手。杨某海的母亲说，这个女孩是在娱乐场所上班，且自己家里根本付不起这个首付。因为女友已经怀了他们的孩子，杨某海已经不听劝了。如果拿不出 15 万首付，女友要"打掉"肚中孩子。从重庆回来后，经过一个月的琢磨，杨某海决定最后再试一试。2015 年 11 月 13 日，杨某海再次前往重庆。杨某海的母亲说："到了那边，儿子跟我说女方态度不太好。"当晚 8 时许接到杨某海电话，和前两次不同，这次女方家并没有出来迎接，感觉对方有些反感。杨某海表哥说："只给 5 天时间，要凑齐 15 万元，我姑姑、姑丈，都是老实巴交的农民，就是把家变卖了，也凑不了那么多钱呀！"

在 2013 年林某云故意伤害案中，林某云因打工时与一女子

---

[1] "漳州男子杀害女友一家 5 口后自杀 尸体已找到"，载 http://mn.sina.com.cn/news/s/2015-11-19/detail-ifxkwuwy6966545.shtml.

恋爱，可惜没有多久便分手了。之后，林某云与一名"坐台女"好上，在该女子身上花费了两万多元钱，但因林某云经济条件不佳，一年半后，该女子也与之分手了。其后，林某云又与一名"坐台女"恋爱并花去四万多元钱，但最终两人因金钱吵架而分手。三次恋爱失败经历让林某云认为她们都只是想骗他钱财而已，让其产生了痛恨"坐台女"的心理，于是，其后遇到了穿着暴露的"坐台女"，被其视觉刺激而萌发了针对"坐台女"的犯罪心理。

案例 3-9　2013 年林某云故意伤害案[1]

2013 年 8 月 19 日至 9 月 1 日，林某云携带美工刀至福清市，遇见留长发、穿着暴露且其认为系"坐台女"或者与其前女朋友相像的女性，即驾车或步行从背后靠近，将美工刀刀片推出 1 厘米至 2 厘米，划伤受害者的手臂、肩部、背部或腿部，共导致 22 名女性不同程度的损伤。

林某云出生于 1984 年，福清市港头镇杭下村人，初中学历，十几岁时丧母。父亲长期离家在外，其十五六岁就外出打工。在深圳打工时，林某云曾结识了当地一家服装店的店员，两人迅速坠入爱河，不过在交往了一段时间后，两人分了手。2007 年，林某云赴哈尔滨市打工，认识一名"坐台女"，虽然林某云在她身上花了两万多元，但依然不能满足该女子的要求，两人在交往一年半后分手。2009 年，林某云来到牡丹江市，同样与一名"坐台女"谈恋爱，在交往一年多的时间里，林某云在她身上花了四万多元钱。两人最终因为金钱问题经常吵架，最后也分了手。林某云认为被"坐台女"欺骗，心生愤恨，萌

---

〔1〕"福清'割肉狂魔'案开庭 共割伤 22 名女性"，载 https://fj. qq. com/a/20140326/005617_ all. htm#page1.

生教训"坐台女"的念头，并决定以美工刀划伤"坐台女"为作案手段。

林某云在法庭上称其先后被"坐台女"骗走了十几万元，当他生病需要资金看病时，"坐台女"却离他而去，于是想报复"坐台女"。2013年8月19日至9月1日，他患有轻度抑郁，病情发作就控制不住自己的情绪，心里一直想着被前女友们骗钱骗感情的事，于是想通过作案来实施报复。

2018年黄某朝危害公共安全、恶性杀人案中，黄某朝在务工期间，与离过一次婚的女友同居13年。女友提出分手，黄某朝因与之相好13年后，对其"爱之深、恨之切"，不愿就此分手作罢，"情急之下"选择报复前女友及其亲属和社会公众。

案例3-10　2018年黄某朝危害公共安全、恶性杀人案[1]

黄某朝，男，54岁，来宾市象州县寺村镇大井村人，来柳州务工人员，因与女友赵某发生感情纠葛，报复杀人泄愤。多年前，他来到柳州市打工，2005年9月与女友赵某开始同居。赵某离过一次婚，有一个女儿。同居13年后，赵某向黄某朝提出分手，黄某朝因此对赵某怀恨在心，谋划报复。两个月后，他带着一把刀，开始了他的复仇计划。

四、奸情

纵观古今中外，奸情作为畸形情感有违社会伦理道德，其对当事人冲击极大，民间自古便有"奸情出人命"的说法，近

---

〔1〕"黄日朝"，载 https://baike.baidu.com/item/黄日朝/22833836？fr=aladdin.

年来由奸情引发的惨案时有发生，故笔者将奸情纳入此处作为情感类风险因素。此处的奸情主要是指，已婚者与他人产生的婚外情，婚外情的当事人至少一方是已婚者。一旦有了奸情，则会埋下隐患，二人之间，以及二人的配偶得知之后，其风险则会被急剧放大。分析案例可以发现，女性与他人发生奸情后，被其配偶知晓后，其通奸对象和其配偶作案的风险极大，而男性与他人通奸被其配偶知晓后，其配偶作案风险则相对较低。随着社会流动性加大，因外出务工造成夫妻远距离两地分居后，临时夫妻和留守妇女发生奸情的情形较具代表性。

　　在 2012 年刘某顺纵火杀人案中，刘某顺与外出务工的有夫之妇李某某成为男女朋友并同居。当李某某的父亲和丈夫发现刘某顺与李某某的奸情后，李某某为"洗清"自己，向警方报案称自己被刘某顺强奸。刘某顺亲历了李某某的恩爱与狠毒，被其瞬间的反差所冲击，于是极度愤怒和憎恨，遂杀之。近年来，因奸情被配偶发现，反告通奸者为强奸的案事件也是时有发生。

案例 3-11　2012 年刘某顺纵火杀人案[1]

　　刘某顺，1966 年 5 月出生于福建省建阳市（今建阳区），曾因多次盗窃被判刑，2009 年刑满释放。2009 年 5 月，刘某顺和有夫之妇李某某在南平市延平区一个赌场内相识，6 月两人成为男女朋友并同居。2011 年 5 月，刘某顺和李某某一起到福建省莆田市黄石镇某酒店打工。2011 年 10 月 20 日，李某某的父亲和丈夫到莆田找到刘某顺和李某某。李某某随即向警方报案称被刘某顺强奸，刘某顺被莆田警方带走接受调查，次日晚被释

---

[1]　"福建建瓯致 11 人死亡放火案 被告人被判死刑"，载 http://news. sina. com. cn/o/2012-08-16/203724981673. shtml.

放。随后，刘某顺多次打电话向李某某的父亲索要 2 万元赔偿，李某某父亲未答应刘某顺的索赔要求。

在邵某其杀妻灭门案中，邵某其无法调整好自己的心态，村里人尽皆知他被妻子"戴绿帽子"，这极度伤害了他的自尊，让他无法咽下这口气。更让其脸面扫地的是，这些让其"戴帽"之人非但不认错和道歉，反而还经常对他说难听的话来侮辱他，极大地挫伤了他作为男人的颜面。李玫瑾教授认为："邵某其虽然多次提出离婚，从他内心来讲，他并不愿意真的离婚。邵某其对妻子还是有感情的，如果对妻子充满恨意的话，他肯定会先杀害妻子，但是他没有这样做。[1]"

案例 3-12　2014 年邵某其杀妻灭门案[2]

邵某其初二就辍学外出打工了。后来买了一辆卡车做生意，几年下来，他成了村中数一数二的富户。20 岁刚过，他和妻子结了婚，夫妻感情好，孝顺父母，家境殷实，让全村人羡慕不已。二人育有 2 子，案发时大儿子 16 岁，在亲戚家打工，小儿子上小学二年级。这对夫妻男人在外赚钱，女人在家照顾老小。

邵某其性格很内向，话不多，其妻子的性格比较外向，爱说话，逢人都愿意聊聊天。几年前，他从缅甸偷运木材时被抓了，在那边水牢里关了一年。回来后，2012 年 9 月，邵某其发现其妻子与邵某华、邵某平和邻村一名男子有染，邵某其非常愤怒，对妻子由爱生恨，为发泄自己的委屈和不满，他经常对

---

〔1〕 "云南除夕杀人案嫌犯邵某其父亲：三个家都毁了"，载 http://news.so-hu.com/20140210/n394697121.shtml.

〔2〕 "云南除夕杀人案嫌犯邵宗其父亲：三个家都毁了"，载 http://news.so-hu.com/20140210/n394697121.shtml.

妻子进行辱骂和殴打，并提出离婚。2013 年 7 月，邵某其到猴桥镇法庭起诉，要与妻子离婚。同月，因亲人极力反对，他撤销了起诉。2014 年 1 月 14 日，邵某其再次向法庭起诉离婚。邵某其说，他曾多次分别找这三人要求解决，但这三人不仅不诚心向自己认错和道歉，而且还经常在言谈中说难听的话。为此，他曾向这三人放话说："不答应条件就杀了你们。"他以 11 万余元的价格卖了大车，还了借款；给父亲买了保险，将妻子给他买的保险退了……他暗自做起了准备。1 月 30 日，血案发生。

邵某其和其妻子的矛盾在村里人尽皆知，种种传闻也被大家传来传去，邵某其曾几次到村委会要和其妻子离婚。村委会工作人员邵先生说："谁也不希望他们离婚，毕竟结婚这么多年了，孩子也大了。当时我们想等年初六，再把他们都找来做一次调解，可没想到，年三十就出事了。"

第五节　其他纠纷

除了以上的四类风险因素外，还有其他纠纷促发个人极大暴力犯罪，这些纠纷多为经济方面的利益纠纷，主要包括拆迁纠纷、劳资纠纷、债务纠纷、合伙纠纷，这些纠纷通常会威胁个体生存，对个体造成的冲击极大。

一、拆迁纠纷

拆迁纠纷主要是不顾当事人意见采取强拆，不能妥善给予补偿安置时，则会形成高危风险因素。在 2011 年施行《国有土地上房屋征收与补偿条例》之前，因拆迁纠纷引发的个人极端暴力犯罪呈高发状态，此后便呈下降趋势。在 2018 年韦某车撞拆迁人员案中，拆除公司的强拆人员非但将韦某用来取证的手机摔在地上，还对其拳打脚踢，愤怒之下，韦某驾车报复以泄私愤。

案例 3-13 2018 年韦某车撞拆迁人员案[1]

2018 年 10 月 15 日，早上 6 时许，广陵区一家拆除公司负责拆除韦某侵占河道的违章建筑。一个名为陶某的男子，雇用了一批人带着工具前往一起参与拆除。同时，他指使他人，另外雇了二十多个人"维持秩序"。在陶某的指使下，拆违人员砸坏了韦某的玻璃门，把房内物品都搬出来后，捣毁了他门前的摄像头。韦某的前妻王某驾车赶到现场阻止，却被四五位女性拆违人员拉开。韦某则拿着一根自来水管赶来，也被拆违人员拦下了。韦某阻拦并拍照，陶某等人抢走他的手机摔在地上，两方开始推搡拉扯，其间拆违人员对韦某拳打脚踢，随后韦某驾车，2 次冲撞拆违人员和群众，致 2 人死亡、8 人受伤。

事发前 3 个月的 7 月 5 日，指挥部便要求：侵占河道的业主需在 5 天之内自行拆除违建。7 日，韦某被下限期拆除的通知书。8 月 13 日，韦某被再下通知书。而韦某家属并不认可违建一说，表示他们有房产证和土地证。鉴于韦某始终未有配合行动，10 月 15 日拆除公司受托来施工，随后悲剧发生。

二、劳资纠纷

最初，劳资纠纷引发个人极端暴力犯罪的情形多为用工企业拖欠工资，农民工讨薪时屡屡被拒，加之自身经济压力大，自力维权失败，在绝望、无助与愤怒时，在"不让我好过，也

---

[1] "即将宣判！扬州被强拆房主开车撞人致 2 死 8 伤，一审当庭悔罪认罪"，载 https://baijiahao.baidu.com/s？id=1661046677077082991&wfr=spider&for=pc。

不让你好过"的思维逻辑影响下，遂向拖欠工资的老板报复。在政府整治拖欠农民工工资后，该类案件便鲜有发生。其后，因劳资纠纷作案的情形发生了变化。在 2019 年王某幼儿园投毒案中，王某仅仅因为不满意工资待遇和与同事发生矛盾，选择向自己任教的幼儿园孩子投毒。此案中，王某遭遇的风险因素的冲击并不大，其个人抗逆力特质在促使其作案中起到了"推波助澜"之力。

案例 3-14　2019 年王某幼儿园投毒案[1]

王某（女，1983 年 10 月出生），任教的萌萌幼儿园是一家无办学许可证的"黑园"，王某也缺少幼儿园老师资质。王某因为自己带小班，孩子难管且工资待遇不如中班老师，为此和带中班的老师发生矛盾后投毒报复。

王某是留级到林某所在班级的，林某说："她在班上不爱讲话，性格比较老实、孤僻，在班上没有什么朋友，她本身就是焦作这边的人。"一位家长告诉红星新闻记者，投毒的是专门教小班的老师："她不爱说话，从来没见她笑过，每次去接女儿，她将女儿从教室叫出来，也不跟家长打招呼。"

三、债务纠纷

发生债务纠纷的情形，多是负债者拒绝履约，不向债权人支付所付债务，促使债权人恼羞成怒而作案。债务人通常承认债务，但是屡屡会"耍赖"，债权人感觉无可奈何时会被激怒。在 2019 年韦某初杀人案中，韦某初主要遭受了债务纠纷与爱情

---

[1] "河南 5 岁男童被老师投毒致脑死亡，家属被要求弃疗？当地政府否认"，载 https://news.163.com/19/1019/10/ERRHIAH900019K82.html.

受挫两大风险因素的冲击，最初是与覃某存在债务纠纷，多次讨要均失败了，在与覃某父母发生争执的过程中，被彻底激怒后砍死了覃某父母。作案后，与其交往 10 年的女友竟屡屡不与其结婚，于是，其对女友的怨恨也是一起涌现，故而选择对女友及其家人下手。

案例 3-15　2019 年韦某初杀人案 [1]

韦某初（男，44 岁，柳江区进德镇泗浪村太平屯人），与覃某存在债务纠纷，多次向覃某要求还钱未果。4 月 16 日 21 时许，韦某初驾驶租来的车辆至覃某家中，因讨债与覃某父母发生争执，遂持菜刀将覃某父母砍死；加上与女友张某感情不和，遂对其女友起杀意。16 日 23 时许，韦某初又驾车赶至女友张某家中，持刀致其亲属 2 死 1 伤后，弃车逃离现场。

记者在汶村了解到，该村是韦某初女朋友的娘家，其女友在家中排行老四，上面还有三个哥哥，被杀害的母女是其女友三哥的老婆和女儿，被砍伤的男子则是其女友的大哥。被害母女的嫂子告诉记者，韦某初是进德镇人，与其女朋友在一起约有 10 年时间，但是一直没有领取结婚证，也没有小孩。韦某初平日里比较沉默寡言，在外面租房子打工，不怎么回村，但是案发前也没有表露出什么不对劲的情况，甚至今年清明节还回来了。

四、合伙纠纷

合伙纠纷发生的情形主要有两类：一类是，合伙人之间因

---

〔1〕 "广西柳州市人民检察院对'柳江区 4 死 1 伤命案'被告人韦炳初提起公诉"，载 https://china.huanqiu.com/article/9CaKrnKlNkJ；"刚刚！柳江区 4 死 1 伤命案嫌疑人韦炳初落网！"，载 https://www.sohu.com/a/308647989_ 225835.

经营不善、合伙亏损而产生矛盾；另一类是，合伙经营得当、盈利颇丰，合伙人之间对收益分配方案产生分歧，出现"分赃不均"。于是，对合伙中的亏损或分配耿耿于怀。在 2018 年李某飞杀害合伙人案中，促发李某飞对合伙人痛下毒手的主要风险因素是合伙经营不力产生退股纠纷，此外，李某飞作案的动机还伴有劫财，其作案具有报复加劫财杀人灭口的态度特点。

案例 3-16　2018 年李某飞杀害合伙人案[1]

李某飞与被害人潘某、刘某、张某系某水业公司的合伙人，因共同经营公司产生退股纠纷心生怨念，2018 年 12 月 16 日下午，李某飞携带刀具和防狼喷雾剂等作案工具前往金川碧绿清源水厂，对被害人刘某喷射防狼喷雾剂后，向刘某连刺数刀，致使刘某身亡。李某飞从刘某身上搜走手机一部、现金 500 元及家门钥匙一把后，前往刘某位于呼铁佳园的处所。12 月 16 日 21 时左右，李某飞第三次潜入刘某家，将刘某之妻张某的手脚进行捆绑，逼迫张某交出银行卡 9 张并逼问银行卡密码，随后用事先准备好的 POS 机进行转账，共计转账一万余元，之后李某飞将张某杀害。12 月 17 日 5 时 30 分，李某飞携带刀具和防狼喷雾剂前往潘某所居住的天骄花园，在电梯内将潘某的妻子和女儿杀害。随后，李某飞使用从潘某妻子身上搜出的钥匙打开潘某的家门，入室后将潘某杀害。

五、创伤刺激源

创伤刺激源主要是指，造成个体的身心损伤，导致个体对

---

[1] "因经济纠纷连杀 5 人 主犯李鹏飞一审被判处死刑"，载 http://cnews.chinadaily.com.cn/a/201904/16/WS5cb5953ea310e7f8b1576e22.html。

某些事件或经验形成一种神经系统的、生理的、自动的反应，以及由此引发应激反应的外界因素。创伤性刺激源主要包括非人际的和人际的创伤性刺激源，前者主要是自然灾害、意外事故、战争等，后者主要是暴力攻击、强奸、亲人意外离世、虐待、家庭暴力等。梳理案例可以发现，促发个人极端暴力犯罪的创伤性刺激源多为情伤，尤以亲情与爱情方面的创伤为主。诸如，杨某明性弱能妻子出轨、简某良的情人状告强奸、张某扣童年目睹母亲被害、赵某伟少年时在校园被侵害，这些均对当事人造成了心理创伤。

在 2018 年赵某伟砍杀学生案中，据赵某伟供述，他在读书时，经常遭同学们欺负，老师没有为他主持公道，长此以往，他就形成了严重的自卑和仇恨心理，他将其工作和生活不顺都归结于他以前在就读学校形成的心理创伤。当其无所事事整日在家里沉浸在"吃鸡杀人"游戏中时，其精神状态遭受创伤性刺激源与游戏幻境的交错影响，终使其在"怨恨浑噩"状态下砍杀学生，校园暴力创伤心理受害者，暴力伤害学生，形成校园暴力伤害恶循环圈。

案例 3-17　2018 年赵某伟砍杀学生案[1]

赵某伟生于 1990 年 1 月 20 日，中专文化，无业。他因工作、生活不顺而心生怨恨。曾在榆林某专科学校就读 2 年，之后，留在榆林打工，2016 年回村后赋闲在家，整日沉迷于游戏。根据他自己的供述，在他学生时代，经常被同学们欺负，老师们也不怎么去管，于是就造成了他的严重自卑心理，慢慢地在他心里埋下了报复的种子，他将这些都归结于他当时所就读的

---

[1]　"米脂三中砍杀 19 人嫌犯爱玩游戏 选择的杀人场景多为学校和医院"，载 https://www.meipian.cn/19tx4ine.

学校——米脂县第三中学。一名熟悉他的村民说，近段时间，他都把自己关在家里玩一款名为"吃鸡"的游戏。在这款游戏里，共有100个人跳伞降落到荒岛上，只有最擅长杀人的玩家，才能取得游戏的最终胜利，玩家们把最终胜利称为"吃鸡"。在米脂县政府部门工作的邱先生说："他（赵某伟）在游戏的场景中，最喜欢选择的杀人的地方就是学校和医院。"

多类多重风险因素叠加联动是个人极端暴力犯罪的触发机制。以阳某云驾车撞人案为例，阳某云主要遭受了事业、情感（亲情、爱情、婚姻）、疾病、犯罪服刑等方面的风险因素叠加冲击，父母均早已离世，由于其长期嗜赌成性、不务正业，以放贷为生，多次犯罪服刑，其三任妻子均因他性格偏执而离婚，尽管其又结交了女友。但是，二人并未结婚，其身患冠心病、心肌梗死等疾病，雪上加霜的是，其被确诊为胃癌，这些病患让其饱受折磨。当其在酷爱的赌博中连连失利后，去报复出千者却再次被法律惩处。彼时，阳某云在多重风险因素的重击下"压死骆驼的最后一根稻草"便是其作案前顿感"年老却膝下无子、了然一无所有"。在2016年马某平公交纵火案中，马某平遭遇的风险因素是，被欠二十多万工资，努力讨薪三年均失败，因其"负债累累而无果"，妻子离他而去，因借钱还不上与父母兄弟反目，被放高利贷的追杀，与分包商发生债务纠纷，讨薪多次联系政府维权均被推诿。据此可见，马某平是持续不断地遭遇各类风险因素冲击，多重风险因素交互作用，共同导致其抗逆力瓦解。从阳某云和马某平遭受风险因素后个体的风险应对过程可见，两者尽管遭受了诸类风险因素冲击，但比其境遇糟糕者比比皆是，造成这些差别的决定性因素便是在风险应对过程中保护因素能否有效应对化解风险因素的冲击。

第四章

抗逆力的应对机制（一）：
外部保护因素瓦解

　　个体的抗逆力在遭遇外在风险因素冲击后，外在保护因素和个体抗逆力特质通常会介入抵御风险因素冲击。然而，外在保护因素介入时机不准与介入方式不当，则很可能会"恶逆变"成风险因素，同其他风险因素叠加联动共同冲击个体。

第一节　抗逆力的"近邻"社区防护：社会支持残缺

　　来自学校帮扶、单位支持、邻里关系和政府扶助的"近邻"般支持，共同构成了个体的社区保护因素，是个体抵御风险因素冲击的"第一道防线"。个人极端暴力犯罪作案人在遭遇风险因素冲击时通常会陷入这些社区保护因素"防卫溃散"的不利境地。于此，笔者将主要结合各社区保护因素与作案人产生的直接联系和掌握的翔实资料案例，根据风险因素与各社区保护因素之间可能的组合类型，逐次解析社区"防卫"溃散的具体状况。

一、学校帮扶欠佳

　　学校帮扶欠佳的作用场景通常是，在当事人就学期间的特定时间节点"缺席"影响最甚，甚至会"恶逆变"，同其他风险因素交织共同冲击作案人。"缺席"的时间节点主要是节假日等非上课期间，"恶逆变"的时间节点通常是与老师同学发生摩擦的在校期间。对于在校学生而言，学校（老师和同学）帮扶[1]是仅次于家庭保护因素的重要保护因素，学校是学生从家庭迈向社会最重要的联结载体，其在校期间与学校的联结状况会直接影响乃至决定学生及其家长的抗逆力状态。尤其是校园霸凌事件中的被侵害学生，学校（老师和同学）非但不能提供有效帮扶，反而会"恶逆变"成风险因素，这必然会给学生及其家庭造成重击。

以个体遭遇挫折逆境的来源，结合学校帮扶欠佳（是否发生"恶逆变"，即是否发生变质）状态为标准，可将学校帮扶欠佳引发的案件划分为其他风险因素直接引发案件、学校帮扶"恶逆变"直接引发案件、其他风险因素与学校帮扶"恶逆变"共同作用引发案件三类。其他风险因素与学校帮扶"恶逆变"共同作用的场景通常是情感类风险因素（亲情型风险因素、友情型风险因素、爱情型风险因素）、纠纷类风险因素同学校帮扶"恶逆变"形成的学业类风险因素交互共同作用。学校保护因素"恶逆变"共同作用引发案件包括当事人作案和当事人的家长作案两类。诸如，肖某杀害姑姑等人案属于其他风险因素直接引发案件，马某爵杀人案属于学校保护因素"恶逆变"直接引发当事人作案案件，陈某富校园砍杀案和王某建校园刺杀案属于学校保护因素恶逆变引发当事人的家长作案案件。

（一）其他风险因素直接引发的案件

此类案件中，作案人遇到的主要风险因素来自情感类挫折

---

[1] 此处的学校帮扶仅限于对学生及其家长这个群体，不包括在学校工作的教职员工，教师陈某炳小学砍杀案和保安李小文幼儿园砍杀案等均不归属于此类，笔者将其归属于后文任职于学校人员的单位支持。

逆境，作案人通常是在校学生，此时他们对友情和爱情的情感需求愈加强烈。然而，这两类情感只能从学校和社会获得，无法从家庭提供的亲情支持获得。尤其是对于情窦初开的学生而言，他们憧憬或拥有的甜蜜爱情一旦失败，如果缺乏及时的科学干预和自我调适，会对性格偏执和情绪失控的学生造成重击。这些年，由大学生情侣间发生亲密关系引发的严重暴力案事件时有发生。诸如，2004 年徐州师范大学学生张某杀害同居女友、2019 年北京大学大三学生包某被男友牟某翰"精神虐杀"……亲密关系暴力是指现在或曾经处于亲密关系下（如婚姻关系、约会关系、同居关系等）的异性伴侣之间各种形式的身体、心理、性方面的暴力伤害行为。[1] 通过对成都的在校大学生进行调查，笔者发现，青年学生亲密关系暴力现象较为普遍，与青年学生的父母教养方式、同伴关系、恋爱关系和管理消极情绪的能力有密切关系。[2] 在这些影响因素中，情绪管理能力至关重要，其影响也至深。恋爱中的青年学生亲密关系暴力行为越多者，情绪调节的能力越低，而情绪失调的青年学生在面对亲密关系冲突时也更容易产生过激情绪，从而增加恋人间的攻击行为。[3] 在张某潜入女生宿舍杀人案中，张某从内蒙古某大学"逃学"远遁到河南职业技术学院作案，在其"消失"的这段时间里，该大学并未察觉，自然无从采取相应干预措施。这些现象折射出了普通高等院校学生管理"松散"的弊端——难以

---

〔1〕 刘娇、郑涌："亲密关系暴力：男性与女性谁更具攻击性"，载《社会》2004 年第 4 期，第 40~43 页，第 49 页。

〔2〕 彭福燕等："有恋爱经历大学生亲密关系暴力行为与情绪调节自我效能感的相关性"，载《中国学校卫生》2019 年第 11 期，第 1657~1661 页。

〔3〕 See B. C. Shorey, H. Brasfield, Febres Jetal, "An Examination of the Association Between Difficulties With Emotion Regulation and Dating Violence Perpetration", *Aggres Maltreat Traum*, 2011, 20 (8): 870.

甄别、开导、关心和支持本校遭受挫折逆境的学子。

案例 4-1　2012 年张某潜入女生宿舍杀人案[1]

2012 年 9 月 25 日凌晨 5 点，张某潜入河南郑州某职业技术学院，爬窗户进入女生宿舍 7403B 持单刃短刀捅刺该宿舍女生，最终造成 3 死 1 伤的恶果。经警方突审，犯罪嫌疑人张某供认了其在郑州杀死 3 人的犯罪事实，疑犯张某系内蒙古某大学学生（男性），通过网络认识了河南某职业技术学院工商管理系会计电算化专业的陈姓女生。案发时，这名陈姓女学生因请假回家，不在案发宿舍。张某因与陈姓女生发生矛盾纠纷而报复杀人。

（二）学校保护因素"恶逆变直"接引发的案件

1. 学校保护因素"恶逆变"直接引发当事人作案的案件

在马某爵杀人案中，马某爵家境贫寒但家庭结构功能健全且充满温馨，父母对其关爱有加且充满希冀，其成长顺利、学业较好。孤身在云南大学就学期间，马某爵与家庭保护因素联结弱化，彼时学校保护因素成了其最重要的外在保护因素。然而，本应属于学校保护因素的邵某某（马某爵大学三年半最好的朋友），却因为打牌与之争吵而恶语中伤马某爵。缺乏高中班主任般的老师和要好同学的及时开导，家庭保护因素也难以有效介入生效，原本欠佳的学校保护因素顿时"恶逆变"成风险因素冲击着马某爵……

---

[1]　"郑州高校女生宿舍凶杀案 一男网友杀死 3 名女生"，载 http://news. house 365. com/gbk/wxestate/system/2012/09/27/020780908. html.

案例4-2 2004年云南大学马某爵杀人案[1]

马某爵和邵某某等几个同学在打牌时，邵某某怀疑马某爵出牌作弊，两人发生了争执。期间，邵某某说："没想到连打牌你都玩假，你为人太差了，难怪龚某过生日都不请你……"这样的话从邵某某口中说出来，深深地伤害到了马某爵。就是这句话使马某爵动了杀邵某某和龚某的念头。

民警："为什么杀他们？"马某爵："我们那么多年住在一起，我把邵当作朋友，真心朋友也不多。想不到他们这样说我的为人。我很绝望，我在云南大学一个朋友也没有，我在学校那么落魄，都是他们这样在同学面前说我。我在云大这么失败，都是他们造成的。他们在外面宣传我的生活习惯那么古怪。我把他当朋友，他这么说我，我就恨他们。"民警："他们都说了些什么？"马某爵："他们都说我很怪，把我的一些生活习惯、生活方式，甚至是一些隐私都说给别人听，让我感觉是完全暴露在别人眼里，别人都在嘲笑我。"

2. 学校保护因素"恶逆变"引发当事人的家长作案的案件

风险因素冲击扩散转移现象，即原本学校保护因素"恶逆变"冲击当事人，在当事人家长得知当事人在学校的境遇后，该风险因素冲击扩散转移至其家长，学校保护因素难以适时以适当方式介入，致使当事人的家长遭受重击。此类案件发生的关键在于当事人的家长，即作案人将当事人在学校的境遇视为自己面临的风险因素。

---

[1] 第一段引自"马加爵"，载 https://baike.baidu.com/item/%E9%A9%AC%E5%8A%A0%E7%88%B5/154174？fr=Aladdin；第二段讯问记录引自李玫瑾：《犯罪心理研究——在犯罪防控中的作用》（修订版），中国人民公安大学出版社2010年版，第143~144页。

在陈某富校园砍杀案中，陈某富夫妻俩在外打工，为了让女儿在县城读书，夫妻俩用多年积攒的钱加上借了很多钱，在县城买了一套七楼的房子。2014年上半年，陈某富骑摩托车时不慎将右胳膊摔断，至作案时钢板还没取出来，他居家疗伤照看女儿，妻子在外面打工。对陈某富而言，对女儿寄予厚望，好不容易东拼西凑在县城买了房，奈何天有不测风云，作为家里顶梁柱的陈某富摔断了胳膊无法打工挣钱。女儿成绩不好不爱学习，未完成暑假作业被老师拒绝报名，当他央求老师4次仍然被拒后，学校的正常报名渠道未能及时出现在其视野中，彼时偏执的陈某富走入了"死胡同"。王某建校园刺杀案同陈某富校园砍杀案近似，王某建得知女儿被同桌欺负，他向同桌的父母和班主任提出为女儿"伸张正义"的诉求，学校保护因素——班主任——通过及时与王某建妻子沟通和调换刘某某等常规的合理方式进行了干预。可是，王某建对学校保护因素需求偏高且急切，他并不满意这些处理方式。

案例4-3 2014年陈某富校园砍杀案[1]

陈某富于2014年9月1日上午进入东方小学五年级二班教室，持水果刀将女教师刘某刺伤，并刺伤8名学生，犯罪嫌疑人陈某富当场跳楼自杀身亡。陈某富性格内向，平时不怎么说话，也很少与人交流，在郧西县务工。陈某富的女儿平时没人照看，学习成绩的确不好，9月份开学是五年级升六年级。因女儿陈某未完成暑期作业，报名被拒绝后，陈某富向多名熟悉的老乡和朋友抱怨称，他求了老师4次，差点给老师跪下，老师就是不接收。当时有人还劝陈某富不要太着急，等开学后再到

---

[1] "9·1十堰校园杀人案"，载 https://baike.baidu.com/item/9·1十堰校园杀人案/15469403.

学校跟老师好好说一下。

案例4-4　2019年王某建校园刺杀案[1]

2019年5月9日下午，上饶市第五小学三年级一班的何某某放学回家告诉父亲王某建在学校被同桌刘某某欺负。王某建便语带威胁地在班级家长微信群反映此事。班主任汪某某、刘某某之父刘某均积极就此事进行了表态，并且刘某还添加了王某建之妻何某的微信进行了沟通。当天，汪某某与何某通话发现王某建脾气不好之后，便电话告知刘某某父母说先不要与王某建沟通，其会调换座位将此事解决好。10日7时50分至9时许，刘某一直在与何某微信沟通，表示此事已在积极处理中（包括刘某某向何某某道歉，汪老师已答应调换座位等）。8时22分许，王某建送何某某上学，因其在校门口未等到刘某某家长而非常气愤，在何某电话告知事情已解决、让女儿去上课的情况下，仍坚持将何某某送回家中。途中，王某建购买了一把屠宰刀……

（三）其他风险因素与学校保护因素"恶逆变"共同作用

这类案件的作案人通常是在校学生，多为在家庭结构功能残缺情形下，家长苛求作案人取得好的学习成绩，家长管教方式不当而形成风险因素同学业类情感类风险因素共同冲击作案人。分析既往案件可以发现，此类案件具体表现为：作案人有沉迷网络（网游）等不良嗜好导致成绩下降，家长时常为此采取打骂等粗暴的管教方式，致使作案人心生怨恨；加之作案人

---

[1] "5·10上饶持刀伤人案"，载 https://baike.baidu.com/item/5%C2%B710%E4%B8%8A%E9%A5%B6%E6%8C%81%E5%88%80%E4%BC%A4%E4%BA%BA%E6%A1%88/23480890? fr=aladdin.

在学校表现"变差"，其在学校可获得的保护因素呈现"缺位"状态，案件形态多为未成年学生杀害至亲（近亲）。2011 年广东清远连南 15 岁男孩杀害母亲和妹妹案、2012 年肖某杀害姑姑等人案、2013 年河南安阳 16 岁男孩杀害母亲和三姨案、2015 年河南南阳镇平 15 岁男孩杀害父母和弟弟案等案件均属于此类案件。

　　在 2012 年肖某杀害姑姑等人案中，肖某在 1 岁半时就随广州务工的父母（二人未领结婚证）到广州被送到一家幼儿园，在肖某 3 岁左右其父母持续争吵，4 岁时其被送回老家。同年，母亲离开肖家，其后父母均与他人结婚并育有子女。肖某自小被祖父母带大，他们把肖某当成宝贝一般地照顾，"谁都不能碰他"。曾经看杀鸡都发抖的肖某发生如此之大的蜕化，主要源自多重保护因素"恶逆变"：家庭结构功能残缺（父母分道扬镳各自组成家庭生育孩子、祖父母溺爱抚养）、从乡下老家到县城寄宿陌生的小姑家、初中同学对其冷漠、被暗恋女生粗暴拒绝……学校的老师和同学非但不能为其提供帮助，反而对其"冷漠加嘲讽"。于是，肖某连自己成绩最好的英语也因为班主任的不当教育而厌学，他从乡镇小学优等生"沦落"为县城最好初中的后进生，沉迷网游且违纪不断，在姑姑管教严格和表妹告状的促使下，肖某最终选择了作案。

案例 4-5　2012 年肖某杀害姑姑等人案[1]

　　2012 年 4 月 13 日，12 岁的湖南省衡阳县学生肖某放学回小姑家后将小姑和表妹、表弟杀害。肖某小学时几乎每年都被评为"三好学生"，为了能考进好高中，肖某被送到县城最好的初

---

　　〔1〕　贺莉丹："12 岁男孩弑亲案调查"，载《新民周刊》2012 年第 17 期，第 58~63 页。

中——光华实验中学，并寄宿在小姑肖某某家中。

肖某的好友、同班同学于某说："他的脾气变得暴躁，他不仅打了别的班的同学，也打了我们班的同学。"在事发前一周的一个晚上，肖某找不到手电筒看小说，问遍宿舍同学，回应他的是静默。肖某在宿舍里大吼："我知道你们都在排斥我！"肖某的女同学孟某某说："因为他经常上课时打断老师讲话，爱在课堂上出风头，还时常捉弄女生，所以女生都不怎么喜欢他。"肖某主动认了同班同学马某作"干姐姐"，他给暗恋的女生写过一封情书，但被那名女生扔在了地上。

2012年初，肖某某夫妇被班主任叫到学校谈话。班主任给肖某的姑父刘某某看了肖某的违纪情况的记录本子："人家的只有一两条，他的是一页纸都记满了。"肖某的同班同学、好友陆某某提到，温和的地理老师和语文老师都镇不住肖某，只有班主任能镇住肖某。有次因为肖某没有将本班同学的碗与隔壁班的碗区分开，貌似被班主任打了一巴掌："那对他是一个打击，他本来英语学得不错，但从那以后，就不怎么有学习的劲头了。"

表4-1 案例的家庭保护因素和学校保护因素概况

案件	家庭保护因素	直接诱因	学校保护因素
2004年马某爵杀人案	远离家乡亲人	打牌口角纠纷	最好的朋友恶语中伤
2012年肖某杀害姑姑等人案	父母分别重组家庭生育、祖父母溺爱、姑姑管教严格、表妹告状	表妹告状	老师粗暴管教、同学不喜欢（尤其女生）、暗恋女生拒绝
2012年张某潜入女生宿舍杀人案	不详	与女网友纠纷	管理松散
2014年陈某富校园砍杀案	妻子在外打工、女儿成绩差	女儿报名被拒	女儿报名被拒未能寻得老师帮助

案件	家庭保护因素	直接诱因	学校保护因素
2019 年王某建校园刺杀案	妻子劝解无效	女儿被同桌欺负	班主任沟通、班主任调换座位

二、单位支持残缺

以个体遭遇挫折逆境的来源，结合单位支持残缺（是否发生"恶逆变"，即是量缺抑或质残）状态为标准，可将单位支持残缺对个人极端暴力犯罪作案人的作用场景主要分为其他风险因素冲击个体单位（只是量的不足）支持不足、单位支持残缺"恶逆变"成风险因素（发生质变）冲击个体、其他风险因素与单位支持"恶逆变"共同作用三类。其他风险因素与单位支持"恶逆变"共同作用的场景通常是情感类风险因素（亲情型风险因素、友情型风险因素、爱情型风险因素）、纠纷类风险因素同单位支持"恶逆变"形成的事业类风险因素交互共同作用。根据马斯洛需要层次理论可知，工作（事业）直接影响乃至决定个体生理（衣食住行）、安全（人身财产安全、工作保障）、社交需要（友谊）、尊重（自我尊重、信心成就）和自我实现（创造力、问题解决能力）的实现状况。故而，工作单位的组织支持质量及其内部员工之间的关系状况，均会直接影响个体应对挫折逆境的能力与结果。

（一）其他风险因素冲击个体单位支持不足

冲击个体的其他风险因素主要包括情感类和纠纷类风险因素，并无源自其单位的事业类风险因素，这便是此类案件同单位支持残缺"恶逆变"成风险因素冲击个体、其他风险因素与单位支持"恶逆变"共同作用的根本区别，此类案件的作案人通常具有相对稳定的工作单位，但是其工作单位较强调对员工的工作要求，容易忽视员工的心理健康。在表4-2中，序号6、10、11、15这些案件均属此类。在张某钢驾公交车坠湖案中，张某钢通过电话与对班司机联系，提出要提前交接班（原本的交接班时间是中午12时），最终，他与对班驾驶员提前一个小时有余完成了交接班。于此，可见两点情况：其一，张某钢平素与同事关系尚可；其二，该公交公司的制度执行力度缺乏"刚性"，即监管力度不足。加之，张某钢携带白酒在客运站交接班未被发现、驾车时饮酒未被公司监控发现并阻止，可见，在此种工作环境下，张某钢有何异常自然难以被及时发现和纠正。众所周知，公交车司机的工作极为枯燥烦闷，乘客刁难的情形也较多，其身心健康本应得到高度关注。公交车司机的健康自我管理现状受多种因素影响，年龄与睡眠为主要影响因素，吸烟、医疗保险、居住情况和婚姻情况与其关系密切，建议根据不同层次个体特点制订相应管理方案，以完善职业卫生服务体系[1]。商学良等人调查发现，公交车司机心理健康水平，未婚者最高，已婚者其次，离异组最低，公交车司机的心理健康水平低于一般人群，需要积极关注这一职业人群，及时对其进行心理干预[2]。张某钢便是离异后孤身一人，且经济条件较差只能租房居住，其申请公租房和反对承租公房被拆的诉求，以及他的心理状况，未得到相关部门和公交公司的重视，其单位给予他的支持自然不足。

---

〔1〕 张叶等："长春市公交车司机健康自我管理现状及影响因素分析"，载《中国公共卫生管理》2016年第6期，第774~776页，第779页。

〔2〕 商学良等："唐山市公交车司机心理健康状况及影响因素"，载《中国健康心理学杂志》2020年第5期，第728~733页。

案例 4-6　2020 年张某钢驾公交车坠湖案[1]

2020 年 7 月 7 日 12 时 12 分，张某钢（男、52 岁、安顺市西秀区人、离异）驾驶一辆安顺市公共交通总公司的公交车，在行驶至西秀区虹山水库大坝时，突然转向加速，横穿对向车道，撞毁护栏冲入水库，造成 20 人当场死亡，1 人经抢救无效死亡，15 人受伤，1 人未受伤，张某钢在案件中死亡。

张某钢常感叹其家庭婚姻不幸，生活失意。张某钢与妻子离婚后，于 2016 年开始租住其姐姐女儿的房子，户口寄搭于其姐姐处。张某钢在西秀区柴油机厂工作时分到一套 40 平方米的自管公房，为自管公产承租人，2016 年列入棚户区改造，根据《国有土地上房屋征收与补偿条例》的规定，2020 年 6 月 8 日，张某钢与西秀区住建局签订了《自管公房搬迁补助协议》，协议补偿 72 542.94 元，未领取。此后，张某钢一心想申请公租房，但并未成功。7 月 7 日上午 8 时 30 分许，张某钢来到他曾经承租的公房处，看到该房即将被拆除。8 时 38 分，张某钢通过政务服务热线，诉斥自己申请公租房失败和承租公房被拆。

（二）单位支持"恶逆变"成风险因素冲击个体

单位支持"恶逆变"成风险因素冲击个体主要存在两种情景：其一，以作案人同单位（负责人或同事）发生摩擦纠纷最为典型，表 4-2 中，序号 1~4、6~9、13、14 这些案件均属此类；其二，个体事业心较强且特别在意职业发展，却遭受了职业发展晋升挫折，这类案件比较少，表 4-2 中，序号 12 的案件便是这种情形。由于第一类案件较多且常见，于此仅分析鲜见

---

[1]　"官方通报公交坠湖案：司机因对拆迁不满报复社会"，载 https://baijiahao. baidu. com/s？id=1672016406314862266&wfr=spider&for=pc.

的第二类案件。

在梁某持枪杀人案中，梁某所遭受的风险因素较为单一，主要是遭受了工作单位同事孙某某晋升的刺激和冲击。原本梁某家庭幸福、事业有成，与之熟识的人对其评价都较高。邻居、亲人、工友都认为梁某为人和气憨厚且言语不多，大家对他持枪连杀 5 人的事情都特感震惊和意外。通辽市人民检察院的检察官李某某介绍，梁某有个幸福的家庭，有 2 个年幼可爱的子女，贤惠的妻子在县中学任教，夫妻感情很好。然而，厂里的孙某某被提拔为第一副厂长。资源缺乏和社会地位分级是导致员工存在权力差距感的重要因素，职位晋升对知识型员工意味着拥有更多资源和更高的社会地位，而员工对权力和资源分配公平性知觉是造成情景妒忌的关键。[1]梁某原本是副厂长，他认为孙某某之所以被晋升为第一副厂长，主要是邓某某任人唯亲，使孙某某的职务跃升到自己前面。较低的关系密切度会导致员工对晋升同事产生嫉妒心理。[2]在同一个组织内，同事间原本应该是合作共赢的关系，然而，职务晋升属于稀缺资源，有晋升需求的员工间关系又会演变为竞争乃至冲突关系。当员工察觉同事掌握自己渴望但却无法实现的技术、优势或能力时便产生妒忌情绪，这种敌意会导致员工情绪耗竭；同事晋升会对其产生刺激作用，员工会强迫自己积极工作以谋求晋升机会，未晋升员工感知到与晋升员工间存在较大权力差距时便会出现

〔1〕 Z. Zhang, M. Wang, J. Shi, "Leader-follower Congruence in Proactive Personality and Work Outcomes: The Mediating Role of Leader-member Exchange", *Academy of Management Journal*, 2012, 55 (1): 111~130.

〔2〕 A. P. Buunk, C. Carmona, Peiro J. Metal, "Social Comparison at Work: The Role of Culture, Type of Organization and Gender", *Cross-cultural Communication*, 2011, 7 (2): 22~34.

自卑和敌意等负面情绪。[1]梁某原本就对孙某某晋升之事难以释怀，孙某某在职工大会的发言再次刺激了梁某，奈何"冤家路窄"二人"狭路相逢"发生口角并相互推拥，孙某某的言行举止促成了梁某的情绪从嫉妒与敌意骤变为怨恨与绝望等。

案例4-7 2019年梁某持枪杀人案[2]

2019年3月25日15时30分许，内蒙古自治区开鲁县自来水公司第二供水厂（以下简称供水厂）副厂长梁某在50分钟内持枪驾车在3个地点向6人射击14发子弹，致5人当场死亡。

当日15时许，供水厂召开职工大会期间，梁某因不满孙某某在会上的发言内容，在前往厂区停车场途中碰见孙某某，二人发生口角并且相互推拥，梁某从其车后备箱取出一支口径枪射击孙某某并击中其左胸部。孙某某倒地后，梁某继续向孙某某头部射击，致孙某某当场死亡。案发时，在现场附近的供水厂职工付某某经常与孙某某同乘车辆，梁某认为二人关系较好，遂向付某某射击并击中付某某致其倒地，梁某继续向付某某头部射击，致付某某当场死亡。

被害人邓某某系供水厂副经理，梁某因邓某某任用孙某某一事对其心存不满，在射杀孙某某和付某某后发现邓某某还在厂区内，便持枪追赶。在围着办公楼追赶一圈后，眼见邓某某即将逃脱，梁某持枪向邓某某射击但未击中。其后，梁某无奈地驾车驶离供水厂寻觅下一个作案目标。

---

〔1〕 赵金金、于水仙、王妍："社会比较视角下同事晋升对知识型员工职业倦怠影响机制研究——基于情景妒忌和面子需要的作用"，载《软科学》2017年第4期，第75~79页，第84页。

〔2〕 "内蒙古开鲁梁某持枪杀人致5死一案今日开庭，将择日宣判"，载https://baijiahao.baidu.com/s? id=1647062877772256945&wfr=spider&for=pc.

（三）其他风险因素与单位支持"恶逆变"共同作用

此类案件存在多类（多个）风险因素交互叠加形成联动连锁效应的现象，故而对个体冲击力极大。在陈某炳校园砍杀案中，最具冲击力的根本性风险因素就是其久病不治，因病[1]产生了一系列恶性连锁反应：医疗费用负担、病休收入骤降、家庭（自己和父母）积蓄花光且欠债、抗逆力特质恶化（性格脾气情绪等均变差）、贫困无房未婚、情感缺失孤寂……彼时的陈某炳最可能获得的外在保护因素，除了来自父母浓厚的亲情和乏力的经济支持之外，就是向其任教的学校求助——学校成了他的"救命稻草"。于是，他和父母先后几次找学校领导，请求学校帮忙分担医疗费，令他们意外的是学校不帮忙，反而还"火上浇油"般地让陈某炳支付"替课费"。洪富小学校长莫某某说："他与陈某炳仅共事一年多，陈某炳性格内向、没有朋友，少与同事交往。"陈某炳的父亲陈某某举例否认了莫某某的说法，尽管二人的立场不同，说辞难免迥异。在本校教师身患重症多次求助的情况下，洪富小学仍然"一毛不拔"未有一丝"情份"，寒了陈某炳原本"伤痕累累"的心。学校对他冷漠无情的态度和做法成了"压死骆驼的最后一根稻草"。员工常常把组织代理人的行动理解为组织的意图，而非仅仅归因于代理人个人的动机，员工会将组织对他们采取的支持性的或非支持性的措施作为评判组织是否重视他们所做出的贡献和是否关注他们幸福的依据。[2]故而，陈某炳将求助工作单位却被学校领导残酷无情拒绝视为学校对自己的态度，也因此而对学校

---

〔1〕 雷州市白沙镇洪富小学病休手续及医院出具的资料显示，陈某炳患有"肝炎，胃炎，重度神经衰弱"。

〔2〕 徐晓锋等："组织支持理论及其研究"，载《心理科学》2005年第1期，第130~132页。

表现得极为冷漠残酷，这也许便是其选择在学校作案的主要原因。

案例4-8 2010年陈某炳校园砍杀案[1]

2010年4月28日下午，陈某炳在雷州市雷城第一小学砍杀师生。经查，陈某炳于2000年9月开始在雷州市白沙镇洪富小学担任教师。陈某炳病前在该校是一名好教师，课上得好，"考评都好"，附近认识的人都说"教书教得好"。2006年1月开始因病休教，在家待了4年，2008年5月5日雷州市人民医院诊断发现，陈某炳患重度神经衰弱。

陈某炳病休后，每月能领到1100元工资，但其工资根本不够治病。为此，陈某炳及其父母几次找学校领导，请求学校分担医疗费，学校不但拒绝，反而还要他支付学校"请人替课"的费用，陈某炳先后2次付给学校共3000元"替课费"。另外，据专案组会商时的一位医生介绍，陈某炳的性器官呈畸形，提出了是否存在由于生理畸形而促使其精神扭曲的观点。

陈某炳的父亲陈某某之前曾在当地一家酒厂上班，1990年下岗后，一直靠在市场里卖东西谋生。老家的房子已毁坏，20多年辛苦挣来的钱全都为给陈某炳治病花光了，为治病还欠了几万外债，因为没钱买房，就只能长期租住别人的房子。

表4-2中，除序号2、7、8、9、12案件外，通过分析其他因单位支持残缺引发的相关案件，可以发现这些案件具有一个共同的特质，即作案人利用其从事的职业身份作为掩护或便利性实施个人极端暴力犯罪，职业领域内个人极端暴力犯罪征兆

---

〔1〕"广东雷州男子刀砍16名师生 排除患精神病"，载 http://yantai.dzwww.com/2010sy/zhxw/201005/t20100505_ 5516389. htm.

性极弱。职业领域内个人极端暴力犯罪暴露出了对极端人员监测化解难度大、极端人员作案模仿性强、被害人防控意识与能力弱、应急快反协同处置较迟滞等社会安全隐患。[1]为此，应甄别、筛查、防控此类潜在的作案人，强化其单位支持力度、效度和温度，以杜绝由单位支持残缺引发的个人极端暴力犯罪。

表4-2　单位支持残缺类个人极端暴力犯罪基本信息

序号	案件名称	作案人职业	直接诱因	单位支持状况
1	2005年丁某福煤矿爆炸案	煤矿保管员	怀疑女友与副矿长有奸情	煤矿未干涉
2	2007年姜某永歌厅纵火案	歌厅服务生	搞卫生经常遭郑某训斥	管理人员郑某某经常训斥其乱花钱
3	2009年李某清驾车撞人案	公交司机	不满替班	一年肇事违章10次公司未重视、不满替班交接班等车太久公司未注意
4	2010年张某民杀人撞人案	运业公司调度员	与领导发生纠纷	同事并未太在意争吵
5	2010年陈某炳校园砍杀案	教师	学校要求其停课病休	被学校要求停课病休四年后，每月领1100元病休工资、请学校领导支付医疗费遭拒、给学校3000元"替课费"

---

［1］　王飞："职业领域内个人极端暴力犯罪分析——以15起案件为例"，载《山东警察学院学报》2020年第4期，第94~100页。

序号	案件名称	作案人职业	直接诱因	单位支持状况
6	2010 年李某良驾车撞人案	铲车司机	装煤错误发生口角	辞职完结工资、经理为其送行请客吃饭、装煤错误被指责发生口角被煤场老板拉开
7	2011 年马某库砍杀雇主案	搬运工	不满雇主使唤	早晨 6 点多被老板叫起来卸货、被工友嘲笑、四处借钱只有老板借给他钱
8	2013 年高某峰爆炸案	务工	因工伤与公司产生纠纷	因工伤（腰椎骨折、右胫腓骨骨折）老板给了四万元一次性赔偿金、对补偿数额不满、与同宋姓工友关系很好、传言高万峰曾找老板索赔被打
9	2017 年王某砍人撞人案	货运员	被公司开除	公司未给其申辩机会
10	2017 年陈某湘持枪杀人案	警察	赌博纠纷	嗜赌和生活做派不良未被公安局干预、从公安局同事处借走一把值班用的手枪
11	2018 年白某持枪杀人案	警察	装修费纠纷	作案前违规持两把枪未被公安局察觉
12	2019 年梁某持枪杀人案	水厂副厂长	不满同事会议发言内容	不满公司领导成员任用孙某某为第一副厂长、与同事发生口角相互推拥
13	2019 年王某幼儿园投毒案	幼教	工资矛盾	与仅四名教师的幼儿园的同事闹纠纷

续表

序号	案件名称	作案人职业	直接诱因	单位支持状况
14	2020 年李某文砍杀学生案	保安	同事间纠纷、与领导纠纷	与同事发生矛盾、因为休假事宜对副校长不满
15	2020 年张某钢驾公交车坠湖案	公交司机	对拆除其承租公房不满	开公交工作强度大收入不高、平时和同事相处不错

注：囿于搜集此类案例详细信息难度极大，仅列出笔者掌握的部分作案人有较稳定工作单位的案例，对于农民、个体工商户（经商）、工作不定和无业等作案人的案例并未在此列出。

三、邻里关系脆弱

邻里之间相互影响通常可能会成为影响个体作出决策的关键性因素。根据邻里效应可知，居住地周边的空间往往会成为邻里交往的主要场所，发挥着满足居民生活需求、促进人际互动以及构建与调和邻里社交关系网络的作用。[1]随着人与人之间交流愈加频繁，个体行为与思想更容易受到他人行为的影响。[2]恰似"物有两端、事有两极"，邻里关系和畅之人，他们之间的关系通向"正极"，会呈现良性循环的相互助益状态。反之，邻里关系紧张敌视，彼此社会感染通道通向"负极"，邻里效应便会陷入恶性循环的怪圈。俗语有云："远亲不如近邻，近邻不抵对门。"即是指邻里关系和谐可成为保护因素为个体提

---

〔1〕 ［丹麦］扬·盖尔：《交往与空间》，何人可译，中国建筑工业出版社 1992 年版，第 55~64 页。

〔2〕 余丽甜、詹宇波："家庭教育支出存在邻里效应吗"，载《财经研究》2018 年第 8 期，第 61~73 页。

供的有力支持。但是，邻里之间如非"门对门"般投合，轻则"道不同不相为谋"形同陌路，重则可能演化为"相恨相杀"的风险因素冲击彼此。

于此，以个体遭遇挫折逆境的来源（风险因素的类型）结合邻里关系脆弱状态为标准，可将邻里关系脆弱对个体的作用场景分为其他风险因素冲击个体邻里关系不济、邻里关系"恶逆变"成风险因素（发生质变）冲击个体、其他风险因素与邻里关系"恶逆变"共同作用三类。此处的邻里关系主要是指地理空间意义上的，居住距离较近的邻居之间在社交、经济、情感等方面的地缘形成的联系状况，主要包括城市社区和乡村村庄范围内的居民（村民、市民）和居（村）委会等个体与组织之间形成的联结。

（一）其他风险因素冲击个体邻里关系不济

其他风险因素冲击个体邻里关系不济的作用场景通常是个体遭遇情感类和纠纷类风险因素冲击，个体的邻里介入帮助化解风险因素冲击，受制于此类风险因素"根深难解"的特性和邻里关系作用有限难以"治本"的特点，邻里关系介入往往仅能产生"治标"的缓和效用。对于情感类风险因素，俗语有言，"清官难断家务事"，更何况是主要发挥自治功能且治理能力有限的基层群众自治组织和邻里。此外，对于纠纷类风险因素，随着社会利益诉求多元化，基层矛盾纠纷可能呈现此起彼伏和防不胜防的态势，对基层群众自治组织和邻里化解矛盾纠纷挑战极大，如若付诸法律手段，则显得极为被动、乏力。基层纠纷的社会风险的酝酿和形成，与基层纠纷的管理和化解效率有着密切关系，防范基层纠纷引发破坏社会秩序的风险，主要不是防止纠纷的发生，而是要及时、有效地化解基层纠纷。有效化解基层纠纷不宜过多依赖法律的力量，在社会建设中建立起多元纠纷解决机制，将基层纠纷的管理和化解纳入基层社会治理之中显得非常重要。[1]

在彭某桃杀妻子等人案中，聂某某执意要离婚遂携子回娘家居住，彭某桃一心想挽回婚姻，三位村干部对二人进行了耐心调解，奈何聂某某"去意已决"，离婚态度坚决，村干部只能劝其好聚好散，无力达成彭某桃想要挽回婚姻的目标。当前农村婚变行为正成为妇女婚姻主导权的表现，随着原有的以"当家权"为核心内容的婚姻权利结构的失衡和妇女权利谱系的裂变，以"退出权"为实践形态的婚姻主导权由此生成。[2]农村婚姻市场的结构性失衡使得女性在婚姻市场中掌握着话语权，乡村传统文化习俗消解使得农村再婚女性得以"去传统化"和"去污名化"，现代社会情境改变了农村社会性别分工模式，使得部分女性敢于摆脱束缚并把离婚想法付诸行动。[3]当妇女不满其婚姻状态时，其获得了离婚主导权，外力"救济"效果势必大打折扣。正因如此，作案当天下午2点多和4点多的时候，彭某桃2次给村里的妇女主任周某某打电话，叫她劝一下聂某霞："周某某给我说聂某霞说去井研了，叫我不要去找聂某霞，然后我给周某某说我中午去聂某霞都还在，周某某说只是帮忙转达。"村干部也只能充当离婚纠纷当事人的"传话筒"，彼时"无计可施"的彭某桃，最后采纳了与其关系亲近的牌友的建议，多次放低姿态去岳父家好言相劝，可是此举依旧无效。

---

〔1〕 陆益龙："社会主要矛盾的转变与基层纠纷的风险"，载《学术研究》2018年第6期，第45~52页，第177页。

〔2〕 李永萍、杜鹏："婚变：农村妇女婚姻主导权与家庭转型——关中J村离婚调查"，载《中国青年研究》2016年第5期，第86~92页。

〔3〕 卢飞、徐依婷："农村青年离婚'女性主导'现象及其形成机制——基于性别理论视角和四川S市5县（区）的考察湖"，载《湖南农业大学学报（社会科学版）》2018年第2期，第43~48页。

案例4-9　2018年彭某桃杀妻子等人案[1]

2018年10月20日20时许，彭某桃（男，40岁）因离婚纠纷引发矛盾将井研县胜泉乡岳父家中的妻子聂某霞、继子漆某琨、岳母周某华、姐夫龙某君杀害，致岳父聂某松重伤。

（1）彭某桃讯问笔录摘录。

问：你和聂某霞之前有没有矛盾？

答：之前我们两口子还是有吵架的时候，但是大家都说几句就算了。我之前从来都没有打过聂某霞他们，很久以前漆某琨（聂某霞与前夫之子）不听话的时候我打过他一巴掌，打得轻，都是出于教育娃娃的目的。有一次我和聂某霞闹得比较凶，我都没有动手打她，而是请大队的干部来调解矛盾的。

问：你把这一次大队干部来调解的详细情况讲一下？

答：我记不到准确的时间，10月10日左右的一天下午，聂某霞和她姐姐聂某某到我家来拿她们的衣服。当时我不想聂某霞走，说内心话，我是很在乎聂某霞的。我就想和她和好，但是聂某某一直不同意我和聂某霞好，她就找干部来调解。后来村上的干部张某春、吴某喜等三人来我家调解。调解的时候大家都客客气气的，我发自内心想的是把聂某霞留下来好好地过日子，我是不想她走的，大队干部来调解的时候我也是讲道理，是我和聂某霞自己两口子之间的分歧，是家庭矛盾，也希望大队干部劝一下聂某霞。调解的时候，三个干部也说大家冷静一下。大家说了一个小时左右，我就听村干部的话把衣服给了聂某霞。

问：在调解的时候你说没有说过要砍聂某霞全家等这些话？

---

[1] 此案例所有材料系笔者查看到该案例的网络公开报道后，前往井研县公安局刑侦大队调查所得。

答：从来没有说过，调解的时候气氛还是比较融洽的。大家都没有吵、没有闹也没有说过激的话，村干部可以作证。

问：你和聂某霞一家人的矛盾有没有向村、政府或派出所反映过？

答：没有给他们说过，本来这都是家务事，也没有必要向他们说。

问：你想一下你和聂某霞之间到底有哪些矛盾？

答：一个是聂某霞用了我的钱她还不承认，大家有时候要因为这个钱的事情扯经（扯皮），但这不是主要原因；二是聂某霞和吴某平关系很不一般，而且还不回避我，这个才是我和聂某霞之间矛盾的起因。

2. 张某春（村副主任）询问笔录摘录

问：彭某桃平时表现如何？

答：彭某桃平时比较内向，不善与人交流，平时也不得惹是生非，这个人不喝酒，只是打牌，平时和胡某华（音）他们打牌吹牛的时候比较多。我听组长张某生说，彭某桃这个人平时和周围邻居关系不怎么好。

问：彭某桃平时家庭关系处得如何？

答：之前没听说两人有什么矛盾，2017 年下半年开始，彭某桃和聂某霞关系就出了问题，两个人为了聂某霞半夜耍微信和教育子女的事情，经常发生争吵。

问：你说的聂某霞半夜耍微信，教育子女是怎么回事？

答：我听说 2017 年下半年的时候，有一次聂某霞半夜 12 点过还在耍微信，不晓得和谁摆龙门阵，彭某桃就不安逸她，两个人为了这件事情发生过争吵。教育子女是因为聂某霞把她和前夫的儿子漆某琨带过来一起居住，在教育子女的时候，彭某桃就罚漆某琨跪石子，聂某霞知道后，就对彭某桃教育子女的方式不满意，两个人为这件事情又吵了。

问：你是怎样知道这些事情的？

答：今年10月9日，我们村支部书记晏某英给我打电话，他喊我到彭某桃家里去看哈，说聂某霞两姐妹去拿衣服拿不起走，接了电话之后，我就骑车到了彭某桃家里，到的时候看见彭某桃坐在摩托车上面，聂某霞两姐妹就站在坝子里面，我就问他们怎么回事，彭某桃就说聂某霞半夜三更的还要微信，不晓得和哪些人在摆。聂某霞就说彭某桃罚娃儿跪石子，教育子女的方式不对，还说彭某桃在追她的时候，表态说家里的经济没问题，但是嫁过来之后，发现和彭某桃说的是两回事。听完我就劝彭某桃，我喊他把态度拿出来，好好给聂某霞说，彭某桃说不是他不想过了，是聂某霞不想和他过了，我就劝彭某桃多说好话，尽量把这段婚姻挽回来，彭某桃听了就闷起不开腔。过了二十多分钟，晏书记和村主任吴某喜就来了，我们三个人就一起劝他们，还给他们说清楚了，如果合不拢实在是要离婚，就好说好散，可以双方协议离婚，也可以去法院判决离婚，彭某桃还是闷起不开腔。聂某霞还是说要把衣服拿走，不和彭某桃过了。我和晏书记、吴主任就喊彭某桃把门打开，让聂某霞把衣服拿走，彭某桃还是不干，聂某霞就说衣服包包里还有钱，我们又继续劝说彭某桃。最后，彭某桃才答应了让她把衣服拿走，我和晏书记、吴主任就到彭某桃外面的公路上等她，等了二十多分钟，聂某霞才上来，手里提了个编织口袋，装满了衣服。之后她就和她姐姐聂某某一起走了，我们走的时候彭某桃都没下楼。

问：你们在劝彭某桃、聂某霞的时候，聂某霞说要把衣服拿走，不过了是什么意思？

答：当时看聂某霞这个态度，就是不跟到彭某桃过了，要和彭某桃离婚，当时聂某霞态度很坚决。聂某霞的姐姐聂某某也很支持聂某霞的决定。

（二）邻里关系"恶逆变"成风险因素冲击个体

邻里关系"恶逆变"成风险因素通常是邻里间因利益冲突引发纠纷，此类风险因素冲击个体的作用情形主要为：一是邻里间相邻权冲突，冲突持续未能消解；二是邻里间因口角等，致使一方情绪失控。在第一种情形中，通常是邻里间主张和维护各自的权益而侵害对方权益，邻里之间的"信任"处在一个相对断层的状态[1]，彼此均不愿意退步，执意行使自己享有的相邻权，而不履行附着于相邻权之上的容忍义务。容忍义务是相邻不动产权利人的一项基本义务，其中心意旨是解决相邻权的扩张与限制问题。[2]故而，邻里间的冲突长期存续并冲击着个体。在表4-3中，序号1、2、7、8、10、14、15的案例便属于此种情形。在第二种情形中，邻里间往往并无利益冲突，是因彼此间言语不和，致使个体产生不满乃至怨恨情绪。在表4-3中，序号4、5的案例便属于第二种情形。

在李某平杀人案中，孙某家与李某平家本属远亲，之前两家相互帮衬关系不错，后来却因为两家的田地挨着，孙某在李某平田地边种了柏树，柏树影响了李某平田地里庄稼的采光和生长，这样的情况在农村是极为普遍的，李某平固执地想通过刮树皮等私力方式将孙某的柏树弄死，孙某则坚决"捍卫"自家权益，彼此均不愿妥协。在案发前一日，在吵闹特别激烈时，尽管经村主任调解，二人的情绪暂时平息，但彼此均不愿意容

---

[1] 王丽娟："从一场纠纷透视农村邻里关系的变迁"，载《中国青年研究》2012年第8期，第22~25页。

[2] 焦富民："容忍义务：相邻权扩张与限制的基点——以不可量物侵扰制度为中心"，载《政法论坛》2013年第4期，第113~120页。

忍对方对己方权益的侵害，未能从根本上解决两家的相邻权冲突。邻里纠纷根源于人们对利益的争夺和对尊严的维护，在利与义的相互较量中，利的相对优势使冲突成为可能，不良情绪的发泄更为冲突升级提供了强大驱动力。[1]案发当天，孙某的女儿女婿回老家拿着柴棒"助阵"，对李某平形成了"阵势"上的威慑。在此情急之时，村干部等邻里无法介入帮其缓和消解孙某的强势威慑，彼时的李某平只能承受邻里"恶逆变"的风险因素冲击。

在孙某中恶性杀人案中，孙某中与被害之间并无利益冲突，仅仅是因为被害人好心相劝惹怒了孙某中。孙某中平时嗜赌如命，其邻居蒋某夫妇经常劝说，蒋某夫妇的劝说使其非常心烦。就在案发前几日，蒋某夫妇碰到他再次规劝："你整天不务正业，家里还有老婆孩子，这样下去，怎么养活一家老小。"正是这句话彻底激怒了孙某中，由此惹来了杀身之祸。[2]

案例4-10　2019年李某平杀人案[3]

2019年8月30日，四川省达州市宣汉县双河镇大田村李某平持械伤害孙某及其家人，致3人死亡、1人受伤。

孙李两家人本属远亲关系，原来两家关系较好。此前，孙某将自己的房子卖给李某平，李某平还曾帮孙家做农活。在2018年之前，两家人并未发生过争吵，也未找村里处理过纠纷。

---

〔1〕秦平："冲突与控制：乡村邻里纠纷的社会学分析——基于渝东地区 D 乡的实地调查"，西南大学 2011 年硕士学位论文，第 29~32 页。

〔2〕"宁夏灵武 12.26 灭门案 杀人凶手 B 级通缉犯孙良中陕西落网"，载 https://www.scxsls.com/knowledge/detail? id=41020.

〔3〕"四川宣汉重大刑案：树挡庄稼酿血案，3 死者为一家人，与嫌犯本是亲戚"，载 https://baijiahao.baidu.com/s? id=1643526068337376075&wfr=spider&for=pc.

2018 年，村里开展土地登记工作时，二人因田地发生争吵，两家关系开始紧张。2018 年李某平说孙家在田边种的柏树遮挡了他田里的庄稼，他将田边的两棵柏树刮去树皮。8 月 29 日，李某平和孙某发生激烈争执，争吵引来了村干部，通过村主任的调解，二人情绪基本平息，两家也不再争吵。第二日，李某平仍然想不通，拿着刀再次去剃砍该树树枝时，同孙家 4 人发生纠纷，结果李某平彻底失去理智。据村干部和 7 社社长李某介绍："孙家女婿和女儿三人下车后手拿柴棒直接到了李某平家，李某平用弯刀将孙某的大女儿砍死、三女儿砍伤，女婿当时跳到了坎下，没有伤到。"

（三）其他风险因素与邻里关系"恶逆变"共同作用

其他风险因素与邻里关系"恶逆变"共同作用的场景通常是情感类风险因素（亲情型风险因素、友情型风险因素、爱情型风险因素）、事业类风险因素、纠纷类风险因素同邻里关系"恶逆变"形成的纠纷类风险因素（权益冲突、口角纠纷）交互共同作用。其他风险因素与邻里关系"恶逆变"共同作用在邻里关系脆弱三类作用场景中，对个体的冲击最大，通常是多类、多个风险因素叠加联动共同侵蚀个体。在表 4-3 中，序号 3、6、9、16 的案例属于此种情形。

曹某全枪击案和张某扣复仇杀人案比较相似。亲历了母亲被强横的邻居"逼死"或打死，自此便与邻居结下世仇。陷入纠纷中的强者对于弱者的压制，在由道德和血缘关系编织而成的社会网络中，邻里纠纷常常得不到合理解决，不适当的压制。并不能消除冲突，反而会激发矛盾。[1]二人自小便埋下了

---

〔1〕 秦平："冲突与控制：乡村邻里纠纷的社会学分析——基于渝东地区 D 乡的实地调查"，西南大学 2011 年硕士学位论文，第 29~32 页。

仇恨的种子，久久无法释怀，尤其是在其人生轨迹中，屡屡遭遇各种不顺时，这个创伤性刺激源便随时可能再次形成二次伤害。

在况某林持枪杀人案中，况某林长期在县城务工租房居住，与原来乡村邻里间的联结近乎断裂，其在城市中再生的相邻联结尚未建立，处于浮萍般的"漂流"无归属状态。新生代农民工传统乡土社会网络没有发生多大变化，受其生活圈子、人际交往圈子以及语言等因素的制约，他们仍然没有能够融入城市社会。[1]况某林便处于此种"退不回乡里也融不入城里"的尴尬境地，因他的原生网络单一封闭且再生网络受到多重困阻，其社会网络在城市融入中难以发挥有利效应。[2]况某林给予的亲情不佳、在城里工作不顺，与兄某家邻里关系也未处好，他遭受了多重风险因素冲击的煎熬。

案例4-11　2018年况某林持枪杀人案[3]

2018年8月20日，况某林持自制短枪在江西省宜春市上高县杀害熊某（男，时年63岁）和闻某（女，时年59岁）夫妇后，又前往上高县沿江中路建材市场"顾地管业"店内与"黄金堆意隆"纺织厂枪杀2人。此案共造成4人死亡，作案后况某林骑乘摩托车逃走，其在持枪拒捕时被当场击毙。

---

〔1〕汤兆云、张憬玄："新生代农民工的社会网络和社会融合——基于2014年流动人口动态监测调查江苏省数据的分析"，载《江苏社会科学》2017年第5期，第8~15页。

〔2〕刘玉侠、喻佳："社会网络对回流农民工的影响分析"，载《江淮论坛》2018年第2期，第18~22页。

〔3〕"江西持枪杀4人嫌犯被击毙 3起杀人案均因个人恩怨"，载 http://news. sina. com. cn/s/2018-08-22/doc-ihhzsnea6064744. shtml；"江西持枪杀4人嫌犯曾因打架被辞，同村人：他总觉得别人看不起他"，载 https://baijiahao. baidu. com/s? id =1609415695878792795&wfr=spider&for=pc。

熊某家住平房，况某林于案发前两三年搬至熊某家隔壁租房居住，况某林出入均需经过熊某家门。熊某与况某林曾因房屋后菜地开垦的事情发生过口角。

"顾地管业"商铺的老板生前和况某林相识，二人存在一些纠纷。附近的商家猜测，况某林杀害"顾地管业"的老板可能与之前打桌球时的冲突有关。

况某林曾经被意隆纺织有限公司的纺织厂辞退，作案时跑到工厂原本是找老板实施报复。在没找到之后，跑到车间向一个之前与况某林发生过争吵的同事开了2枪，致其死亡。

况某林的老家在上高县锦江镇大塘村，平时在县城租房居住，大多数村民都不熟悉况某林。况某林最近几年过得不如意，他总觉得别人看不起他，心存怨恨。

个体遭遇风险因素冲击且邻里关系脆弱而作案的案件存在以下现象：其一，除个别案件发生在城市，大多发生在乡村的邻里之间；其二，除少数案件的被害人毫无过错外，大部分案件均有被害人过错行为；其三，绝大部分案件的作案人与被害人之间的冲突纠纷并非不可调和，通常都是"鸡毛蒜皮"般的事，并不存在类似张某扣经历的深仇大恨，绝大多数案件的作案人与被害人均为邻里关系，极少有案件针对陌生人作案；其四，大部分案件都是作案人在冲动情况下的激情作案，较少为蓄谋作案。个体遭遇挫折逆境且邻里关系脆弱时，政府扶助成了其最后的社区支持力量，也是其获得正式的公力支持的唯一希望。

表 4-3 邻里关系类个人极端暴力犯罪基本信息

序号	案件名称	主要风险因素	邻里关系状况
1	2002 年闫某忠杀人案	违规建房引发邻里纠纷	邻居刘某向政府反映闫建忠违建、闫建忠依旧盖房和刘某争吵动手、闫建忠运建材的车把刘某家门的地面压坏
2	2003 年郭某民特大杀人案	菜地纠纷	蔬菜大棚占地问题被被害三家村民挤兑
3	2006 年白某阳纵火案	轧路纠纷	与村民发生争执，村民劝息此事；其父亲找白某某出面调停儿子和村民的矛盾，白某某却并未放在心上
4	2007 年刘某良砍杀村民案	邻里积怨、买房纠纷	脾气火暴常和邻里吵架、母亲因和邻居张某口角纠纷被打、想低价购买邻居张某房子失败
5	2010 年孙某中恶性杀人案	不满邻居规劝赌博	被害邻居蒋某夫妇经常劝说让其别再赌博
6	2012 年曹某全枪击案	家族仇恨、恋情不顺	曹家与村里关系不和谐、曹吉全的母亲与邻居发生冲突自杀
新增	2014 年李某涛灭门案	穷苦、父母死亡、大龄未婚	由门邻居在大门上安的镜子引发口角争吵
7	2015 年贝某明恶性杀人案	土地发包纠纷	村委会收回贝金明家开荒地、多数村民赞同村委会决定
8	2015 年张某顶灭门案	两年的积怨	张忠顶曾将摩托车放在受害人家门口被烧毁、曾将被害人大门太阳能热水器砸坏
9	2015 年贾某龙杀人案	婚房被强拆	与村主任纠纷

续表

序号	案件名称	主要风险因素	邻里关系状况
新增	2015年韦某勇连环爆炸案	采石场被迫关停、不停被上门催债	村民投诉采石场严重威胁附近学生安全、村民打砸采石场机械设备
9	2018年张某扣复仇杀人案	工作生活受挫	22年前被害邻居打死母亲、"很多村民做假证"
10	2018年崔某会恶性杀人案	邻里纠纷	两家曾因过道和粪坑等事产生矛盾
11	2018年黄某持刀伤人案	邻里纠纷	常因琐事与邻居发生矛盾争吵、多次咒骂邻居在楼道堆放杂物停放自行车等
12	2018年况某林持枪杀人案	经济纠纷、口角纷争	被害者与况某林因打桌球有过冲突、大多数村民对况某林不熟悉、况某林觉得别人看不起自己
13	2018年彭某桃杀妻等人案	离婚纠纷	三名村干部调解、村妇女主任帮忙劝解、牌友"出谋划策"
新增	2019年徐某某拆迁办爆炸案	妻妹房屋遭拆迁无赔偿、妻子患癌离世	妻子遭村支书威胁
14	2019年李某平杀人案	田边树挡庄稼纠纷	原本与被害相互帮衬、作案前日村主任调解后纠纷基本平息
15	2019年肖某杀楼上邻居案	长期半夜吵闹	楼上租客邻居长期半夜吵闹而被肖某在门上留下不少砸痕、双方调解失败被楼上邻居骂

续表

序号	案件名称	主要风险因素	邻里关系状况
16	2020年王某杀亲人邻居案	怀疑其父与姬娘串通霸占家产	因为琐事有矛盾、邻居陈某多嘴促使其婚姻破裂

注：囿于搜集此类案例详细信息难度极大，仅列出笔者掌握了作案人与邻里关系较为详尽资料的部分案例。

四、政府扶助缺失

政府[1]被人民群众视为打击违法犯罪、维护合法权益、捍卫公平正义的权威机关。当个体遭遇风险因素冲击，尤其是个体合法权益受到非法侵害处境极为艰难时，政府扶助便成了其表达合法诉求和维护权益的公力救济渠道。梳理案例可以发现，政府与作案人产生联系的情形主要有两种：作案人为行使或维护自身权益求助于政府、作案人（尤其是不当违法犯罪）行为引发政府干预。在这两种情形中，无论政府如何作为，均未让作案人称心如意，使其产生不满、愤懑乃至怨恨情绪。于此，以个体遭遇风险因素的来源和政府扶助状态为标准，可将政府扶助缺失对个体的作用场景分为其他风险因素冲击个体政府扶助无效类（其他因素引发且政府正当执法型、个体行为引发且政府正当执法型）、政府扶助"恶逆变"成风险因素冲击个体类、其他风险因素与政府扶助"恶逆变"共同作用三类。

（一）其他风险因素冲击个体政府扶助无效

其他风险因素冲击个体政府扶助无效主要是指，来自非政

---

〔1〕　此处的政府并非严格意义上的行政机关，而是普通群众眼中的广义政府范畴，包括人大、人民政府、法院、检察院等机关。

府不当行为形成的风险因素冲击个体，政府依法介入干预，受制于其他风险因素对个体冲击力极强，且政府对个体的帮扶态度和力度并未明显"偏向"个体，难以满足个体彼时的"过高过多"诉求，无法消解个体遭遇风险因素冲击所造成的负面影响，故而，政府帮扶呈现"无效"状态。通过分析表4-4中的案例可知，其他风险因素主要包括个体权益受损（对维权结果不满意）、个体不当违法犯罪行为引发政府正当处罚，除此之外，尚存在事业类风险因素和情感类风险因素共同冲击个体的情形。受制于政府制度安排和执法人员职责所系，政府在维护个体权益时通常面对纠纷的争议双方，务须秉持公正，其执法结果难以让有过分诉求者满意。政府处理个体不当违法犯罪行为时，同样无法对其"网开一面"，否则便是滥用职权而执法不严。

1. 其他因素引发且政府正当执法型

其他因素引发且政府正当执法型中，个体因纠纷或权益受损通常会寻求政府帮扶，个体因情感类风险因素冲击则较少需求政府帮扶。分析案例可以发现，2010年徐某元幼儿园凶杀案、2012年殷某军撞人事件、2014年徐某福公交纵火案、2015年韦某勇连环爆炸案属于前者，2016年杨某兰杀子自杀案中杨某兰主要遭受家庭矛盾折磨，并未主动寻求政府帮扶。

在2015年韦某勇连环爆炸案中，韦某勇遭受的风险因素主要源自其采石场产生过程中形成负外部性，引发附近村民极度不满而迫使其关停采石场。实质上即是其经营的采石场产生了噪声污染、环境破坏、安全威胁等负外部性，附近村民认为生活和安全受到侵害，便开始持续投诉、打砸采石场，采石场被迫关停断了家庭的经济来源，并且还被银行持续被上门催债。韦某勇自然不会就此罢手，毕竟他向采石场倾注了大量心血，而且还是经政府主管部门批准的合法经营。于是，其屡屡奔走在批准他合法经营的各个政府部门之间，寻求政府为其主持公道——允许其采石场继续生产。让韦某勇绝望的是，自己贷款投入巨资升级被政府许可的采石场，在附近村民采取极端抗争手段[1]的"胁迫"下，当地政府为避免激化矛盾和安抚村民，遂未能"处置"村民而给韦某勇开设绿色通道。韦某勇在志豪采石场关停事件中，遭受了村民迫停采石场及其引发的经济压力等风险因素的冲击，审批采石场的政府部门采取了"中间人"立场，无法偏向韦某勇强力支持采石场继续生产，故而韦某勇对重开采石场顿感无助与绝望。

案例4-12　2015年韦某勇连环爆炸案[2]

2015年9月30日，韦某勇制造连环爆炸，造成大量伤亡。案发原因是韦某勇因采石生产与附近村民、相关单位产生矛盾而作案泄愤。产生矛盾和引发案件的"志豪采石场"位于柳城县大埔镇同镜村寨脚屯地界。采石场是韦某勇的岳父韦某豪于2003年开办的。2010年前后，政府审批采石场时，要求必须升级成机械化方能审批过关，于是韦某勇向银行贷款，购入超过100万元的设备进行升级。2012年当地政府部门审批同意开采，采石场的"安全生产标准化"牌匾显示，柳州市安监局于2012年12月发放的"安全生产标准化三级企业（采石场，有效期为三年）"。

自2003年韦某豪开办石场以来，就与村民关系紧张，韦某勇对采石场改造升级加剧了矛盾。村民们投诉，石场升级之后，

---

〔1〕　上百名村民打砸采石场的机械设备，打了几十把刀，杀猪宰牛拜天地，购置两副棺材誓死迫停采石场。

〔2〕　"柳城爆炸案嫌犯贷款百万经营采石场　因纠纷关停"，载http://news.163.com/15/1004/19/B53SUDKD00011229.html。

更加频繁地使用炸药，严重威胁在同镜小学上学的学生的人身安全，上百村民打砸了石场的机械设备，采石场于2013年被迫停产。采石场从2013年被阻挠和冲击后，韦某勇一直四处求告，奔走之前给他们发放证照的相关部门之间，多次向当地政府部门要求解决问题，结果均是无疾而终。

2. 个体行为引发且政府正当执法型

个体行为引发且政府正当执法型通常是，个体的不当、违法或犯罪行为引发相关政府部门介入（多为处置和处罚），政府介入多是为帮扶个体矫正的正当执法行为，但受制于个体抗逆力特质不佳（尤其是认知扭曲），将政府帮扶行为视为冲击自己的风险因素。表4-4中，2008年杨某袭警案和2020年张某钢驾公交坠湖案，是个体合法行为引发政府正当执法，但当事人对政府的行为极为不满。张某钢申请公租房未被批准，是因张某钢有稳定职业，政府主管部门未批准其申请公租房也是情理之中。2015年邓某智暴力袭警案、2016年胡某兵撞人案、2016年李某君伤人案、2018年韦某车撞拆迁人员案、2018年卢某兵公交爆炸案、2019年晏某军撞人案，则是个体非法行为引发政府（多为警察）处罚，但当事人不满政府处罚而极为愤怒、怨恨。因既往违法犯罪行为被处罚的服刑者，尤其是对政府的处罚行为长期无法释怀，在其他风险因素冲击下再次作案也属于此种类型。即便是个体不当违法犯罪行为引发政府正当执法，但囿于个体人格偏执、情感激动、认知扭曲等个人因素，个体仍将政府的正当执法行为视为风险因素。

在2019年晏某军撞人案中，村支书发现晏某军违规打地坪后便与之沟通，让其把地坪调整为与周边一致，但晏某军未予理睬。晏某军之前在自行翻建房屋时，因其地坪不规范，便被乡里查处拆除过一次。但是，工作人员离开后，晏某军依旧我行我素地违规打地坪，案发当日乡里再次检查时已基本完成，他还将地坪建到公路上去并高于周边地坪，影响人们正常通行。此事原本就是晏某军违规在先，乡政府公证人员查处其违规打地坪的行为于法有据且于情有理，晏某军却因一己私利我行我素，将其妻让工作人员找来挖掘机铲除其超标地坪的行为视为挑衅和羞辱，加之其原本性格暴躁，在酒精的"助推"下，激情驾车报复冲撞工作人员以泄私愤。个体不当违法犯罪行为引发政府正当执法，即政府帮扶个体矫正无效，其决定性因素在于个体抗逆力特质，其特质的作用机理将在后文详述。

案例4-13　2019年晏某军撞人案[1]

2019年11月18日，晏某军驾车冲撞河南信阳光山县晏河乡政府3名工作人员。

在11月18日晏某军的生日当天，10时许，晏河乡3名工作人员发现晏某军正雇请工人在其家门前人行道上违规打地坪，其高度明显高出周围邻居地坪和公路路面，于是便上前劝说，让其按照统一规划降低水泥地坪的高度，晏某军当场应允整改。

当日15时，该3名工作人员再次前去查看发现其仍未整改。晏某军的妻子解释是因还未找到挖掘机，所以未来得及整改。双方协商后，晏某军的妻子同意由工作人员代为联系挖掘机，铲除高出规定的水泥地坪。17时，中午饮酒后一直在家休息的晏某军起床后，恶言辱骂正在施工的挖掘机和拉土车司机，其妻子和邻居极力将其劝回家中，工作人员随后离开。

17时20分许，晏某军突然驾驶自己的黑色汽车追赶并冲撞

---

[1]　"男子开车冲撞乡政府致2死1伤　警方：因建房问题报复"，载 https:// www.163.com/news/article/EUC45B7900018AOR.html.

返回途中的工作人员，造成副乡长李某某、村建中心主任赵某某死亡，乡长张某某受伤的后果。

（二）政府扶助"恶逆变"成风险因素冲击个体

政府扶助"恶逆变"成风险因素冲击个体主要发生在推进政府治理体系和治理能力现代化建设之前，个体因纠纷或权益受损，求助政府维护权益，囿于个别政府工作人员滥用职权、执法不严、干扰司法等，非但不能帮其化解风险因素，反而"恶逆变"成风险因素给予个体重击。尤其是在推进新型城镇化建设进程中，部分地方政府官员为快速提升城镇化率获得政绩，在建设过程中急功近利，发生诸多因拆迁补偿和强拆侵权等拆迁纠纷，尤其是屡屡维权也未能如愿者的无助感和绝望感则会愈加强烈。

分析表 4-4 中的 2004 年杨某柱砍伤幼童案、2006 年钱某昭法院爆炸案、2006 年夏某开炸法院事件、2010 年王某来锤杀学生自焚案、2013 年冀某星机场爆炸案、2016 年范某培杀害拆迁人员案中作案人先后遭遇的风险因素可以发现，作案人作案的主要诱因在于权益被侵害，寻求法院维护其合法权益，却不幸遭遇司法不公境遇。尤其是在 2006 年夏某开炸法院事件中，在一、二审中遭受审判员王某勤枉法裁判，故意违背事实和法律，作出错误的民事判决，严重侵害夏某开合法权益，导致夏某开爆炸身亡这一恶性事件发生。

在 2016 年范某培杀害拆迁人员案中，范某培遭受了三方面的重击：其一，经济受损严重。借债 70 万修房（共花 80 万）但拆迁补偿只有 50 万，此次拆迁不仅补偿费远低于建房成本，还使其失去了租金来源，窘迫到无力偿还已经收取租户的租金的窘境。其二，堂兄弟亲情损伤。拆迁让自己和村民利益受损，使得大家对力推拆迁的任村委会主任的堂兄怨言颇大，二人为此争吵，把关系闹僵。其三，生活屡遭袭扰。当地政府为推进拆迁进度，采用差异化补偿方式瓦解村民并以经常断水断电的方式扰民，范某培家备受停水断电之苦。原本拆迁政策的目标是促进共建共治共享新型城镇化发展成果，拆迁政策执行时不应侵害拆迁群众的合法权益。薛岗村执行的拆迁补偿标准远低于郑州市政府制定的补偿标准，即当地政府在政策执行过程中同时出现政策目标异化和政策执行偏差现象。基层政策执行者可依据行政控制和社会动员能力的强弱组合形成不同的动员策略，在政策执行过程中，层级控制与社会动员之间、政府科层与基层社会之间的边界及关系因政策绩效的需要而可能发生演变。[1]在薛岗村拆迁过程中，受制于拆迁动员能力和纠纷治理能力有限，地方政府片面追求拆迁进度，面对拆迁户维权抗争时，政府运用拖延、收买、欺瞒、要挟、限制自由等方式，尽量实现属地社会表面上的暂时性稳定，[2]如此作为，非但不能化解矛盾纠纷，反而逐渐累积了失望、无助与怨恨……

案例4-14　2016年范某培杀害拆迁人员案[3]

2016年5月10日下午，拆迁中的郑州市惠济区老鸦陈街道薛岗村，村民范某培持刀行凶，致3死1伤。该案的导火索为拆迁矛盾，范某培借债70万元建房，将原来的3层楼房推倒重新盖为7层楼房，近1600平方米，大部分房屋用于出租，但拆迁补偿却仅有50万。

---

〔1〕王诗宗、杨帆："基层政策执行中的调适性社会动员：行政控制与多元参与"，载《中国社会科学》2018年第11期，第135~155页。

〔2〕郁建兴、黄飚："地方政府在社会抗争事件中的'摆平'策略"，载《政治学研究》2016年第2期，第54~66页，第126~127页。

〔3〕"郑州拆迁男子范华培杀3人被击毙事件始末、细节"，载http://www.mnw.cn/news/shehui/1184441.html.

郑州市政府《关于调整国家建设征收集体土地青苗费和地上附着物赔偿标准的通知》的补偿标准是楼房框架结构 1080 元/平方米、砖混结构 680 元/平方米。薛岗村执行的政策却是，三层以上属于违建，按照 340 元/平方米补偿。范某培家的租户们已提前交了房租，范某培将租金用于偿还债务，因为拆迁要求退租，导致范某培根本没钱退租，这让他很着急。

范某培与任村委会主任的堂哥关系比较好，拆迁导致二人关系闹僵，2016 年正月十五，范某培与堂哥谈了这个问题，中间起了冲突，范某培用凳子砸了自己的头。为推进拆迁进度，有关部门采取了早签补偿多以及大喇叭广播、停水停电等扰民方式，许多村民便签了协议。范某培家经常断水断电，"有时一周要停水停电两三次"。

5 月 10 日 16 时 30 分，范某培回到薛岗村听说家里停了电，情绪也激动，看到路边正在维修的钩机，以为是钩机断了他的电。上前质问并从怀里掏出尖刀，钩机司机王某强倒在了血泊里。随后，范某培驱车前往老鸦陈街道办事处，捅死办事处常务副主任陈某⋯⋯

(三) 其他风险因素与政府扶助"恶逆变"共同作用

其他风险因素与政府扶助"恶逆变"共同作用的场景通常是，来自非政府不当行为形成的风险因素冲击个体，个体寻求政府依法维护公平正义，无奈政府扶助"恶逆变"成风险因素，与其他风险因素交互作用共同冲击个体。在三类政府扶助缺失中，此类中个体遭受冲击的风险因素类型最多，且极难抵御政府扶助"恶逆变"形成的风险因素。通过分析表 4-4（参见附录一）中的 2001 年胡某海特大杀人案、2003 年翁某自焚案、2005 年黄某财爆炸案、2010 年朱某枪杀法官案、2011 年钱某奇爆炸案、2013 年陈某总公交纵火案、2016 年马某平公交纵火案、2019 年徐某某拆迁办爆炸案可发现，个体遭受的其他风险因素主要是纠纷致权益受损和遭受情感不幸，政府扶助"恶逆变"多为基层政府中少部分工作人员个人枉法所致。纵观 2000 年以来发生的个人极端暴力犯罪案件，因纠纷权益受损和政府扶助"恶逆变"的诱因多为拆迁纠纷，尤其是 21 世纪的前 10 年，是拆迁纠纷引发个人极端暴力犯罪和群体性事件的高发期，自国务院于 2011 年 1 月 19 日通过并开始施行《国有土地上房屋征收与补偿条例》，拆迁及补偿便步入了更加规范的轨道，因拆迁纠纷引发的个人极端暴力犯罪骤然下降，但是个别地方政府仍存在拆迁政策执行偏差的现象。

　　在 2019 年徐某某拆迁办爆炸案中，徐某某在生命历程中屡屡遭受亲情不幸、工作不顺、拆迁权益受损等风险因素的重击，其幼时父母吵架自杀、弟弟自杀、妻子患癌病逝，这些亲情类风险因素造成徐某某个人抗逆力特质的侵蚀，政府帮扶极难奏效。妻妹房子被拆无补偿、妻子要举报村支书却反遭威胁，徐某某多次去找政府部门解决妻妹房子补偿问题，但当地政府部门判定徐某某妻妹全家均属"空挂户"，是其与朱某某合买的公产房，购房手续皆为朱某某的名字，故而拒绝给其妻妹拆迁补偿。在统一的治理政策出台之前，各地政府或基层村委会摸索拟定的房屋拆迁补偿标准看起来以法律或政策为准绳，言之凿凿、信誓旦旦，那怎么还会引起外来户的极力抗争？[1]由于该拆迁政策刚性有余而弹性不足，拆迁干部"严格执行"当地政府制定的拆迁补偿政策，既未提高自家拆迁补偿，也并未本着公平原则合理补偿其妻妹房屋拆迁的损失。在难以找到强有力

　　[1] 张杨波："无法维权的社会抗争何以可能？——以武汉市东湖村小产权房拆迁补偿纠纷为例"，载《兰州大学学报（社会科学版）》2016 年第 5 期，第 13~22 页。

法律、法规、政策支持的困境下，没有合法性依靠的抗争不仅站不住脚，而且也不会博得更多民众的同情与支持，这恰恰是发动社会抗争的关键。[1]徐某某多次寻求政府解决拆迁补偿问题无果，加之约好解决其问题的拆迁干部爽约，这些都使得其难以获得有力的社区保护因素支持。

案例 4-15　2019 年徐某某拆迁办爆炸案

2019 年 7 月 26 日中午，四川省绵阳市游仙区石马镇的七姓坝拆迁指挥部发生爆炸，共造成 5 人死亡 15 人受伤。2018 年，徐某某妻妹的一套房子被拆，因其妻妹是外来户，即使已经落户，也仍不能享受与当地居民同样的补偿政策，"妻妹家 5 口人，每人十几万的人头补偿他们拿不到"。

当时，徐某某的妻子是村里的出纳，手里有一些支书赵某辉的财务问题证据，请支书给解决问题，否则就举报他，但支书威胁她，如果举报就免去她职务，还会报复她女儿。徐某某妻子被气病去医院检查发现身患癌症，不久后离世。徐某某因为妻子的离世和妻妹房子补偿问题多次去找政府部门，但一直没结果。

游仙区委宣传部介绍，徐某某的人生轨迹比较坎坷，三四岁时，父母吵架喝农药自杀；在工厂打工，后来工厂倒闭；除了有一位同母异父的弟弟外，还有一个亲兄弟在几年前自杀。徐某某妻妹一家属于"空挂户"，房子是在 2012 年前后与一位姓朱的人合买的公产房，购房的所有手续都是朱姓人的名字，所以政府不对徐某某妻妹一家进行补偿。

---

[1]　张杨波："无法维权的社会抗争何以可能？——以武汉市东湖村小产权房拆迁补偿纠纷为例"，载《兰州大学学报（社会科学版）》2016 年第 5 期，第 13～22 页。

在 7 月 22 日，徐某某在朋友圈发了两张拆迁指挥部的照片，配文是"说了今天把几个拆迁干部喊到一起给我答复把我房子强拆了怎么办？结果都没有到场"。

第二节　抗逆力的家庭防护：亲人联结恶化

2020 年 11 月 21 日，在"2020 中国家庭健康大会"上，中国家庭报社社长、总编辑张红苹表示："当我们遇到困难的时候，家人永远是我们温暖的港湾和继续前进的力量。"《2020 中国家庭健康指数报告》显示："从小养成健康的生活习惯，从家庭氛围中感受到积极乐观的心态，面对挫折承受委屈时自我化解、自我鼓励的能力等，都是从健康的家庭环境中萌发的。"国务院印发的《关于印发国家人口发展规划（2016—2030 年）的通知》指出："家庭发展和社会稳定的隐患不断积聚，小型化和空巢化家庭抗风险能力低。"

个体遭受风险因素冲击后，其与家庭的联结状态会直接影响其风险应对策略和行为抉择。家庭和家户功能、直系组家庭各单元之间的互助功能均弱化，会影响民众的家庭生活质量。[1]尤其是当个体处于孤立无援时，能给其提供强有力支持的家庭便是其最后的希冀。然则，分析个人极端暴力犯罪作案人与其亲人联结情况可以发现，绝大部分作案人与其亲人联结均呈恶化状态，致使其家庭防护存在缺陷。

家庭作为社会基底性的社会单元，它是夫妻互动和父子互动的重要载体。身处中国社会结构和个体化进程中的夫妻关系和

---

〔1〕 王跃生："我国家庭形态新特征：父母与已婚子女分居，构成直系组家庭"，载《北京日报》2020 年 9 月 21 日。

代际关系主体双方，既要履行家庭责任的生活逻辑，[1]也向往个人主义的自由。个人主义之所以取代家庭主义，是因为传统家庭功能已被现代社会中的市场和其他组织所取代了，而后者则具有更高的效率。[2]尽管如此，单身个人主义致使个体与家庭联结弱化，其行为更加"我行我素"。

梳理学界关于中国家庭变迁的研究可知：一是家庭观念由传统性迈向现代性；二是家庭结构核心化与规模微型化；三是家庭关系从血亲关系主线转向姻亲关系主线，夫妻关系趋于独立自主；四是家庭功能从经济互助转向情感满足等多元化。家庭既是社会的细胞，更是个体社会化的原生环境，具有形塑其人生成长和发展轨迹的基础性功能。个体早已由过去的"组织的人"变成现在"家庭的人"，家庭成员间的传统互助模式是应对外部风险的前提。[3]随着家庭小型化进程的持续，以及人口迁移流动所导致的家庭成员之间的地域分割，家庭在生命周期不同阶段可以利用的资源正在减少，但却没有迹象表明当代家庭功能的必然弱化乃至丧失。[4]家庭结构和代际居住模式的变迁使得家庭功能减少。[5]个体所在家庭的家庭功能优劣状况，主要由其家庭价值观念、家庭结构形态和成员沟通支持共同决定。于此，主要基于"家庭功能残损＝家庭价值观念偏误＊结

〔1〕 石金群："转型期家庭代际关系流变：机制、逻辑与张力"，载《社会学研究》2016年第6期，第191~213页，第245页。

〔2〕 [美]加里·斯坦利·贝克尔：《家庭论》，王献生、王宇译，商务印书馆2005年版，第421页。

〔3〕 彭希哲、胡湛："当代中国家庭变迁与家庭政策重构"，载《中国社会科学》2015年第12期，第113~132页，第207页。

〔4〕 胡湛、彭希哲、王雪辉："当前我国家庭变迁与家庭政策领域的认知误区"，载《学习与实践》2018年第11期，第101~108页。

〔5〕 杨舸："社会转型视角下的家庭结构和代际居住模式——以上海、浙江、福建的调查为例"，载《人口学刊》2017年第2期，第5~17页。

构形态松散＊沟通支持失当”的假设，通过构建图 4-1 的基本框架，以期据此粗略分析个人极端暴力犯罪作案人的家庭联结恶化状态。

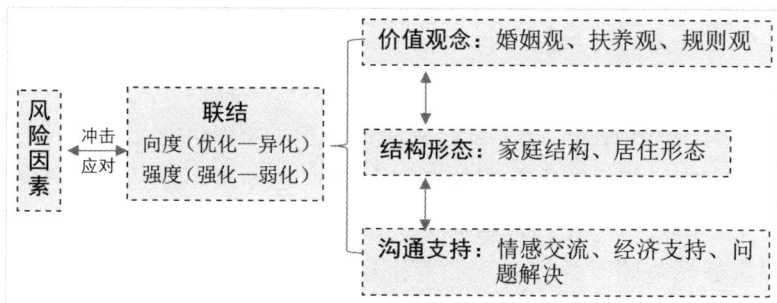

图 4-1　家庭防护的亲人联结支持

一、价值观念偏误

（一）研究概述

家庭主题的研究无一例外地集中在家庭形态、结构和功能方面，而对家庭价值观变迁的研究则极为匮乏。[1]从"观念—认知—行为"视角，对大学生进行调查研究可以发现，价值观对其社会行为有显著影响。[2]伴随社会的急剧变化，家庭价值观念的研究形成了积极和消极两类研究取向，以消极研究取向居于主流，消极研究取向主要形成了三大典型论点。

其一，伦理道德失范观。即传统的伦理道德等家庭规范体系受到多元的价值观念冲击，使其对家庭成员的控制与引导效

---

〔1〕 徐安琪："家庭价值观的变迁特征探析"，载《中州学刊》2013 年第 4期，第 75~81 页。

〔2〕 师晓娟、朱峰、赵晓琴："藏族大学生家庭价值观与亲社会行为"，载《当代青年研究》2018 年第 6 期，第 24~30 页。

能被极大削弱，故而有违传统婚姻家庭伦理道德的失范行为便开始"涌现"。家庭规范对其成员的约束力急剧下降，婚姻家庭仅成为个体建构自我认同和情感满足的选择之一，亲密关系也日益呈现多元化、去中心化的特征。[1]多元化的价值观念和道德标准使人们的观念和行为处于一种茫然状态，婚外恋、一夜情、包二奶等道德失范行为成了与社会转型过程相伴生的"变迁之痛"，情人潮、傍大款、卖淫、嫖娼等陋习沉渣泛起。[2]原有的家庭道德规范在新旧体制交替更迭之际因不能适应现代社会生活而失去了作用，新的家庭道德规范尚未建立起来。在新旧家庭规范同时并存时，二者相互"较量"必然产生冲突，使家庭伦理道德规范对其成员的约束处于真空状态，家庭规范失效。人们的价值评判标准变得模棱两可，大量消极颓废的因素渗入家庭生活，一部分人家庭道德沦丧，婚姻家庭生活中非道德主义盛行。[3]

其二，价值功利主义观。该论点认为现代家庭的道德凝聚力显著降低，家庭成员的价值观念趋于自利化和功利化，奉献精神和家庭责任下降，自我中心的功利主义价值观念渐趋盛行。家庭成员往往表现出一种极端功利化的自我中心取向，在一味主张个人权利的同时拒绝履行自己的义务，在依靠他人支持的情况下满足自己的物质欲望，成为"无公德的个人"。[4]家庭

〔1〕 A. J. Cherlin, "The Deinstitutionalization of American Marriage", *Journal of Marriage and Family*, 2004 (66): 848~861.

〔2〕 卢淑华："婚姻观的统计分析与变迁研究"，载《社会学研究》1997年第2期，第37~47页。

〔3〕 李桂梅："中国传统家庭伦理的现代转向及其启示"，载《哲学研究》2011年第4期，第114~118页。

〔4〕 ［美］阎云翔：《私人生活的变革：一个中国村庄里的爱情、家庭与亲密关系（1949—1999）》，龚小夏译，上海书店出版社2006年版，第261页。

观念经过几代人的嬗变累积成巨变，青年人愈加强调个人权力、欲望和自由，形成一种极端功利化的自我中心取向，造成孝道衰落、家庭责任意识淡薄。[1]

其三，家庭功能弱化观。该观点认为离婚增多、生育下降、晚婚晚育、空巢青年增多等婚姻家庭现象显示，家庭在当今社会中的经济、性爱、生育、教育、养老、情感等传统功能日渐弱化。核心角色的空缺严重破坏了家庭结构的完整性，致使家庭系统的生产、抚育、赡养、情感满足和保护等社会功能无法正常发挥。[2]中国农村的民工潮正在消解乡村家庭的完整性，家庭所承担的子女教育、赡养老人等功能正在衰退。[3]

基于消极研究取向可知，随着现代社会的发展，其衍生的功利本位价值观念持续蔓延，侵蚀着家庭价值观念。近些年，亲子交恶、兄弟相杀、夫妻反目等近亲结怨成仇的极度反常现象"屡见不鲜"。从家庭价值观念层面观之，缘何造成此类反常现象？大量研究发现，家庭价值观念对其成员犯罪与否有着举足轻重的影响。家庭价值观对暴力态度有直接抑制的作用，同时又可以通过移情间接影响暴力态度。[4]重视家庭，将家庭置于个人之上，这可能使个人学会延迟满足，从而可以更好地控制冲动性，这会降低青年风险行为的参与可能性。[5]家庭价值

---

〔1〕　[美] 阎云翔、杨雯琦："社会自我主义：中国式亲密关系——中国北方农村的代际亲密关系与下行式家庭主义"，载《探索与争鸣》2017 年第 7 期，第 4~15 页。

〔2〕　杨静慧："缺损与补偿：妻子留守型农村家庭功能研究"，载《湖北社会科学》2009 年第 5 期，第 42~46 页。

〔3〕　王萍："男性角色失调下的农村留守家庭功能缺失现象——基于社会角色理论"，载《改革与开放》2011 年第 8 期，第 128、130 页。

〔4〕　尹明："青年家庭价值观测量及其对暴力态度的影响"，西南大学 2019 年硕士学位论文。

〔5〕　L. A. Steinberg, "Social Neuroscience Perspective on Adolescent Risk-taking", *Developmental Review*, 2008 (28)：78~106.

观越高，个体对家庭和家庭成员的依恋与忠诚也越高，越会对一些可能涉及暴力和犯罪的风险行为产生抵制和反感。[1]反之，一旦家庭价值观念偏差错误，便会极大地增加个体形成暴力态度和实施犯罪行为的风险。家庭价值观是个体与家庭、家庭成员的交互过程中形成的以为家庭成员着想、服务团结家人、对家庭忠诚为特征的价值体系；家庭价值观不仅涉及个体对现代家庭及其家庭成员的付出与喜爱，而且涉及现代家庭及其家庭成员对个体的庇护与支持，是在个体、家庭以及家庭成员三者彼此交互中形成了个体对家的强烈认同与依恋的情感和态度。[2]据此概念可知，家庭价值观念的内涵外延较为宽泛，家庭价值观念的哪些因子在促发个体实施极端暴力犯罪方面发挥着重要作用？其作用理路如何？

国内学者对家庭价值观念的结构维度研究颇少，这些研究主要形成了两大类论点。一是夫妻婚姻横向论，着重强调配偶选择及系列夫妻间交互的两性观念。诸如，转型时期的婚姻家庭价值观念的转变具体表现在择偶观、生育观、性观念、离婚观、夫妻关系以及独身、同居、情人等现象上；[3]婚姻家庭价值观念的这一根本变化，导致了人们的择偶观、生育观、性观念以及对婚姻失范观念的变化。[4]二是家庭纵横综合论，兼及家庭中纵向的代际亲子关系和横向夫妻关系的亲缘观念。中国

---

〔1〕 A. J. Brooks, J. Stuewig, C. W. Lecroy, "A Family Based Model of Hispanic Adolescent Substance Use", *Journal of Drug Education*, 1998, 28（28）：65~86.

〔2〕 尹明："青年家庭价值观测量及其对暴力态度的影响"，西南大学2019年硕士学位论文。

〔3〕 杨柳："社会转型与婚姻家庭价值观念变化的研究"，吉林农业大学2002年硕士学位论文。

〔4〕 骆桂花："社会转型与回族婚姻家庭价值观念之嬗变"，载《青海社会科学》2004年第4期，第125~128页。

家庭价值观结构主要包括孝道观、男性中心观、家庭本位观等主要观念。[1]家庭价值观念主要包括家庭整体利益观、为家人承担责任的观念、家庭中的利他主义观、家庭和工作的价值比较四个维度。[2]家庭变化是家庭价值观变迁的直接原因，随着改革开放后家庭规模、结构和主要功能的变化，家庭价值观也随之变迁，集中体现于婚姻观、孝道观和子女教育观三方面。[3]

（二）指标维度

在汇总以上学者们论及的婚姻价值观念维度范畴的基础上，综合个人极端暴力犯罪案例中作案人所呈现的家庭价值观念，笔者主要选定婚姻观、扶养观和规则观三个维度，各维度的具体指标如表4-5。结婚观则主要指代结婚与否和择偶观，生育观主要包括是否生育、生育子女数量、生育性别偏好等，性观念主要涵盖对夫妻间性爱、非夫妻间的性行为和同居的态度，离婚观则主要指对待离婚的自主性和接受度。此处扶养观的扶养为广义上的概念范畴，主要包括长辈对晚辈的抚育观、同辈兄弟姐妹间的扶助观、晚辈对长辈的赡养观。规则观主要是认可和遵守家庭伦理道德规范、维护家庭利益的态度。

表 4-5　家庭价值观念的主要维度指标

维度	指标
婚姻观	结婚观、生育观、性观念、离婚观

〔1〕　彭大松："家庭价值观结构、代际变迁及其影响因素"，载《当代青年研究》2014年第4期，第75~82页。
〔2〕　刘汶蓉："家庭价值的变迁和延续——来自四个维度的经验证据"，载《社会科学》2011年第10期，第78~89页。
〔3〕　潘晓明："现代中国家庭价值观建设研究"，载《广西社会科学》2018年第3期，第189~193页。

续表

维度	指标
扶养观	抚育观、扶助观、赡养观
规则观	伦理观、利益观

二、结构形态松散

(一) 家庭结构形态的内涵

学界关于家庭结构的经典定义，主要是基于关系角度进行界定的。家庭结构就是家庭成员之间的组合关系和组合方式，其中既有横向的关系组合，也有纵向的关系组合；横向的组合是指同代人之间的联系方式，如夫妻和兄弟姐妹之间的关系；纵向的组合指代际之间的联系方式，如父子、母女、祖孙的关系；家庭结构就是这两种关系相互统一的组合形式。[1]家庭结构是指具有血缘、姻缘及收养关系（属于拟制的血缘关系）的成员所组成的生活单位的类型和形态。[2]此定义中的血缘、婚缘、收养关系和生活单位是确定家庭边界的标准，生活单位是强调共同生活在一个家庭户中，根据此家庭的边界，家庭结构就是家庭成员按各种个人特征的构成关系。[3]综合以上学者关于家庭结构的定义，笔者认为，家庭结构形态可以被理解为具有血缘和姻缘关系的家庭成员，根据生产生活等需要，所具有的关系和呈现的居住状态。成员间的关系状态是家庭结构的本质。改革开放以来，伴随生产力的快速发展和人口流动性急剧

---

〔1〕 邓伟志、徐榕：《家庭社会学》，中国社会科学出版社 2001 年版。

〔2〕 王跃生：《中国当代家庭结构变动分析——立足于社会变革时代的农村》，中国社会科学出版社 2009 年版，第 1 页。

〔3〕 周福林：《我国家庭结构变迁研究》，经济管理出版社 2016 年版，第 7 页。

增加，尽管家庭关系形态中夫妻关系和代际关系仍然是主轴，但是基于生命历程视角，个体在不同人生阶段（时期），二者所在家庭的形态和影响均会有所变化。

从个体微观角度观之，总体而言，在个体结婚成家之前，代际关系是其最为重要的家庭关系；结婚成家后，其夫妻关系会取代原先的代际关系；当其生儿育女后，与其子女形成新生代际关系，此新生代际关系会与其夫妻关系存在"此消彼长"的"拉锯"状态；待其子女外出求学、就业、结婚、生育后，其与子女乃至孙子女间的代际关系会逐步退居于夫妻关系之后的从属位置。从社会宏观角度观之，夫妻关系取代代际关系主轴的趋势愈加明显。中国的亲属关系遵从差序格局原理，"己"为中心，形成个人社会关系网络；利用亲属的伦常去组合家庭，伦常是有差等的次序。[1]代际关系的功能性和影响力均会呈现层次性的演变。家庭代际关系成了个体抵御风险的最后堡垒，多数代际关系主体会在结构和个体之间努力寻求一种平衡，选择形式各异的代际居住形式，形成了转型期特有的流变的家庭代际关系。[2]虽然家庭代际关系和夫妻关系的发展并不总是与家庭结构以及夫妻婚后居住地点的变化一致，但是它取代父子关系而成了家庭关系的主轴却是无可置疑的。[3]

（二）家庭结构形态的类型

在当今中国社会中，家庭结构形态因居住空间变迁与家户

〔1〕　费孝通：《乡土中国》，凤凰出版集团，江苏文艺出版社1984年版。

〔2〕　石金群："转型期家庭代际关系流变：机制、逻辑与张力"，载《社会学研究》2016年第6期，第191~213页，第245页。

〔3〕　[美]阎云翔：《私人生活的变革：一个中国村庄里的爱情、家庭与亲密关系（1949—1999）》，龚小夏译，上海书店出版社2006年版，第125页。

分离〔1〕增加而呈现出诸多类型的家庭结构形态。在社会转型过程中，中国城乡家庭在以往核心化、小型化的基础上，因成员出外上学、谋生增多，特别是劳动年龄成员大量外出就业，不完整家户形态明显上升。〔2〕家庭规模不断缩小，家庭结构正发生着显著变化：核心家庭比例下降，直系家庭、单人家庭、空巢家庭比例提升；从代际居住模式来看，传统性使得父母依然倾向于跟儿子居住，但子女与父母的居住距离变远，现代性又使得父母与子女的居住距离远离。〔3〕社会发展加速，家庭成员对家庭生活的需求日益多样，不同代际家庭成员和夫妻间对居住的需求错位，使得个体在不同人生阶段的家庭居住距离均匀变化。在"临时主干家庭"这种家庭形态中，家庭结构出现了时空分离的现象，家庭结构的选择成了一种家庭策略；而具体的家庭结构的形成反映出了满足个体需求、代际不平衡、女性主导以及"传统"与"现代"相融合的建构逻辑。〔4〕综上，诸多学者基于不同考量，采用不同标准对家庭结构分类进行了探索。于此，要对个人极端暴力犯罪作案人的家庭结构形态进行科学、合理的归类较难。

于此，以王跃生的家庭结构类型为参考，主要根据个人极端暴力犯罪中作案人家庭结构状况进行归类。王跃生将家庭结

---

〔1〕 家户分离主要是指，在特定时期内，个体因生产生活等原因，其呈现的主要家庭关系与其登记户籍不一致的现象，有别于"人户分离"概念。以农村外出务工群体最为典型，即农村户籍人员为了子女获得优质教育等考虑，举家在城镇务工和购房居住，同时，为保留在农村取得的土地权益，未将农村户籍变更为购房所在地户籍。

〔2〕 王跃生："我国家庭形态新特征：父母与已婚子女分居，构成直系组家庭"，载《北京日报》2020年9月21日。

〔3〕 杨舸："社会转型视角下的家庭结构和代际居住模式——以上海、浙江、福建的调查为例"，载《人口学刊》2017年第2期，第5~17页。

〔4〕 姚俊："'临时主干家庭'：城市家庭结构的变动与策略化——基于N市个案资料的分析"，载《青年研究》2012年第3期，第85~93页，第96页。

构类型划分为核心家庭（夫妇核心、标准核心、缺损核心、扩大核心、过渡核心）、直系家庭（三代直系、二代直系、四代直系、隔代家庭）、复合家庭（三代复合、二代复合、四代复合）、单人家庭、残缺家庭、其他。[1]根据案例中作案人的家庭情况，结合个体婚缘、子女、居住空间等因素，对王跃生所分家庭类型做以下调整。一是在核心家庭中增加分居核心。主要是因工作和情感需要，核心家庭夫妻长期分居独自生活的家庭，尤以外出务工人员为典型代表。二是扩大直系家庭范畴。将直系家庭的概念范畴扩大至女婿和外孙子女，补充分居直系家庭，即直系家庭中存在夫妻分居状态的家庭。三是扩大复合家庭范畴。分析案例可以发现，有部分作案人为"上门女婿"，所处家庭结构形态为，岳父母同时有儿女或两个以上女儿均成婚，于是这样的复合家庭的概念范畴可以扩大为"父母和两个以上已婚儿女及儿媳/女婿、（外）孙子女组成的家庭"。四是由于重组家庭内部容易产生"己方—对方"的关系分类。这是重组家庭脆弱的根源，在这种关系分类下可能出现亲疏归因偏差，即将己方偏差行为归因于情境，而将对方行为归因于内部特质，因此在公平问题上容易出现纠纷。[2]因此，增列重组家庭，主要包括无子重组家庭和有子重组家庭，由于无子重组家庭夫妇间矛盾较之于有子重组家庭矛盾较少，加之其本质与夫妇核心家庭一致，故将其纳入夫妇核心家庭范畴，此处不再单列无子重组家庭；有子重组家庭包括一方有子女和双方有子女两种情况，可分为重组共居家庭和重组分居家庭。重组共居家庭是指至少一方离异或丧偶

────────────────

　〔1〕　王跃生：《中国当代家庭结构变动分析——立足于社会变革时代的农村》，中国社会科学出版社 2009 年版，第 2~8 页。

　〔2〕　张馨月："和谐与公平：重组家庭的关系格局与家庭价值观研究"，哈尔滨工程大学 2020 年硕士学位论文。

且至少一方有子女者结婚组成的家庭；重组分居家庭是指至少一方离异或丧偶且至少一方有子女者结婚且因工作等原因分居两地。五是将单人户更改为单人家庭。主要包括单人无子和单人有子两类家庭，单人无子主要是指无子女的个人独自居住生活的家庭，包含离异或丧偶独居无子女者；单人有子主要指有子女离异独居者，其子女跟随前夫或前妻生活。六是在同居形态中，尽管未婚同居和已婚同居并非严格意义上的家庭结构，但是属于个体与恋人（情人）等亲密关系者共同居住生活，对个体情感具有较大影响，故而将此类居住形态列入家庭结构形态范畴。

表 4-6　家庭结构形态主要类型及其释义

类	型	释义	示例
核心家庭	夫妇核心	夫妻两人组成的家庭（包括无子女、子女离世、子女外出）	田某银
	标准核心	一对初婚夫妻与其未婚子女组成的家庭	付某莲
	缺损核心	夫妻一方与其未婚子女组成的家庭	孔某涵
	扩大核心	标准核心家庭加上夫妻一方的兄弟姐妹共同居住组成的家庭	
	过渡核心	初婚夫妻与刚结婚的儿女临时短暂共同居住生活组成的家庭	
	分居核心	核心家庭的夫妻长时间分居独自生活的家庭	汪某生
直系家庭	二代直系	夫妻与一个已婚的儿女及儿媳/女婿组成的家庭	
	三代直系	夫妻与一个已婚儿女及儿媳/女婿、（外）孙子女组成的家庭	张某军
	四代直系	祖父母、父母、子女夫妇、（外）孙子女组成的家庭	杨某兰
	隔代家庭	夫妻与（外）孙子女共同居住生活组成的家庭	肖某

类	型	释义	示例
	分居直系	直系家庭中存在夫妻分居状态的家庭	马某波
复合家庭	三代复合	父母和两个以上已婚儿女及儿媳/女婿、（外）孙子女组成的家庭	吴某亮
	两代复合	父母和两个以上已婚儿女及儿媳/女婿组成的家庭、两个以上已婚兄弟姐妹和其子侄组成的家庭	
重组家庭	重组共居	至少一方离异或丧偶且至少一方有子女者结婚共同生活组成的家庭	彭某桃
	重组分居	至少一方离异或丧偶且至少一方有子女者结婚且因工作等原因分居两地的家庭	余某龙
残缺家庭		父母离世者与兄弟姐妹共同居住生活	
单人家庭	单人无子	无子女的个人独自居住生活的家庭（含离异/丧偶独居者）	卢某兵
	单人有子	有子女离异独居者且子女跟随前夫/妻生活	张某钢
同居形态	未婚同居	一个未婚、离异或丧偶者与恋人共同居住生活	阳某泉
	已婚同居	一个已婚者与恋人共同居住生活	余某龙

注：示例中的作案人所属家庭结构形态主要指其作案时或作案前对其影响极大的类型，因此，作案人的家庭结构形态可能同时符合两个及以上的类型。

三、沟通支持弱化

由于夫妻关系和代际关系是家庭中最重要的两类关系，为此，家人沟通支持主要分析夫妻间沟通支持和代际间沟通支持状态，即主要从夫与妻、长辈与晚辈（以下简称"长"与"幼"）纵横两个视角考量。家人间沟通支持状态可呈现为功能性团结和结构性团结：功能性团结指家庭成员之间在经济、躯体和情感上的资源交换程度，结构性团结是指通过家庭结构和地缘邻近性带来的家庭成员联系的机会大小[1]，二者程度越高，则家人沟通支持状态越好。沟通支持方式的状态特指，家庭成员遭受风险因素冲击后亟须家人沟通支持的特定时段内的状态，其缘由是超出该时段后家人再沟通支持实则无益于应对化解风险因素，故将超过该特定时段内的沟通支持视为"沟通支持缺失"，沟通支持方式不当则视为"消极"性质。主要通过情感交流、经济支持、问题解决等方式，从家人的态度和性质两个维度衡量家人沟通支持状态。

（一）夫妻沟通支持状态

夫妻沟通支持方式、态度、性质是直接影响夫妻关系和婚姻质量的重要因素。沟通是影响婚姻质量的重要因素，消极沟通行为比较多的夫妻更有可能出现婚姻困扰。[2]夫妻间情感主要包括相识之初的爱情和结为夫妇后的亲情，情感交流方式主要通过爱意表达和爱意回应实现，性爱也是夫妻间情感交流的重要内容和方式，对夫妻情感影响巨甚，夫妻性爱和谐则助益二人感情，反之则损害夫妻感情。沟通和性满意度分别独立预测婚姻满意感，两者交互作用显著。如果夫妻沟通好，性满意度不能预测婚姻满意感；相反如果夫妻沟通差，性满意的夫妻对婚姻满意感更高，即性满意可以部分补偿不良沟通对婚姻满意感的影响。[3]改革开放以来，人口流动性增强后，迫于生计需求而分居两地的夫妻数量剧增，经济条件制约和空间距离阻

---

〔1〕 闫晓娜、方玉凤、王健："家庭代际关系对老年人主观幸福感影响状况分析"，载《中国初级卫生保健》2015 年第 5 期，第 105～106 页，第 118 页。

〔2〕 K. C. Gordon et al. , "The Interaction Between Marital Standards and Communication Patterns: How Does It Contribute to Marital Adjustment?", *Journal of Marital and Family Therapy*, 1999, 25（2）: 211～223.

〔3〕 S. Litzinger and K. C. Gordon, "Exploring Relationships Among Communication, Sexual Satisfaction, and Marital Satisfaction", *Journal of Sex and Marital Therapy*, 2005, 31（5）: 409～424.

隔对夫妻情感的冲击极大，务工人员"临时夫妻"现象便是夫妻情感交流不畅的"应急之举"和"所结恶果"。

　　夫妻经济支持水平主要取决于二人的经济社会地位。随着女性就业获得经济收入，家庭经济来源渠道多元化，家庭经济支配方式同样多样化，夫妻间家庭权力发生巨变：妻子的家庭资源支配权增大。夫妻遭受生计或事业发展挫折且无法应对时，夫或妻能否为其提供经济支持主要取决于其提供经济支持的意愿与能力，具体表现为愿且能、愿却无能、不愿却能、不愿也无能四种情形。其中，不愿却能尤为令人难以理解且备受诟病。在个体日趋功利化的社会，姻亲关系极易被经济风险因素击溃，即便夫或妻有为家庭成员提供经济支持的能力，"夫妻本是同林鸟，大难临头各自飞"便是其现实写照。

　　夫妻间的问题解决主要表现为个体面对配偶遭受风险因素冲击后，合作解决问题的过程。在问题解决时，丈夫的消极行为相比于妻子的消极行为对婚姻质量更具破坏力。[1]婚姻满意度低的夫妻在问题解决的讨论中更多地使用消极的沟通行为。[2]因而，在长期的夫妻关系中，主动和成功进行协商，对共渡难关至关重要。尤其是，夫妻面对重大情感等问题，能否坦诚表达个人意见，用良好的沟通技巧和认真负责的态度寻求达成共识和解决问题的方法。夫妻在解决问题时的消极行为（敌意、愤怒、轻视等）能够负向预测婚姻质量[3]，夫妻互动中的批评、防

　　〔1〕　琚晓燕等："夫妻互动行为差异及其对婚姻质量的影响——基于一项观察研究"，载《中国临床心理学杂志》2013年第5期，第790~794页，第799页。
　　〔2〕　K. Sanford, "Problem-solving Conversations in Marriage: Does It Matter What Topics Couples Discuss?", *Personal Relationships*, 2003, 10: 97~112.
　　〔3〕　R. E. Heyman, "Observation of Couple Conflicts: Clinical Assessment Applications, Stubborn Truths, and Shaky Foundations", *Psychological Assessment*, 2001, 13 (1): 5~35.

御、轻视、冷若冰霜最能预测婚姻结果，被称为婚姻的"四大预警"行为。[1]

参考夫妻沟通模式分类标准：建设性沟通模式往往与婚姻质量呈显著正相关，而回避性沟通与要求/回避型沟通模式则与婚姻质量呈显著负相关[2]；以是否积极为标准，可将夫妻沟通模式为四大类：夫妻积极一致型、夫妻消极一致型、夫积极-妻消极型、夫消极-妻积极型。[3]笔者根据夫妻沟通的主动性与积极性状况，将夫妻沟通态度和结果分为要求与回避、有效与无效的简化性二维分类标准（详情请参见表4-7），以便简要类型化判断夫妻沟通状态，代际沟通支持状态的归类标准与此一致。

（二）代际沟通支持状态

代际情感沟通状况主要表现为长辈与晚辈间的亲情联结交流互动，基于个体生命历程和家庭演化历程，当子女外出求学就业后，代际居住模式主要以分居为主，对代际情感造成重要影响，代际沟通方式和渠道直接影响代际沟通的质效。

代际经济支持水平主要取决于家人的经济社会地位。随着晚辈就业获得经济收入，家庭经济来源主渠道逐步从长辈向晚辈过渡。与此同时，家庭经济支配权力也从长辈逐步过渡至晚辈，长辈对晚辈的经济支持能力在达到巅峰后会逐步变弱，晚辈对长辈的经济支持能力则逐步增强。代际间的经济支持意愿和能力同夫妻间状况类似，也存在四种情形，除了相互间"愿

〔1〕 J. M. Gottman, *What Predicts Divorce? The Relationship Between Marital Process and Marital Outcomes.* Mahwah, NJ: Erlbaum, 1994.

〔2〕 T. N. Bradbury, F. D. Fincham, S. R. H. Beach, "Research on the Nature and Determinants of Marital Satisfaction: A Decade in Review", *Journal of Marriage and the Family*, 2000, 62 (5): 964~980.

〔3〕 张锦涛、方晓义："夫妻对沟通模式感知差异与双方婚姻质量的关系"，载《中国临床心理学杂志》2011年第3期，第327~330页。

且能"的情形能为家庭提供有力经济支持外，其他情形均难以帮助家庭有效解决经济问题。

此外，家人间问题解决的情形与夫妻间解决问题类似，但夫妻间问题解决情形相对更为复杂，尤其是在夫妻情感遭受冲击并威胁其婚姻时，夫妻解决问题极具挑战性，如不能以双方均能接受的方式妥善解决，其危害性将极大，这也是夫妻间情感婚姻纠催生灭门案件的重要愿意之一。

表4-7　家庭两类中沟通支持的状态（意愿与方式）

关系	意愿与方式	维度	结果
夫妻 姻亲	夫妻要求、夫要求-妻回避、夫回避-妻要求、夫妻回避 夫妻积极、夫积极-妻消极、夫消极-妻积极、夫妻消极	情感交流	有效 无效
		经济支持	
		问题解决	
代际 血亲	长幼要求、长要求-幼回避、长回避-幼要求、长幼回避 长幼积极、长积极-幼消极、长消极-幼积极、长幼消极	情感交流	
		经济支持	
		问题解决	

注：①将举办婚礼未在民政局登记等事实婚姻期间的沟通支持状态，以及离婚后尚存在经济情感纠纷的离异夫妇间的沟通支持状态，均列为夫妻沟通支持状态。②如无配偶或直系亲属，其在表4-8中"沟通支持"栏中家庭沟通支持状态为"沟通支持缺失"。

当自身知觉为消极沟通模式时，一旦配偶也知觉为消极沟通模式，则会严重地影响到自身婚姻质量。[1]

---

[1]　张锦涛、方晓义："夫妻对沟通模式感知差异与双方婚姻质量的关系"，载《中国临床心理学杂志》2011年第3期，第327~330页。

四、家庭联结阻隔

家庭联结恶化是价值观念偏误、结构形态松散和沟通支持失当共同作用的结果。从家庭联结的强度弱化与向度异化两个维度进行分类，可将弱化由弱到强分为"裂-断"，将异化由弱到强分为"变-异"，故家庭联结恶化主要存在裂、断、变、异、裂变、裂异、断变、断异八种状态。在通常情况下，家庭的结构形态松散程度决定着其联结强度弱化为变与异的程度，沟通支持失当程度决定着其联结向度异化为变与异的程度，加之观念偏误则同时会影响其家庭联结的强度与向度。价值观念则主要通过结构形态和沟通支持对其亲人联结状态产生影响。家庭成员的居住形态为分居时易致使其呈现"裂"的状态，家庭结构破损则易致使其呈现"断"的状态，家庭结构松散主要表现为"裂-断"的区间中。在沟通支持中，情感交流、经济支持、问题解决为"回避"和"消极"时，易分别致使其呈现"变"和"异"的状态。概而言之，个体在应对风险因素过程中其家庭结构形态正常时，其与亲人联结不会出现"裂与断"的现象；个体遭受非亲缘类风险因素冲击后，其未与亲人就风险因素应对进行沟通支持，其与亲人联结便不会存在"变与异"的现象；个体遭受亲缘类风险因素冲击后，其与亲人就风险因素应对进行沟通支持失当时，其与亲人联结便存在"变与异"的现象，如无明显异常，则不应视为存在"变与异"的现象。

于此，笔者主要通过比较分析表 4-8 至表 4-15 中的价值观念、结构形态和沟通支持的情况，粗略梳理各类家庭联结恶化状态的作用理路。

（一）"裂"与"断"的恶化理路

1. "裂"

从表4-8可见，犯罪诱因主要包括婚姻家庭纠纷、不满法院判决、邻里口角纠纷、拆迁纠纷；价值观念主要有无明显异常、结婚观偏执、离婚观偏执、赡养观偏差或自私、利益观偏差或偏执；结构形态主要有分居核心、未婚同居、单人有子、二三代直系、夫妇核心、标准核心，与作案人"孤家寡人"般的"断"的主要区别在于"裂"仅现裂纹，并未破裂；沟通支持表现为沟通支持缺失或无效、夫妻长幼回避、夫妻长幼要求积极、长要求-幼回避、长积极-幼消极，少有夫妻长幼消极的状态。在"裂"的联结状态中，家庭结构形态产生了直接主要作用，家庭沟通支持产生了（包括直接和间接）次要作用，家庭价值观念通过结构形态和沟通支持产生了间接并不明显的作用。家庭结构形态破损，但是基本家人关系尚存；家人沟通支持主要是回避与缺失状态，即家人并未提供有效帮助，也未进一步激化其面临风险因素冲击的处境。

在2019年徐某某拆迁办爆炸案中，徐某某为维护拆迁受损权益而作案，表现出家庭利益观偏执，其妻子病故使其家庭结构形态从标准核心变为个人有子，其家庭结构形态如图4-2a所示，徐某某的家庭则仅有父亲和儿子，其与儿子居住在一起，尽管其家庭沟通支持状态是夫妻要求积极（妻子存世时）和长幼要求积极，但是在丧妻后，其未能获得情感沟通和经济支持，无益于解决问题，故而家庭联结呈现"裂"的状态。在2018年崔某会恶性杀人案中，崔某会因粪坑被填石头产生邻里纠纷。对常人而言，此纠纷本属小事不应对其造成严重影响，其家庭价值观念也无明显异常，因妻子不愿与其争吵而长期在外务工，使其家庭结构形态（如图4-2b所示）从标准核心变成了分居核心，家庭沟通支持状态为夫妻回避，其发生邻里纠纷后，未向家庭寻求帮助，因而其家庭联结是"裂"的状态。

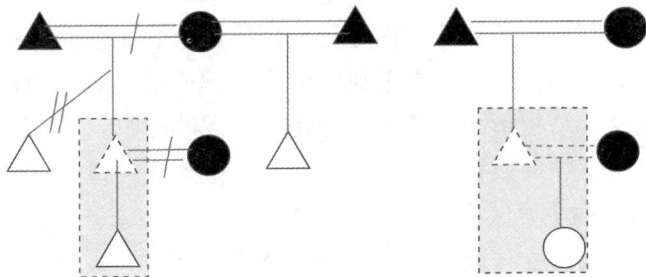

图 4-2a　徐某某的家庭结构　图 4-2b　崔某会的家庭结构形态：
形态：标准核心-个人有子　　　标准核心-分居核心

注：图中三角形代表男性，圆形代表女性，双实线连接符号代表婚姻关系，夫妻间双线上叉号代表夫妻间沟通不当；虚线白色符号为观察本位（作案人），黑色符号为已婚者，实线白色符号为未婚者；虚线区域内的个体为共同居住生活者。夫妻间一实线一虚线代表同居、双虚线代表分居，夫妻间双线加斜线代表离婚、丧偶、事实婚姻解体，双斜线代表该人去世，单虚线代表关系弱化。下同。

案例 4-16　2018 年崔某会恶性杀人案[1]

2018 年 4 月 17 日 17 时许，崔某会在大连市普兰店区大谭镇赵屯村大崔屯街上拿刀捅死了 4 人。

崔某会高中毕业后，去了天津的亲戚家，在那里学了开车，在天津"犯过事"后，回老家开过客车，开过小蹦蹦，还开过货车，后来货车老板欠工资，才回家养猪。崔某会与崔某治两

〔1〕 "4·17 大连大谭杀人案"，载 https://baike.baidu.com/item/4%C2%B717%E5%A4%A7%E8%BF%9E%E5%A4%A7%E8%B0%AD%E6%9D%80%E4%BA%BA%E6%A1%88/22495281? fr=aladdin.

家曾经因过道和养猪的粪坑被填石头等事产生矛盾。

　　崔某会从天津回来后结婚，妻子是山东人，比他小 6 岁，两人在外地打工时认识。崔某会和妻子常年吵架。村民崔某说，一年365天，他们至少能吵360天，不仅在家里，在屯里的小卖部也能三句话就吵起来。崔某会和妻子很多年前就闹过离婚，妻子不舍得孩子。2017 年一整年妻子都在外地打工，后来生病回来做手术，过完年又走了。

表 4-8　作案人家庭联结"裂"的基本情况

序号	案件名称	犯罪诱因	价值观念	结构形态	沟通支持
1	2000 年刘某金特大爆炸案	妻儿失踪（疑似离家出走）	离婚观偏执	分居核心	沟通支持缺失
2	2001 年李某才小学爆炸案	婚姻不幸	结婚观偏执	未婚同居单人有子（未婚育女）	沟通支持缺失
3	2003 年陈某梅特大投毒案	家庭矛盾	赡养观偏差利益观偏差	单人有子	沟通支持缺失
4	2006 年钱某昭法院爆炸案	不满法院对其儿子离婚财产的判决	无明显异常	二代直系夫妇核心	夫妻回避
5	2007 年何某钊杀亲灭门案	口角纠纷	无明显异常	标准核心	沟通支持无效

续表

序号	案件名称	犯罪诱因	价值观念	结构形态	沟通支持
6	2015 年杨某海杀女友家人案	婚恋纠纷（女方要求买婚房、否则不结婚并打掉肚里孩子）	结婚观偏执	单人无子	长要求-幼回避 长积极-幼消极
7	2016 年范某培杀害拆迁人员案	拆迁纠纷	无明显异常	三代直系	夫妻回避 长幼回避
8	2018 年崔某会恶性杀人案	邻里纠纷	无明显异常	标准核心 分居核心	夫妻回避
9	2019 年徐某某拆迁办爆炸案	拆迁维权无果	利益观偏执	标准核心 个人有子（丧偶）	夫妻要求积极 长幼要求积极
10	2020 年田某银杀兄家人案	赡养安葬母亲纠纷	赡养观自私	夫妇核心	沟通支持缺失

注：①囿于搜集此类案例详细信息难度极大，仅列出作案人作案前与家庭防护发生联系且笔者掌握了作案人较为详尽家庭情况资料的部分案例。②犯罪诱因仅列了对促发作案较大的诱因，并未列出所有诱因。③在家庭价值观念方面，仅列出了笔者所掌握的作案人言行举止等表现出来的状态，可能存在并不全面的情况。④在家庭结构形态方面，通常只列出作案人作案时一段时期内的状态，如有同时列出多种状态则在其作案时的状态前面，补充了对其人生轨迹影响极大的状态。下同。

2. "断"

对表 4-8 和表 4-9 进行比较分析可见，"断"区别于"裂"

的关键在于其结构形态破损程度更甚：在"断"的家庭联结中，作案人是近乎"孤家寡人"般的家庭结构形态。与"裂"的恶化理路类似，在"断"的联结状态中，家庭结构形态产生直接主要作用，家庭沟通支持产生（包括直接和间接）次要作用，家庭价值观念则通过结构形态和沟通支持产生间接作用。家庭结构形态破损严重，基本家人关系近乎断绝；家人沟通支持主要为回避与缺失状态，既未能从家人处获得有效帮助，也未加剧其面临风险因素冲击的处境。

在 2018 卢某兵公交爆炸案中，因修建乡村公路占其一小块土地而砸公路产生纠纷，因追打前来调解的民警被拘留，索赔被拒而生恨。因哥哥长年在贵州打工，其母亲由嫁在邻村的姐姐赡养，与由儿子赡养父母的中国农村传统相悖，其赡养观淡薄；加之其 44 岁仍是单身，如图 4-2 所示，卢某兵的家庭结构形态为单人无子；其 10 年间与邻村的姐姐家无联系，使其家庭沟通支持缺失。上述三方面的状况共同造成了卢某兵"断"的家庭联结状态，使其无法获得家庭"庇护"。

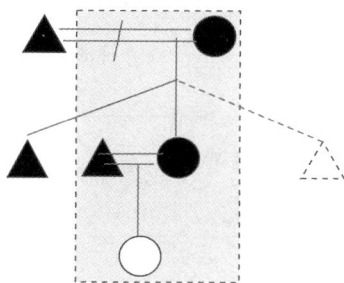

图 4-3　卢某兵的家庭结构形态：单人无子

案例 4-17 2018 卢某兵公交爆炸案〔1〕

2018 年 12 月 5 日下午，四川夹江一名男子向一辆公交车里扔已经点燃的爆炸装置，导致公交车爆炸，造成车内 17 名乘客受伤。卢某兵已经 44 岁了，因为家里穷而一直没有结婚，有一个哥哥（在贵州）和一个姐姐（嫁在邻村），父亲已经不在了，70 岁的母亲跟大姐过。10 年前，因为跟大姐夫发生矛盾，10 年间都没有跟大姐一家联系了。

表 4-9 作案人家庭联结"断"的基本情况

序号	案件名称	犯罪诱因	价值观念	结构形态	沟通支持
1	2018 年况某林持枪杀人案	经济纠纷、邻里口角纷争	结婚观淡薄 抚育观淡薄 扶养观偏差 利益观偏执	单人有子（一子随前女友）	长回避—幼要求
2	2018 年张某扣复仇杀人案	工作生活屡屡受挫	结婚观淡薄	单亲核心 单人无子	长幼回避 长积极—幼消极
3	2018 年卢某兵公交爆炸案	征地纠纷	赡养观淡薄	单人无子	沟通支持缺失
4	2019 年孔某涵幼儿园伤人案	幼时父母离异、工作生活不顺	伦理观淡薄	单亲核心	不详
5	2020 年张某钢驾公交车坠湖案	对拆除其承租公房不满	离婚观正常	单人有子	沟通支持缺失

〔1〕 "四川公交车爆炸案嫌疑犯已经 44 岁了，是什么原因导致了他如此极端"，载 https://baijiahao. baidu. com/s? id=1619209676329433769&wfr=spider&for=pc.

序号	案件名称	犯罪诱因	价值观念	结构形态	沟通支持
6	2021年潘某海杀前妻灭门案	离婚彩礼纠纷	离婚观偏执	单人无子	不详
7	2021年张某林杀害前妻等人案	离婚怨恨妻子	利益观偏差	三代直系个人有子（上门女婿）	夫要求—妻回避

（二）"变"与"异"的恶化理路

本质上，"变"与"异"的恶化理路一致：家庭沟通支持产生直接主要作用，家庭结构形态产生（包括直接和间接）次要作用，家庭价值观念则通过结构形态和沟通支持产生间接作用。"变""异"与"裂""断"的根本区别除了恶化理路不同（作用的主次要素不同），其家庭沟通支持在个体应对风险因素中的角色也不同。在"变异"中，家庭沟通支持发挥"推波助澜"的作用。对表4-10和表4-11进行比较分析可见，"变"与"异"的关键区别在于沟通支持方式不当的程度存在差异。在"异"的状态中，家庭为个体提供情感交流、经济支持、问题解决的回避与消极程度明显强于"变"的情形。

1. "变"

"变"的家庭沟通支持状态更加"偏向"于回避，结构形态产生的作用较弱。在2016年杨某培特大杀亲案中，杨某培"啃老"的利益观极为明显。已经娶妻生女的杨某培，依靠通过打散工和卖松果挣钱的农村父亲购车，跑回老家向父母要钱发生争执而杀害父母，足见其利益观之扭曲，平时同妻女在昆明，其家庭结构形态为正常状态的标准核心（参见图4-3）。从其妻说杨某培经常在微信上和一名女子聊天有异常可知，夫妻二人的情感交流为"夫妻回避"。购车后开销增加，妻子无法提供经济支持，于是他便将目光再次投向为其购车的父母，奈何父母此时因无能为力而拒绝，其与父母间为"长回避-幼要求"状态。杨某培向父母讨要钱财的过程中，由于沟通不当产生争执，于是其家庭联结迅疾"变"化。2016 年王某军杀舅子家人案与此案情形类似，主要区别在于杨某培是向血亲索要钱财，王某军是向姻亲"借钱"。

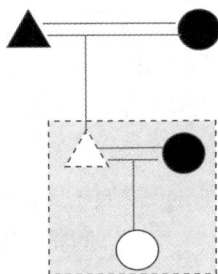

图 4-4　杨某培的家庭结构形态：标准核心

案例 4-18　2016 年杨某培特大杀亲案[1]（血亲）

杨某培平时在昆明打工，2016 年 9 月 28 日中午回到野马村家中，晚上向父母要钱时，与父母发生争执，将父母亲杀死。担心其罪行败露，又将 5 户均为亲属的邻居 17 人杀死。

时年 27 岁的杨某培小学毕业后即辍学，近十年一直在外打工，很少回村，即使回村后也很少下山，平时与村里的老人们也接触不多。杨某培平时话少略孤僻，在昆明打工期间娶妻生女，女儿未满 2 岁。

---

〔1〕 "曲靖会泽'9·29'特大杀人案一审宣判! 杨清培被判处死刑!"，载 https://www.sohu.com/a/160595920_ 669887.

案发前不久，以靠打散工、卖松果等为主要收入来源的杨某培父亲还在昆明为杨某培买了辆车。

杨某培的妻子刘某告诉记者，杨某培作案前几个月跟以前比有些不一样，对她和女儿都挺冷淡的。以前每个月杨某培都会给她1500元钱保管，但是最近3个月只给了她300、500、700元钱。除了买车过户需要钱，她还怀疑和杨某培最近经常在微信上和一名女子聊天有关。

表4-10 作案人家庭联结"变"的基本情况

序号	案件名称	犯罪诱因	价值观念	结构形态	沟通支持
1	2001年陈某相杀亲灭门案	与母亲因金钱争执	性观念扭曲 利益观偏差	标准核心	长回避-幼要求 长幼消极
2	2010年周某忠杀母妻女等人案	夫妻吵架	利益观偏执	三代直系	夫妻回避 消极 长幼回避 消极
3	2011年周某新杀妻儿员工案	生意受挫，家庭矛盾，岳父轻视，怀疑妻子出轨	性观念偏差 利益观偏执	三代复合 标准核心	夫要求-妻回避 夫妻消极
4	2011年马某杀妻灭门案	家庭纠纷	无明显异常	三代直系	夫妻消极
5	2013年麻某东灭门案	家庭经济纠纷	赡养观偏差 利益观偏差	标准核心	夫妻回避 消极 长积极-幼消极
6	2016年王某军杀舅子家人案	嗜赌欠债、向妻子家人借钱未果	利益观偏执	标准核心	夫要求-妻回避

序号	案件名称	犯罪诱因	价值观念	结构形态	沟通支持
7	2016年杨某培特大杀亲案	向父母要钱发生争执，杀死父母后，担心其罪行败露	利益观扭曲	标准核心	夫妻回避长回避-幼要求
8	2021年黎某超杀人案	情感经济纠纷	结婚观偏差利益观偏执	未婚同居	夫要求-妻回避

2. "异"

"异"的家庭沟通支持状态更加"偏向"于消极，结构形态会产生一定作用。在 2015 年武某国杀妻灭门案中，尽管妻家庭结构形态是三代直系（参见图 4-4），但是武某国作为上门女婿"寄居"妻家，其家庭形态异于自身主干家庭形成的三代直系，其因长期受妻家"排挤"而积压了"浓厚"的家庭矛盾，在"夫妻回避消极"的家庭沟通支持状态下，其家庭联结经过长年演化最终质变"异"化。梳理案例可以发现，多起"上门女婿"作案的背后，其家庭联结都应该存在相似的恶化理路。

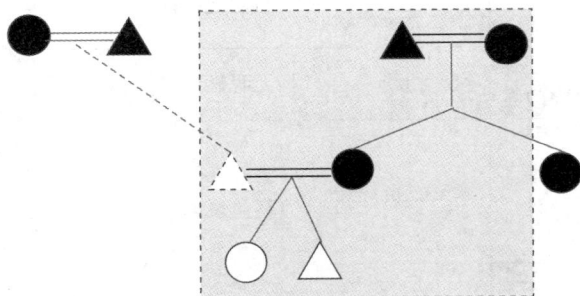

图 4-5 武某国的家庭结构形态：三代直系

案例4-19　2015年武某国杀妻灭门案[1]

武某国于2000年3月与吴某某大女儿结婚，并到女方家与岳父吴某某、岳母张某某共同生活，成为当地人俗称的"上门女婿"。武某国夫妇婚后生育一儿一女，女儿现年14岁，儿子现年7岁。武某国与岳父家人在共同生活中经常产生矛盾，造成家庭不睦。

2015年2月14日夜间，武某国在家中先后将其岳父、岳母、妻子、女儿、儿子、外甥（武某国妻妹吴某之子宋某某，10岁）持械杀死。随后又到本村武某国妻妹吴某经营的床垫厂内，将吴某在宿舍内持械杀死。作案后，武某国回到自家东屋，服农药自杀。

表4-11　作案人家庭联结"异"的基本情况

序号	案件名称	犯罪诱因	价值观念	结构形态	沟通支持
1	2000年贾某民灭门案	因判刑与诸人结仇	无明显异常	重组共居成长三代直系（上门女婿）	夫妻回避消极
2	1992年至2004年杨某明系列杀人案	因曾经屡屡恋爱失败痛恨女性	结婚观偏执	标准核心	夫妻回避
3	2006年黄某义灭门案	与妻子发生争执	利益观偏执	三代直系（上门女婿）	夫妻回避消极

---

[1]　"河北承德致8死特大杀人案告破 初步核实系家庭矛盾"，载 https://society. huanqiu. com/article/9CaKrnJI2Km.

序号	案件名称	犯罪诱因	价值观念	结构形态	沟通支持
4	2009 年李某杀亲灭门案	长期家庭矛盾积怨	利益观偏差	三代直系	夫妻回避消极 长幼回避消极
5	2013 年林某飞杀妻灭门案	婚姻纠纷	无明显异常	标准核心	夫要求—妻回避夫妻消极
6	2015 年武某国杀妻灭门案	长期积压的家庭矛盾	无明显异常	三代直系（上门女婿）	夫妻回避消极

（三）"裂变"的恶化理路

"裂变"实质是"裂"与"变"的组合，同时具备家庭结构形态中低程度的破损和家庭沟通支持"回避"状态。其恶化理路是：结构形态和沟通支持共同产生直接主要作用，家庭价值观念通过结构形态和沟通支持产生间接作用。分析表4-12可见，作案人的家庭结构形态多为"分居或重组"状态，沟通支持主要是"回避"及部分"消极"状态。

在2016年杨某兰杀子自杀案中，杨某兰此前的家庭结构是少有四代直系，作为"上门女婿"的丈夫李某英因家境贫寒而外出务工，使其家庭结构形态为分居直系（参见图4-6a），其祖父和母亲等人因为家庭原因均离家出走，杨某兰家境贫寒却生了4个孩子，在当今社会是极其少有的，可见其生育观偏执。由于生养子女较多，其家庭关系复杂、生活压力巨大，杨某兰难以与家人有效沟通，其日常生活中的苦闷无法消解。杨某兰的偏执生育观和偏差抚育观，通过其分居直系的家庭结构形态和长幼回避的家庭沟通支持，最终走向家庭联结"裂变"。

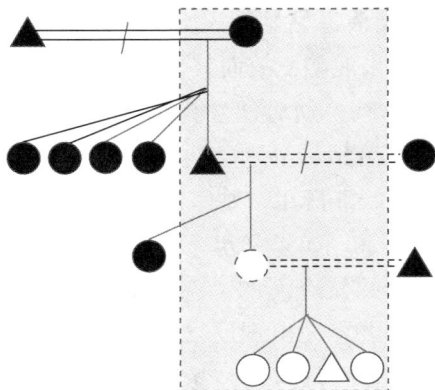

图4-6a　杨某兰的家庭结构形态：四代直系、分居直系

案例4-20　2016年杨某兰杀子自杀案[1]

2016年8月26日18时许，杨某兰在家将自己4个子女杀害后服农药自杀。杨某兰19岁时与李某英结婚育子，杨某兰是一位早婚的文盲母亲。奶奶杨某芳是独生女，73岁，她的丈夫是入赘女婿，一共生育4个女儿和1个儿子。后来因为家境困难，丈夫离家出走。4个女儿长大后陆续离家，她和儿子杨某堂相依为命。

杨某堂长大后娶曹姓女子结婚，婚后生下杨某兰和杨某转，在长女杨某兰11岁时，妻子又因为家境贫寒，离家出走。杨某芳看不上入赘的孙女婿李某英，多次"碎碎念"（唠叨、嘟囔、嚷）他，还动手打过李某英，眼睛被打青。李某英平时在外打工，农忙时回家帮忙。杨某兰既要下地干活，还要做饭伺候奶奶和照顾4个孩子，特别辛苦。

---

〔1〕　"媒体：'杨改兰事件'到底是谁的错？"，载 https://news.ifeng.com/c/7fbqittLoCy.

　　在 2012 年肖某杀害姑姑等人案中，12 岁的肖某尚未成年，其家庭价值观念尚未成型，故而其价值观念无明显异常。肖某 3 岁时其父母持续争吵，幼时便"颠沛流离"与父母分开生活，成为留守儿童。其后父母分别"再婚"并生育孩子，在其到县城就读初中后，开始寄宿在姑姑家，其家庭结构形态如图 4-5b 所示为隔代单亲直系。如果父母不能提供支持的、温暖的家庭环境，而是以拒绝的、冷漠的、忽视的教育方式来对待孩子，那么孩子长大以后更容易出现反社会的行为倾向，包括成年早期在亲密关系中的暴力行为。[1]家庭是影响个体暴戾人格倾向水平的五个关键因素之一。[2]由于在初中"不务正业"，致使其学习成绩下降，引发姑姑对其"打骂"与"威胁"，其以"咆哮"还之，其家庭沟通支持呈现"长要求-幼回避"和"长幼消极"的状态，终使其家庭联结"裂变"。

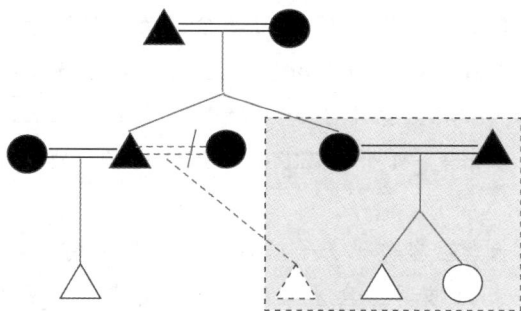

图 4-6b　肖某所处家庭结构形

---

　　[1]　A. R. Gover, C. Kaukinen and K. A. Fox, "The Relationship between Violence in the Family of Origin and Dating Violence Among College Students", *Journal of Interpersonal Violence*, 2008, 23（12）：1667~1693.

　　[2]　王利皎："暴戾心理维度与影响因素研究"，南昌大学 2015 年硕士学位论文。

案例4-21 2012年肖某杀害姑姑等人案[1]

2000年农历二月十九，在广州打工的肖某军和刘某琳（从未领结婚证）生下儿子肖某。1岁半时，肖某被父母亲送到了广州的一家幼儿园。肖某3岁多时，被父母亲送至衡阳县西渡镇一家幼儿园。肖某4岁时，被父母亲送回奶奶家。同年，刘某琳离开了肖家。肖某军与一个贵州女子结婚，次年产下次子肖某。刘某琳在老家嫁人后生了一个女儿。

2011年，肖某从乡下老家考取了这所县城最好的初中，开始了他在这个中学的学习生涯，并搬到姑姑家居住。姑姑认为，肖某即便以后考不上一本，起码也能考上二本。可是，肖某没有姑姑想象得那般"争气"。初一上期，他的成绩在全班是20名左右，初一下学期，他的成绩下滑到全班第38名。此时，肖某学会了网游。

2012年大年过后，肖某林夫妇被班主任叫到学校谈话。班主任给他们看了肖某的违纪记录，"人家的只有一两条，他的是一页纸都记满了"。"你怎么这么不听话？"怒火攻心的肖某林扇了侄儿肖某一记耳光。班上的许多同学都听到了肖某被扇耳光的声音。

在初一下学期，这个男孩不断地给姑姑写检讨，承诺自己会"尊敬长辈，孝悌忠恕"，并保证期末考试成绩回到全班前20名。姑姑向肖某发出警告，如果期末考试回不到全班前20名，就把他送回老家。"我不去！"肖某大吼了三声。素来软弱的肖某表现得激烈，"就好像一副要吃人的样子"。

---

[1] 贺莉丹："12岁男孩弑亲案调查"，载《新民周刊》2012年第17期，第58~63页。前文用过此案例故编号为"案例4-5"。

表 4-12　作案人家庭联结"裂变"的基本情况

序号	案件名称	犯罪诱因	价值观念	结构形态	沟通支持
1	2007 年张某华特大杀亲案	夫妻情感纠纷	婚姻观偏差	标准核心分居核心	夫要求-妻回避夫妻消极
2	2010 年马某波杀姐家人案	婆媳矛盾被姐指责	赡养观偏差伦理观偏差	三代直系分居直系（务工独居）	长要求-幼回避长积极-幼消极
3	2012 年肖某杀害姑姑等人案	管教严格	无明显异常	隔代单亲直系（寄宿姑姑家）	长要求-幼回避长幼消极
4	2014 年邵某其杀妻灭门案	妻子偷情、经济纠纷	离婚观偏执性观念偏执利益观偏差	分居核心	夫要求-妻回避夫妻消极
5	2016 年杨某秀纵火灭门案	夫妻吵架后妻子回娘家居住	扶助观偏执	标准核心	夫要求-妻回避夫妻消极
6	2016 年杨某兰杀子自杀案	生活困难、邻里关系不好、政府帮扶政策不够	生育观偏执抚育观偏执	四代直系分居直系	长幼回避
7	2017 年苏某成游览车纵火案	妻子因其性侵案定罪带三个孩子离开居住地	性观念错误	分居核心	夫妻回避长幼沟通支持缺失
8	2018 年彭某桃杀妻子等人案	离婚纠纷	婚姻观偏执抚育观偏差	重组共居重组分居	夫要求-妻回避夫妻消极

序号	案件名称	犯罪诱因	价值观念	结构形态	沟通支持
9	2019 年张某军杀女婿及其父母案	女儿离婚纠纷、争抢外孙	抚育观偏差	三代直系	长幼消极
10	2019 年付某莲弑母骗保案	心理失衡、骗保	赡养观扭曲利益观扭曲	标准核心	长积极—幼消极

（四）"裂异"的恶化理路

"裂异"实质上是"裂"与"异"的组合，同时具备家庭结构形态中低程度的破损和家庭沟通支持"消极"状态。其恶化理路是：结构形态和沟通支持共同产生直接作用，沟通支持产生主要作用，家庭价值观念通过结构形态和沟通支持产生间接作用。分析表 4-13 可见，作案人的家庭结构形态多为"分居"状态，沟通支持几乎都是"消极"状态。

在 2013 年余某龙杀妻灭门案中，余某龙在与前妻婚姻存续期间，违背婚姻的忠实义务与离异者张某同居 2 年有余，在张某的催促下，余某龙与前妻离婚，可见其家庭价值观念是性爱观偏差、离婚观偏差，如图 4-7a 和图 4-7b，其家庭结构形态依次经历了分居直系、已婚同居、重组共居，在与张某"好上"之后，其家庭结构形态便一直处于破损的"裂"态。余某龙借用朋友车子拉木料出车祸毁坏车子，协商后余某龙需赔偿朋友 8 万元，奈何其家庭财权被张某掌控，张某非但不愿将钱拿给余某龙，反而还恶言相向，骂其良心有问题才会出车祸，让其自己挣钱去赔偿。二人经常大声争吵，到后面便是闷着吵闹和"冷战"了。在余某龙出车祸之后，其家庭沟通支持状态表现为"夫要求-妻回避、夫妻消极、长积极-幼消极"，尤其是夫妻间沟通不当，其家庭联结最终"裂异"。

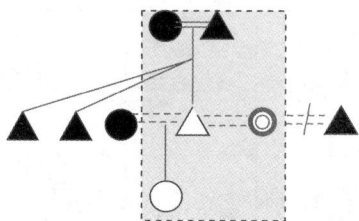

图 4-7a　余某龙首婚时
的家庭结构形态

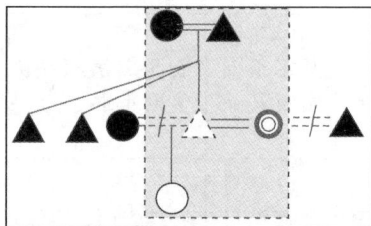

图 4-7b　余某龙二婚时的家庭结构形态

案例 4-22　2013 年余某龙杀妻灭门案[1]

2013 年 1 月，余某龙因车祸需赔车主 8 万元，这对年收入只有几万元的余某龙而言不是小数目。他有 6 万多存款，再借 1 万多是可以赔得起的，但赔了就一无所有了。银行卡由他妻子张某保管，她不愿拿钱赔偿，两人为此一直在争吵，张某生气就往娘家跑。

余某龙向二弟发牢骚。其二弟表示："为钱的事他心里很烦，他老婆甚至骂他，你良心有问题才出的车祸，要赔你自己挣钱赔。"

余某龙的前妻是他 1999 年到四川短暂打工时认识的，他们于 2002 年左右结婚，在生下女儿一年多后，夫妻二人商量，由余某龙在家跑运输，顺带照看女儿，妻子则回到四川继续打工挣钱。由于长期两地分居，两人聚少离多、感情逐渐冷淡。

余某龙和张某都是再婚，2012 年农历正月才结婚。此前，

---

〔1〕"湖北长阳灭门血案调查（组图）"，载 http://roll.sohu.com/20130403/n371589593.shtml.

张某在外打工十几年，因为她不能生育，三四年前回来离了婚。2 年前，余某龙和张某"好上"后，张某提出让余某龙和前妻离婚，前年腊月，前妻回来办了手续，1 个月后余某龙和张某领了证。再婚后，两人也曾考虑再生个孩子，为此余某龙还打算让张某到北京治疗。

两人领证之后关系开始恶化，张某对余某龙的女儿不好。二人经常互相猜忌，有时张某接别人打的电话，余某龙要追问半天。有时张某从余某龙身上发现什么东西，也要穷根究底。

从 2012 年 11 月份开始，张某一直要出去打工，余某龙不同意，两人为此也一直吵。余某龙出车祸为赔偿的事和妻子不和，矛盾最激化时，二人曾一度吵着要离婚。余某龙曾说："我为你改变蛮多，你还要这样弄，你要我们过不成，我也要让你们过不成。"2013 年 3 月 23 日，因家庭矛盾，余某龙将其妻子、岳父、岳母以及妻子弟弟一家三口杀害。

表 4-13　作案人家庭联结"裂异"的基本情况

序号	案件名称	犯罪诱因	价值观念	结构形态	沟通支持
1	1999 年至 2000 年刘某霞毒杀亲人案	两女治病费钱、口角争执	抚育观偏执离婚观偏差	三代直系已婚同居	夫妻回避消极
2	2001 年李某公交爆炸案	妻子不同意离婚	性观念扭曲离婚观扭曲利益观偏差	夫妇核心（妻子怀孕）	夫回避—妻要求夫妻消极
3	2004 年王某东特大杀人案	怀疑他人与自己妻子偷情	性观念偏差	夫妇核心	夫妻回避消极

续表

序号	案件名称	犯罪诱因	价值观念	结构形态	沟通支持
4	2005年苏某杀害亲人案	丈夫出轨	离婚观偏执	三代直系分居核心（长年分居）	夫妻回避消极
5	2006年粟某琴爆炸案	离婚纠纷（离婚分居时限内丈夫与一女子同居）	结婚观偏差离婚观偏执	夫妇核心分居核心（不能生育）	夫回避—妻要求夫妻消极
6	2007年黄某文恶性杀人案	离婚纠纷	结婚观偏差（未办结婚证）	夫妇核心分居核心（妻子拒绝性生活）	夫要求—妻回避夫妻消极
7	2008年李某洪恶性杀人案	夫妻不和	抚育观偏差	标准核心分居核心	夫妻回避消极
8	2009年张某良公交车纵火案	生活窘迫、与家人关系不好	赡养观偏差利益观偏执	单人有子	长幼回避长消极—幼积极
9	2010年张某红灭门案	家庭矛盾积怨	无明显异常	直系家庭（上门女婿）	夫妻回避消极
10	2012年胡某成杀害岳父家人案	夫妻感情破裂	离婚观偏执	分居核心	夫妻回避消极
11	2013年余某龙杀妻灭门案	家庭（感情）纠纷	性爱观偏差离婚观偏差	分居直系已婚同居重组共居	夫要求—妻回避夫妻消极长积极—幼消极

序号	案件名称	犯罪诱因	价值观念	结构形态	沟通支持
12	2013年贾某某杀妻灭门案	离婚纠纷、怀疑妻与姐夫有染	离婚观偏执	三代复合分居核心（上门女婿）	夫妻回避消极
13	2015年汪某生杀妻灭门案	离婚纠纷（长期打骂妻子）	扶助观偏执	分居核心	夫要求—妻回避夫妻消极

（五）"断变"的恶化理路

"断变"实质上是"断"与"变"的组合，同时具备家庭结构形态中高程度的破损和家庭沟通支持"回避"状态。其恶化理路是：结构形态和沟通支持共同产生直接作用，结构形态产生主要作用，家庭价值观念通过结构形态和沟通支持产生间接作用。分析表4-14可见，沟通支持几乎都有"回避"状态，作案人的家庭结构形态除了"单人无子或夫妻核心"外，吴某亮的"三代复合"家庭结构貌似是正常状态，从图4-8可见，吴某亮作为"上门女婿"，游离于自己原生家庭和妻家之间，与原生家庭联结断裂，在岳父家长期的生活中产生矛盾、形成积怨，从而怀恨，故其家庭结构形态为"断"态，加之其家庭沟通支持为"夫妻回避消极"，是故其家庭联结为"断变"。

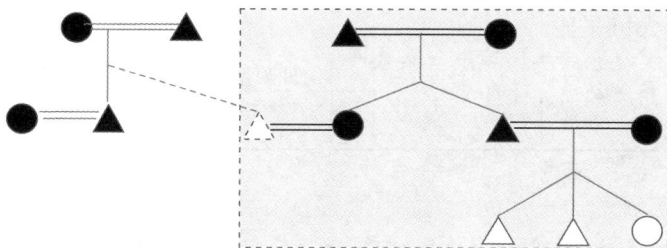

图4-8 吴某亮所处家庭结构形态：三代复合

案例4-23 2020年吴某亮杀害岳父家人案[1]

吴某亮家境贫寒，到安徽省颍上县夏桥镇张泊渡村有个儿子的岳父家作"上门女婿"，时常出入于岳父和妻弟家，与岳父一家人产生诸多矛盾。最终，喝酒后的吴某亮因琐事与其妻弟、妹婿发生冲突并怀恨在心，迁怒于其岳父、岳母及其家人，并产生杀害歹念。

2020年3月21日至31日间，吴某亮多次夜间携刀前往岳父住处，企图作案未果。2020年3月31日凌晨，吴某亮再次携刀至岳父住处，趁岳父一家熟睡之机，持刀先后将其岳父母及其孙子、孙女当场杀害。其中三人为未成年人，最小被害人年仅3岁，吴某亮作案后逃离现场。

表4-14 作案人家庭联结"断变"的基本情况

序号	案件名称	犯罪诱因	价值观念	结构形态	沟通支持
1	2019年王某杀妻亲友案	离婚纠纷	离婚观偏执	夫妇核心	夫要求—其回避
2	2020年王某杀亲人邻居案	与前妻吵架嫌邻居多嘴、怀疑其父与婶娘串通霸占家产	离婚观偏差利益观偏执	单人无子	长回避—幼要求
3	2020年吴某亮杀害岳父家案	因琐事与亲戚产生冲突	伦理观偏执	三代复合（上门女婿）	夫妻回避消极

---

[1] "杀害岳父母及其孙子、孙女一家五口，安徽阜阳男子一审获死刑"，载 https://m.sohu.com/a/430036820_260616/? pvid=000115_3w_a.

（六）"断异"的恶化理路

"断异"实质上是"断"与"异"的组合，同时具备家庭结构形态中高程度的破损和家庭沟通支持"消极"状态。其恶化理路是：结构形态和沟通支持共同产生直接主要作用，家庭价值观念通过结构形态和沟通支持产生间接作用。按照常理推论，在"断"的家庭结构形态中，个体已然是"孤家寡人"，何来家庭沟通支持"异"化？"断异"会仅出现在特殊情形中，在近乎"断"的家庭结构形态中。在 2012 年江某书杀害前岳父家人案中，江某书与前妻"离婚不离家"，离婚后共同生活 10 余年后彻底分手，家庭结构形态从图 4-9a 中的"单身同居（前妻）"变为图 4-9b 中的"单人有子"，因前妻要彻底离开他而产生争执使其"夫妻"沟通支持"异"化，故而，其家庭联结为"断异"状态。

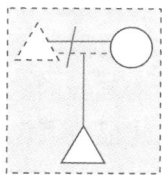

图 4-9a　江某书的家庭结构形态：单身同居（前妻）

图 4-9b　江某书的家庭结构形态：单人有子

案例 4-24　2012 年江某书杀害前岳父家人案 [1]

江某书，1971 年出生于江西省都昌县万户镇万户村，后与纪某某结婚。二人在 1999 年 10 月离婚后一直同居，直到

---

〔1〕 "北戴河灭门案宣告终结 罪犯江乐书被执行死刑"，载 http://hebei.si-na. com. cn/qhd/focus/2014-01-08/11162309. html.

2011 年年底二人分手。此后，江某书多次要求纪某某与他继续共同生活，但均遭到拒绝，江某书怀疑纪某某已新交男友，便扬言要杀死她全家，吓得前妻躲到山东菏泽老家不敢回秦皇岛。2012 年 1 月 22 日除夕夜，江某书潜入秦皇岛市北戴河区东坨头村的前岳父家，将纪某某父母和她弟弟 4 岁的儿子杀死后外逃。

笔者对案例中作案人家庭价值观念进行了定性方面的大体归纳，将其程度粗略地分为偏差、错误、偏执、扭曲四个等级，家庭结构形态弱化根据其破损程度简化分为"裂"与"断"，家庭沟通支持异化简单二分为"变"与"异"，在具体归类等级时，主要根据作案人的言行举止等情况进行判定，判定的标准具有相对性，并非特别精准。

分析诸多案例可以发现，家庭联结状态为"裂"与"断"的个体，其家庭对其风险应对无甚裨益，其怨恨对象和作案对象通常是仅针对造成其遭受风险因素的人，遵循"冤有头，债有主"的行为逻辑；个体的家庭联结包含变和异的状态时，其怨恨对象和作案对象呈现扩散现象，即从怨恨造成风险因素的人扩散至家人乃至与之无任何关联的他人，表现为"报复社会、滥杀无辜、无差别杀人"。其中，裂变是亲人联结相对较易变动的状态，个体作案作为激情针对关联人（主要是造成风险因素的人员和帮其应对风险不利的家庭成员等）作案；断异是亲人联结相对较为稳定的状态，个体作案多为预谋、有计划地作案，作案结果表现为罪大恶极，造成极其重大的无辜人员伤亡；断变和裂异的亲人联结状态与作案表现介于裂变和断异之间。

此外，分析案例的被害人与伤亡情况可以发现，部分作案人的社会支持残缺和亲人联结恶化程度并非最严重的"梯队"。但是，其选择与之毫无瓜葛的无辜者作案，作案造成惨重的伤亡结果远超其他外部保护因素溃散至极者。再者，社会中遭遇各类重大挫折之人比比皆是，为何鲜有作案之人？归根结底是因为个体抗逆力特质的状态结构和作用理路不同。

小　结

外在保护因素"恶逆变"后通常会形成特定的风险因素：学校帮扶"恶逆变"容易形成学业类风险因素和情感类风险因素（友情型风险因素和爱情型风险因素），单位支持"恶逆变"容易形成事业类风险因素和纠纷类风险因素，邻里关系"恶逆变"容易形成纠纷类风险因素（口角纠纷型风险因素和经济利益型风险因素），政府扶助"恶逆变"容易形成纠纷类风险因素中的权益受损型风险因素，家庭保护因素"恶逆变"则易形成情感类风险因素（亲情型风险因素、密友引发的友情型风险因素和爱情型风险因素）。外在保护因素如若不能适时、适当介入支持正在遭受风险因素冲击者，轻则呈现外部保护因素缺失状态，重则"恶逆变"为风险因素冲击个体，使其"雪上加霜"，多重叠加风险因素共同冲击，冲击势必更强、危害势必更大。

CHAPTER 5

第五章

抗逆力的应对机制（二）：
个体抗逆力特质崩溃

第一节 个人特质恶化互蚀：个体"抵御溃败"（瓦解）

梳理文献可以发现，国内外诸多学者均对个人抗逆力特质进行了探讨，由于学科背景、研究对象和研究方法各异，故而学者们厘定的特质有一定差异。这些特质主要为：自我效能、自尊、希望和解决问题的能力[1]，良好的学业成绩、情感、关系、自我效能感、解决问题的技巧等[2]，认知技能、乐观、镇静、毅力、自我依靠和自我价值等[3]，环境-个体互动模型中的精神、认知、情感、身体、行为[4]，内在的控制轨迹、情感调节、信仰系统、自我效能、有效的应对技巧、教育技术和培训

---

〔1〕 Michael Rutter, "Psychosocial Resilience and Protective Mechanisms", *American Journal of Orthopsychiatry*, 1987, 57 (3): 316~331.

〔2〕 Michael Rutter, "Implication of Resilience Concepts for Scientific Understanding", *Annals of the New York Academy of Sciences*, 2006 (1094): 1~12.

〔3〕 G. M. Wagnild and H. M. Young, "Development and Psychometric Evaluation of the Resilience Scale", *Journal of Nursing Measurement*, 1993, 1 (2): 165~178.

〔4〕 K. L. Kumpfer, "Factors and Processes Contributing to Resilience: The Resilience Framework", in M. D. Glantz & J. L. Johnson (eds.), *Resiliency and Development: Positive Life Adaptations*, New York: Kluwer Academic, 1999: 179~224.

的提升、健康、气质、性别[1]，情绪[2]，认知[3]，情绪健康、乐观主义、认知等[4]，主控信念、正面情绪、希望、坚强人格[5]，人格、乐观、坚韧、主控、自尊、情绪[6]，自我认可、自我调适、自我掌控、自我价值感、社会交往能力等[7]，自我认知、积极心态、人际关系和目标定位[8]，目标专注、积极认知、情绪控制、人际协助[9]，自我效能感、自我调适、乐观豁达、人际互动、家庭感知、问题解决能力等[10]，情绪调节和自我认知等[11]，人格、情绪、控制感、自我效能感、决策等[12]，主动独立、积极评价、悦纳自我、持之以恒、情绪

[1]　K. Benzies and R. Mychasiuk, "Fostering Family Resiliency: a Review of the Key Protective Factors", *Child and Family Social Work*, 2009（14）：103~114.

[2]　刘得格："企业高层管理者抗逆力结构模型的探索研究"，中山大学 2011 年硕士学位论文，第 36~45 页。

[3]　W. S. M. Winnie, S. W. N. Ivy, C. Y. W. Celia, "Resilience: Enhancing Well-being Through the Positive Cognitive Triad", *Journal of Counseling Psychology*, 2011, 58（4）：610~617.

[4]　A. J. Lamond et al., "Measurement and Predictors of Resilience Among Community-dwelling Older Women", *Journal of Psychiatric Research*, 2008, 43（2）：148~154.

[5]　O. L. Siu, "Resilience", *Peking University Business Review*, 2006（4）：72~74.

[6]　J. Lee, K. A. Sudom, D. R. Mccreary, "Higher-order Model of Resilience in the Canadian Forces", *Canadian Journal of Behavioral Science*, 2011, 43（3）：222~234.

[7]　刘兰兰："大学生复原力量表的编制及其初步应用"，河北师范大学 2007 年硕士学位论文，第 5 页。

[8]　曾军："广东地区企业员工心理弹性结构维度及相关研究"，暨南大学 2007 年硕士学位论文，第 12~25 页。

[9]　胡月琴、甘怡群："青少年心理韧性量表的编制和效度验证"，载《心理学报》2008 年第 8 期，第 902~912 页。

[10]　刘素青："老年人心理弹性的实证研究"，江西师范大学 2011 年硕士学位论文，第 3~8 页。

[11]　但浩："消防官兵心理韧性量表的编制及特点研究"，西南大学 2010 年硕士学位论文，第 12~23 页。

[12]　时雨："情绪劳动者的行为特征及其抗逆力模型研究"，北京师范大学 2010 年博士学位论文，第 24~32 页。

管理和关系融洽[1]，自我效能感、情绪调控能力、社交能力、问题解决能力、乐观积极态度[2]，自我认知与积极心态等[3]，人格、乐观感、自我效能感、理性应对和柔性适应[4]，情绪和认知[5]。据此可见，这些特质高度集中于自我效能感、人格、情绪、情感、认知、能力等特质，结合个人极端暴力犯罪作案人生命历程重要挫折事件中作案人应对风险因素的情况，由于身体状况是各特质作用的载体，加之各个特质需经某个特质综合作用方能"整合"发挥效能，故而增添自我调适这个特质。因此，笔者主要厘定人格、情绪、情感、身体、技能、认知、自我调适、自我效能感等个人抗逆力特质，以解析个人极端暴力犯罪作案人的抗逆力特质及其作用逻辑。

　　人格与情感为作案人长年所形成，故而相对稳定，人格主要包括反社会型人格、边缘型人格、分裂型人格、偏执型人格和表演型人格等；身体主要体现为年龄、生理、是否有身体缺陷和患病与否等状况；技能则为作案人维持生计、解决问题和摆脱挫折所具备的知识、能力与经验等。情感主要表现为因亲情、爱情和友情受伤而产生憎恨之意，直至共情力断路等。笔者将情感纳入情绪范畴，作为情绪中相对稳定的部分；情绪中波动较大部分为急躁、易怒等消极负面情绪。由于认知韧性会

---

　　[1]　蔚然："中国成人的心理弹性结构初探"，华东师范大学 2011 年硕士学位论文，第 34~42 页。

　　[2]　马云鹏："大学生心理弹性与压力事件、社会支持的关系研究"，福建师范大学 2011 年硕士学位论文，第 28~36 页。

　　[3]　郝帅："公务员抗逆力模型及其应用研究"，中国科学院大学 2013 年博士学位论文，第 68~85 页。

　　[4]　梁社红："基于危机应对的抗逆力模型及干预研究"，中国科学院大学 2013 年博士学位论文，第 58~79 页。

　　[5]　田国秀："力量与信任：抗逆力运作的两个支点及应用建议——基于 98 例困境青少年的访谈研究"，载《中国青年研究》2015 年第 11 期，第 78~83 页。

缓冲情绪应对或逆转生活事件对心理压力的影响[1]，故而笔者将认知作为感知风险因素、外部保护因素，联结与整合自身人格、情绪、身体、技能等特质关键的环节。认知主要包括社会认知、风险认知、自我认知和归因等维度，因风险因素冲击，作案人的认知呈现失调和偏见等状态。认知作为整合内外部保护因素应对风险因素的关键特质节点，要发挥影响乃至决定作案人极端暴力犯罪行为的效能，则需要依托自我调适和自我效能感，联结作案人的行为。自我调适是整合诸要素的核心特质，自我调适呈现不当、失效乃至失败等状态。支持性的人际关系是提升自尊与自我效能的最重要因素[2]，加之作案人与家庭和社区联结程度直接决定了作案人的自我效能感的乐观与悲观程度，故而自我效能感状态直接决定了作案人遭遇风险因素冲击后抗逆力的重构水平。

一、身体技能弱化

个体的身体技能与其他抗逆力特质密切交织相互作用，彼此间主要呈正相关。身体作为个体抗逆力特质的载体，身体状况会直接影响依附于其的技能、人格、认知、情绪、自我调适和自我效能感的水平，为便于分析，于此将技能置于身体一起分析。此处的身体机能状态采用广义范畴，主要包括性别、年龄、相貌、生理、健康状况等对身体机能影响较大的因子，梳理笔者掌握的案例中个人极端暴力犯罪作案人的身体状态发现，

---

[1]　M. Beasley and T. Thompson, "Davidson J. Resilience in Response to Life Stress: the Effects of Coping Style and Cognitive Hardiness", *Personality and Individual Differences*, 2003, 34（1）: 77～95.

[2]　E. E. Werner and R. S. Smith, *Overcoming the Odds: High Risk Children from Birth to Adulthood*, New York: Cornell University Press, 1992.

绝大多数作案人为男性，女性仅有数人，这或许也是女性的心理韧性强于男性的表现之一；年龄会直接影响乃至决定生理和健康状况，对未成年人和老年人的影响尤甚，未成年人生理和体格尚未发育健全，老年人则生理和健康逐步衰退恶化；相貌对特别在乎自己相貌的未成年人和处于择偶期的青年影响较大；健康状况在身体的这些因子中，对个体的直接影响最大，尤其是对身患重症和不治之症的个体，其对个体抗逆力特质的侵蚀颇甚。此外，个体谋生和克服困难的技能对其抗逆力特质同样会有重要影响，技能会影响乃至决定个体工作谋生发展和能否有效应对挫折，技能强弱对自我调适和自我效能感影响较大。

身体技能主要通过其他抗逆力特质对个人极端暴力犯罪作案人形成影响。梳理案例可以发现，作案人患病难治（绝症）和工伤致残促发作案的案例居多。在阳某云驾车撞人案中，"55岁的阳某云，在朋友的眼中，其貌不扬，脸颊上有一道很深的刀疤，一只眼角的肉往外翻。作案当天，阳某云病痛加剧，且感到随着年龄越来越大，很多同龄人连孙子都有了，而自己无儿无女、一无所有，越发感到悲观厌世。"[1]阳某云相貌丑陋、年龄较大、身无长技、嗜赌成性、劣迹斑斑，其性格多疑易怒，身患低分化腺癌、冠心病、心功能二级等疾病，备受疾病折磨，认为自己的不幸遭遇都是社会不公和自己不幸所致，其难以有效进行自我调适。55岁的他一无所有，生活和养老均无依托，病愈也无可能，于是无助感与绝望感至极。

在张某顶灭门案中，张某顶性格内向、常年患病、家庭贫困，其为人猜忌多疑，平时遇事不愿吃亏，全家主要靠最低生活保障金度日。2013年张某顶因邻里纠纷，损坏邻居财物被拘

---

〔1〕 "衡东撞人嫌犯阳赞云的江湖：喜怒无常总打架 曾称要死得轰轰烈烈"，载 http://www.chinazaobao.cn/Html/1/News/shehui/40/201809/205424.

留 10 日和赔偿 500 元后，对陈家怀恨在心，至 2015 年张某顶杀害陈家 5 人。期间，促发其作案的关键因素便是病情加剧且家境极贫，张某顶始终对与陈家的纠纷耿耿于怀，当其病情持续加重后却无钱治疗，使其对未来生活逐渐绝望，故而其在杀害陈家 5 人后选择服毒自杀。此外，近年来时常有精神病患者作案。诸如，李某才、陈某法、赵某辉、余某海、李某龙、冯某相等，为此，对精神病患者进行精准筛查和有效防控需得到高度重视。

案例 5-1　2015 年张某顶灭门案[1]

2013 年 3 月，陕西安康旬阳县吕河镇瓦房坡村村民张某顶将自家的摩托车停在陈某敬家门口，后来发现自家摩托车已经被烧毁，见陈某敬家空无一人，张某顶未调查和报警，便怀疑是陈某敬家人干的。于是，张某顶趁陈某敬家中无人，将陈家的大门砸坏，并将太阳能热水器损坏。2013 年 3 月 2 日中午 1 点左右，张某顶见陈家有人，便手持砖块扔向陈某敬家中，损坏陈家多种家具。陈某敬报警后，张某顶被公安机关行政拘留 10 天。2013 年 4 月，陈某敬将张某顶告上法庭，法院判张某顶赔偿陈某敬 500 元钱。张某顶常年患病，时常咳嗽。2014 年，张某顶出现咳血的症状。2015 年，张某顶病情加重，却因家境贫寒而无钱治疗。2015 年 8 月 5 日，张某顶在杀害同村陈某全家 5 人后逃逸，在其老房地窖中服毒身亡。

二、人格（性格）异化

个人极端暴力犯罪作案人的人格存在异化现象，轻则功能

---

[1]　"旬阳特大杀人案始末：凶手疑心太重与人久积宿怨，酿成惨剧"，载 https://new.qq.com/omn/20210531/20210531A09V4N00.html.

失调,重则功能障碍。奥尔波特在《人格:心理学的解释》一书中将人格界定为心理学概念,即"个体内部身心系统的动力组织,它决定了个体对环境独特的调节方式"。人格具有独特性、稳定性、统合性、功能性四个特征,当人格功能失调时,就会表现出懦弱、无力、失控甚至变态。[1]人格功能障碍是一种长期、稳定、持续的行为模式,患有人格功能障碍者,有时会难以察觉自己的问题,也难以理解自身言行会给他人造成哪些影响,几乎无法自行调整和改变自己素来的行为模式,通常需要长期进行心理咨询,方能助其控制或减轻恶症,进而减少对其正常生活、社会交往和其他社会功能的负面影响。人格障碍主要包括强迫型人格障碍、自恋型人格障碍、边缘型人格障碍、偏执型人格障碍、分裂型人格障碍、反社会人格障碍、精神分裂型人格障碍、回避型人格障碍、表演型人格障碍、依赖型人格障碍十种常见的类型。[2]于此,主要解释数类较为典型的人格障碍者的发生机制和作案状况。

(一)偏执型人格障碍

偏执型人格障碍者的日常表现是:对他人极不信任,总认为他人想要害自己;经常将他人的无意之举误认为恶意威胁、背叛、攻击甚至谋害自己的举动,感觉身边到处都是阴谋和陷阱;他们经常脱离实际,却极力否认自己存在消极情绪,拒绝与他人沟通交流自己的想法和感受,时常自我隔绝于他人,其焦虑感与恐惧感会愈演愈烈。

偏执型人格障碍者时常会表现出以下症状:其一,无根据

---

〔1〕 武光路、李剑锋主编:《大学生心理危机的预防与干预》,国防工业出版社 2016 年版。

〔2〕 美国精神医学会编著:《精神障碍诊断与统计手册》(第 5 版),〔美〕张道龙译,北京大学出版社 2015 年版。

地怀疑他人在坑骗、伤害、欺压自己，无端怀疑亲朋好友的可信度，无故责难伴侣。其二，尽管其恐惧情绪明显，但是本人坚决否认，也拒绝与他人交流自己的想法，害怕他人了解自己后会借此恶意中伤自己。其三，将他人中性或友好的善意之举视为侮辱与威胁自己，经常因此愤怒而付诸报复行为。其四，心怀怨恨，对既往与他人之间发生的矛盾冲突始终无法释怀。其五，时常伴有抑郁症、精神分裂、双向情感障碍、其他心理疾病等并发症。

形成偏执型人格障碍的原因是：偏执型人格障碍者最早会在童年过渡到青少年的过程中，性格孤僻、社交焦虑、过度敏感，由于未能及时进行合理引导和干预，其后愈演愈烈，开始出现学习障碍，几乎不与他人交往，脑海中经常反复出现奇特的幻想。由于表现出异常特征，当其被周围人嘲讽或欺凌后，偏执型人格会更加固化。

偏执型人格障碍者遭遇风险因素冲击，通常会主观臆测遭遇他人谋害或放大风险因素的危害，偏执地认为自己的不幸遭遇皆为他人所致，故而容易对其所"认定"的人作案。在彩某锋杀医案中，2012年11月6日，彩某锋因患有肾结石到安徽医科大学第二附属医院住院治疗，准备进行碎石手术。却因手术前的"灌肠"和"皮试"感觉身体不适，便对医护人员产生猜疑和怨恨。手术前一天彩某锋变得"对声音特别敏感"和晚上听到"摔瓶子"，这便是其幻想所致。护士为其做皮试，他却"觉得肯定是注射了不好的东西"，此乃典型的将医护人员治疗行为的善意之举视为谋害自己的行为而心生怨恨。于是，彩某锋放弃了治疗，办理出院手续离开医院后，总是感觉身体不舒服，怀疑是被医院给害了，才会"越想越气"并耿耿于怀。案发当天，彩某锋再次去就诊却被医生"拒诊"，想找医院领导投诉却"投诉无门"致其愤怒。所患病症虽非绝症却偏执地认为"活不了了",遂产生同归于尽的报复心理。作案后,坚称自己仅是故意伤害并非想杀人,足见其人格和认知的偏见程度。此外,刘某兵和丰某均等人也属于偏执型人格障碍者。

案例5-2 2012年彩某锋杀医案[1]

2012年11月13日,彩某锋因怀疑医院诊治造成自己身体不适,持刀砍杀医护人员,酿成1死4伤的惨剧。

"我当时好激动,一直举着刀砍。"彩某锋供述称,他误将一人当作给自己做检查的护士而砍错人,因其他人阻止其行凶也被砍杀。行凶时,彩某锋对一名男医生"手下留情"。据其解释,因彩某锋看病时觉得此医生对病人很好,便不想伤害他,还让其赶快报警。

"手术前一天,护士给我'灌肠'后,觉得肚子里火辣辣地难受,而且变得对声音特别敏感。"彩某锋说,晚上他还听到护士台有人在"摔瓶子",这让他整夜难眠。次日,一名护士给他做完皮试,向护士长大喊了一声"成功了"。随后,护士长过来检查了针头。"我当时迷迷糊糊的,觉得肯定是注射了不好的东西。"于是,彩某锋放弃治疗,办理出院手续离开。回到阜阳老家后,彩某锋始终感觉身体不适,怀疑是被医院"整"出问题。11月12日,彩某锋在去上海看病的路上越想越气,于是中途返回合肥。彩某锋交代,案发当日,他还曾去安医大一附院就诊。感觉那里的医生不愿意给自己治疗,他便拿出剃须刀片吓唬医生。随后,彩某锋去该院投诉,却因领导不在和不会写投诉表

---

[1] 李光明:"安医大二附院医护人员被砍杀案开庭 被告人否认报复杀人称只为引起院方注意",载 https://www.chinacourt.org/article/detail/2013/11/id/1148160.shtml.

而放弃。这让他觉得投诉无门，恼羞成怒。

彩某锋说："反正也活不了了，不如同归于尽。我认为自己只是故意伤害，没有想杀人。"案发后，两次精神鉴定的结果分别是：彩某锋患有精神分裂症，作案时没有刑事责任能力；彩某锋患有偏执精神障碍，作案时应该具有限定刑事责任能力。

（二）分裂型人格

分裂型人格障碍者的主要日常表现有：通常会有异常的信念或恐惧，有时会产生"魔法思维"，认为可以依靠超自然的力量控制和改变现实社会，实现自己的夙愿；偏向于将生活中发生的一些奇怪现象联想为神秘符号、神话预言，并力图借此预测未来；患有一些认知问题，行为举止比较古怪，说话有时语无伦次，让人难以理解；存在人际社交困难，同陌生人交往会变得特别紧张，很难与他人结交为朋友，鲜有亲近知心朋友，难以维持亲密关系；有足够的就业能力和社会功能，足以支撑其获得谋生的工作或觅得伴侣。

分裂型人格障碍者的症状特征是：其一，生性多疑、性格偏执，言行举止怪异，言语颠三倒四；其二，在与陌生人交往时会感到浑身不适，既难以与他人结交，也难以维持既有的友谊；其三，时常会萌生一些奇特的信仰观念、臆测幻想；其四，经常采用不恰当的方式来表达自己的情绪；其五，常人难以理解其装扮和行为。

分裂型人格障碍的形成原因为：分裂型人格障碍基因遗传性比较大，通常会在家族中某些人身上集中出现，有近亲身患精神分裂症者，其患分裂型人格障碍的概率会比普通人更大；此症存在性格差异，男性患分裂型人格障碍的概率也大于女性；如果个体嗜酒和患疾，在酒精和滥用药物的刺激下，发病的可能性便更大。此外，个体的人格统合性偏低也是重要原因之一。

人格统合性是心理健康的重要指标之一，当一个人的人格结构在各方面彼此和谐统一时，其人格便是健康的。否则，可能会出现适应困难，甚至出现人格分裂。[1]

分裂型人格障碍者遭遇风险因素冲击，通常会主观臆测遭遇他人谋害或放大风险因素的危害，固执地认为自己的不幸遭遇皆为他人所致，故而容易对其所"认定"的人作案。在杨某明系列杀人案中，杨某明生性孤僻、性格偏执且任性妄为，因其性格孤怪致使其婚前的多次恋爱均失败，他为此痛恨所有女性。杨某明的社会认知和自我认知存在偏差，认为自己不比他人差，却过得不如他人，认为是社会不公而报复，在其分裂型人格障碍的影响下，形成了"自己得不到的便要毁之"的畸形心理。作案后，其时常返回案发现场，去"欣赏"和"享受"被害人家属和群众的痛哭与痛骂；被捕后，其挑衅办案民警进行"文斗"与"武斗"……凡此种种，皆为杨某明在分裂型人格障碍的促使下所为。最终，杨某明由于不能正确认识自己且不能正确认知生活中的矛盾和压力，形成了畸形犯罪心理，致使其将屡屡向女性作案作为释放情绪与寻求满足的途径。

案例5-3 1992年至2004年杨某明系列杀人案[2]

1992年3月2日至2005年2月13日，杨某明在阳泉市以北马家坪地区作案12起，造成9人死亡、3人重伤。

杨某明为自己的"变态行为"找出了一个理由："我不比别人差，可这些年来我没有遇到过一件顺心的事。看看我周围的

〔1〕 武光路、李剑锋主编：《大学生心理危机的预防与干预》，国防工业出版社2016年版。
〔2〕 "近代大案纪实：阳泉杨树明连环杀害红衣女案情解析"，载http://www.360doc.cn/mip/930066929.html.

人，谁都比我过得好，我觉得这对我不公平，所以我要报复！"杨某明甚至对办案人员说："一个花瓶，我得不到，就要把它砸碎，别人也不能拥有！""红衣女士"成为杨某明的杀害目标便是基于他"己不得而毁之"的心态。据调查，杨某明婚前的多次恋爱失败经历，皆源自其"性格孤怪"。为此，杨某明开始逐步发展到近乎仇视所有女性。在郭某青遇害之前，杨某明还注意到了马家坪一名漂亮少妇，由于心理极度失衡而意图下手，在踩点时偷走少妇家 DVD。奈何该少妇搬走，给杨某明造成了"遗憾"。杨某明在制造系列血案的过程中，越发地丧心病狂。

在案发现场，面对被害人家属撕心裂肺的痛哭，面对围观群众咬牙切齿的痛骂，杨某明竟然在人群中，一边"欣赏"自己的"杰作"，一边装模作样地附和。离开后，他仍感意犹未尽，再次回到案发现场，继续评论和观赏。在杀害郭某青的第三天，杨某明将部分尸块放进箩筐，背着四处游逛，还混进抛尸地的围观人群中"看热闹"，然后大模大样地到下个地方去抛尸。被刑拘后，杨某明自知死罪难逃，便向公安民警公开挑衅："是文斗还是武斗！"当公安民警提出"文斗"时，他提出要考考民警。杨某明偶尔给出些打油诗，如果民警答得好，其交代案情的进度便会明显加快。

（三）边缘型人格障碍

边缘型人格障碍者最显著的表现便是各种"不稳定"，其日常表现为：一是情绪不稳定，情绪发作时会声嘶力竭，极难控制住自己的行为；二是人际关系不稳定，与他人交往之初，会特别热情并全身心地投入，立即将对方视为生命中最重要之人，无限捧高、理想化，可一旦彼此间出现矛盾争执等，或者对方有些令其感到不满与不安的行为，便会将其此前认为"全世界最好的人"随机调整为"全世界最丑恶"和"不共戴天的死敌"。这种极度"不稳定"极易对其家庭、人际关系、工作学习产生致命的影响，对其人生成长发展产生负面影响。此外，大部分边缘型人格障碍者均出现过自残乃至自杀的行为。他们对"被拒绝"极其敏感，会表现得极其沮丧和愤怒，在乎之人与之分离后其则会表现得失望、猜疑、恐惧，认为是因自己百无一是而被人抛弃。为此，他们可能会以自残自杀等极端手段胁迫对方即刻返回自己身边。

边缘型人格障碍者的症状特征有：其一，极度害怕"被抛弃"，会不惜任何代价逃避现实，或者幻想被抛弃的各种可能性。其二，产生焦虑、抑郁、愤怒等负面情绪，其持续时间短则一小时、长则数日。在此期间，可能会采取一系列冲动性自残自杀或暴力攻击等行为。其三，有时他们会极度否认自己，认为自己毫无价值，有时会感到极其无聊和空虚，有时则会感觉自己被世人所误解和抛弃，有时还会忘乎所以、不知自己为何人。其自我认知扭曲使其经常产生虚幻的想法，致使其学习工作频繁变动，生活处于极不稳定状态。其四，会经常自残自杀。其五，人性既有善的一面，也有恶的一面，两者会在一个人身上同时存在；边缘型人格障碍者经常在"至善"与"至恶"两个极端认知之间频频转换，认为他人"好"时，会全然忽略别人的"坏"，认为他人"坏"时，不会承认别人的"好"。

边缘型人格障碍的形成原因是：边缘型人格障碍具有极大的遗传性，该症较"善于"在家族中盛行，相对于没有家人患病的人来说，有近亲患者，其患边缘型人格障碍的概率是近亲无患者之人的 6 倍以上；边缘型人格障碍与性别相关，多数患者为女性，这也许与不同性别的人所处的社会环境有关；边缘型人格障碍者在成年前，普遍有被虐待的经历，可能与父母频繁或长期分离的经历相关。基因遗传和不幸经历交互叠加，在其成年之前，便会在压力或意外事件的刺激下初步显现相应的症状；当其成年后，边缘型人格障碍者因其自身冲动，在难以准确判断处境时，可能会成为强奸或其他暴力犯罪事件的受害者，其遭受的逆境压力很可能又会加剧症状。

边缘型人格障碍者遭遇风险因素冲击，在其"非黑即白"的二维极端认知作用下，容易在某些因素的刺激下较为"随意"地对他人作案。在赵某辉恶性杀人案中，赵某辉3岁时患过脑膜炎，8岁便随母亲改嫁到北京，与继父共同生活，幼时便遭遇不堪的处境，彼时有被亲生父亲抛弃之感。"内向又暴力，急起来砍人砸玻璃，完事了后悔痛哭流涕"，足见其人格之异常。由于其患有癫痫病和精神病，导致数次工作不顺，均被单位辞退，其生活处于极不稳定的状态，只能待家里依靠母亲做清洁工的微薄收入和低保度日。由于获得低保的条件较为严格，其偏执地认为是村委会不给他低保，让生活窘困的他备受刺激，顿感生活无望，最终实施极端暴力犯罪。

案例5-4　2014年赵某辉恶性杀人案[1]

赵某辉1982年生，案发前一直和母亲居住。赵某辉因对社会不满，为泄私愤，于2014年3月27日12时许，在怀柔区怀柔镇王化村中多处街道，用尖刀先后扎刺被害人，致死6人、扎伤11人。

赵某辉于1990年随母亲改嫁到北京，与继父共同生活，3岁时患过脑膜炎。其母说："那时他20多岁，一次突然倒地口吐白沫、四肢抽搐。治疗后仍每隔十天八天发作一次，后来更加频繁，两三天一回。""内向又暴力，急起来砍人砸玻璃，完

---

〔1〕　"北京怀柔6死11伤恶性杀人案被告人被判死刑"，载 http://news.so-hu.com/20151225/n432604212.shtml.

事了后悔痛哭流涕",这是邻居、家人对赵某辉的评价。

赵某辉患癫痫病和精神病,导致几次工作不顺,被单位辞退,在家里依靠母亲做清洁工的工资及低保度日。多名村民称,因患精神病,赵某辉此前时常发病生事,甚至持刀伤人,打砸村委会,村委会不但知道,本身还是受害者,但除了年迈的母亲外无人照管赵某辉。事发前,他曾听说低保条件比以前更为严格,认为村委会不会再给他低保了,备受刺激,实施犯罪。

经鉴定,赵某辉被诊断为有人格障碍,作案行为受疾病影响,控制能力受损,为限制刑事责任能力。

(四)反社会人格障碍

反社会人格障碍者全然不在乎他人感受和情绪变化,这绝非仅是"自私"而已,反社会人格障碍者的日常表现是:其毫不在乎他人的情感与感受。有时他们能洞悉他人需求,可能会在人际交往中虚情假意地操纵人心,以骗取他人的信赖;有时他们看起来极具魅力,这些表现并非源自真心之举,而是欺骗他人情感、为自己获取好处的手段而已。他们通常不会劳心费力地做这些表面之活,而是肆无忌惮地侵犯别人,毫无内疚感与负罪感。反社会人格障碍者容易冲动行事,可能会不计得失地寻求刺激与享受,他们毫不负责、谎话连篇、难辨真伪、性格易怒、极具攻击性。

反社会人格障碍者的症状特征有:其一,早年便表现出人格障碍,是一种带有生理问题或遗传因素的人格障碍;其二,缺乏共情力,时常触犯他人的身体、情绪、权利底线;其三,难以维持稳定的工作和家庭状况;其四,道德难以教化,生性易怒,极具攻击性,肆意妄为、难以终止;其五,孤傲成性、欺诈成性、欠缺愧疚感;其六,长期毫不负责、行事莽撞;其七，儿童时期有过被诊断出品行障碍的记录。

反社会人格障碍的形成原因是：反社会人格障碍的成因与遗传基因、成长环境、性别等因素均相关，其父母中一般至少有一方患有反社会人格障碍，或者抚养者有反社会人格特质，其抚育之人更易"习得"反社会人格障碍；男性反社会人格障碍者的数量明显多于女性。

反社会人格一旦形成，遭遇风险因素刺激，极易攻击他人，由于其毫无内疚感与负罪感，一旦迈入暴力犯罪轨道，便难以主动终止作案和反省悔改。在杨某海多省系列杀人案中，杨某海因家境贫穷，不平衡感特别强烈，离家出走后，本本分分地打工挣辛苦钱却经常被拖欠、克扣工资，他"闯荡"事业出人头地的梦想被残酷现实击得粉碎，这让他对社会日益仇恨。在愤怒的驱使下，他将其打工饭店的锅偷去卖了，这让其初次尝到"不劳而获"的甜头。于是，他不再甘心于老实本分地打工挣钱，开启了盗窃生涯后，难免"湿鞋"入狱，入狱后女友食言并嫁给他人让其深感被"抛弃"，此事使其扭曲了认知。其后性侵女子反被咬伤和服刑，加剧了其对女性和社会的怨恨和愤怒。其后，他在盗窃时选择用极端手段杀人表达自己的情绪，他认为自己是不公社会的救世主，他认为自己是在匡扶社会道德。杨某海采用锤杀方式杀人，既能"享受"强烈的感官冲击，也能"惩罚"与"贬损"被害之人。杨某海在第一次杀人之后，其反社会人格愈加固化，也在一次次作案中显露。亲人的感化无力、学校的教化无用、刑罚的惩治无效，其至死也未真心悔改，其一生便是一个反社会人格不断固化、恶化的历程，反社会人格一旦形成，便会持续作恶，几无自行止恶向善的可能。杨某海对女性作案的原因，应该与当时入狱后女友食言并嫁给他人的经历相关。此外，靳某超、张某和高某勇等人也是典型的反社会人格障碍者。

案例 5-5　2000 年至 2003 年杨某海多省系列杀人案[1]

杨某海于 1968 年 7 月出生，身高 1.58 米，家里兄妹 6 人，家庭贫穷。2000 年 9 月至 2003 年 8 月期间，杨某海曾横跨皖、豫、鲁、冀 4 省，疯狂作案 26 起，杀死 67 人，伤 10 人，强奸 23 人。

杨某海自小性格内向，勤奋好学，学习成绩较好，一度是全家的希望。在他念完初中后，家里虽然很穷，但父母还是借钱让他念高中，他成了 6 个孩子中唯一可以读高中的。

因为家里太穷，读高中时经常没有足够的生活费，杨某海只能偷偷煮野菜吃。看着别的学生每天都能吃饭，杨某海非常羡慕，他感觉读书越来越没有意思，自己每天还吃不饱饭，杨某海的心理不平衡感逐渐加剧。

高三时，杨某海再也没有心思读书了，成绩一落千丈，他和父亲因为钱的问题吵了一架后便离家出走，杨某海嫌打工挣钱实在太少，很不如他的意。

杨某海到一家饭店打工，却又被拖欠工资，非常愤怒的杨某海把厨房的一口锅偷去卖了。杨某海拿着销赃得到的钱，顿时感慨万端，自己含辛茹苦地打工赚钱远不及盗窃来得快。自此，杨某海开始了他的犯罪人生。

1990 年，杨某海因盗窃被劳教 2 年，1993 年，杨某海再次因偷窃入狱，1994 年杨某海出狱后发现女友早已和他人结婚了，他觉得女友就是想让自己出洋相，想看他的笑话。

1996 年，杨某海想性侵一名中年女性，非但没有得逞，反

---

〔1〕"杨新海特大系列杀人案调查（组图）"，载 http://news.sina.com.cn/s/2003-11-21/09521160114s.shtml.

被对方将舌头咬掉一块，还被对方告上法庭，法院判其强奸未遂，判处有期徒刑 5 年。出狱后，杨某海再次"重操旧业"。

2000 年 9 月，在一次盗窃中，杨某海杀掉了 2 名受害人，开始踏上了系列杀人的不归路。

三、情绪失控

情绪研究主要形成了詹姆士-兰格的情绪理论、坎农-巴德的丘脑情绪理论、巴甫洛夫的动力定型理论、行为学派的情绪理论、精神分析学派的情绪理论、达菲的情绪激活理论、沙赫特的情绪三因素理论、阿诺德与拉扎勒斯的认知-评价理论和汤姆金斯与伊扎德的动机-分化理论等相关理论。这些理论中，沙赫特的情绪三因素理论在解析个人极端暴力犯罪作案人的情绪时较为贴切。该理论认为，情绪的产生与神经激活密切相关，在引发情绪的刺激和对此情境的认知交互作用时会形成情绪，即情绪的形成源于环境、生理、认知三个因素的综合作用，生理激活决定情绪强度，认知决定情绪的性质（正负），情境刺激是产生情绪体验的客观要素。即便是面对相同的情境刺激，认知理解不同，情绪体验也有别，认知在三者中发挥主导作用。情绪均可促使人们采取某些行为，情绪与行为具有密切联系，情绪在躯体的外显行为主要有面部表情、言语表情和肢体表情。诸如，当个体愤怒时，其血液会流向四肢，以便其拿起武器攻击他人。情绪的表层是行为表达（行为），人们会采取各种行为表达自己的情绪，面部表情便是最直接的体现。情绪是"情境刺激—神经激活—认知觉察—情绪体验"的演化过程，情绪是一个由情境刺激诱发情绪体验的过程，即"自外而内再向外"的情绪发生机制。在情绪的三要素中，最为抽象和难以捉摸的部分就是主观体验。[1]现代情绪理论认为情绪主要包括快乐、愤怒、悲哀、恐惧四种基本类型，后三类为负性情绪体验，易诱发消极行为。学者们对暴力犯罪者和攻击性个体的情绪进行研究发现，高攻击个体不存在敌意归因偏向，而是对愤怒和恐惧表情的转变具有更高的敏感性[2]；攻击行为与移情能力、情绪管理能力呈负相关，移情与情绪管理呈正相关，情绪管理在移情与攻击性中具有安全中介作用，移情能力和情绪管理能力对攻击行为具有一定的影响[3]。要抑制负性情绪体验诱发消极行为则需要较强的情绪能力。

情绪能力实质上是个体遭遇挫折逆境等负性事件后，采取自我调适、适当宣泄、理性控制与及时求助等积极方式进行处理，以保持合理的情绪体验与行为反应，缓解或避免不当情绪与行为反应的能力。情绪能力主要包括情绪理解、情绪调节、情绪表达等能力，情绪理解是基础、情绪调节是核心、情绪表达是关键。其中的情绪理解能力是首要环节：一则，个体只有准确觉察到自身的情绪，方可依据情境调节情绪；二则，个体只有精准感知到相关者的情绪，才能有效回应，合情合理地表达情绪。在经历自身负性情绪和感知他人情绪后，能否有效进行情绪调节直接决定其选择正向抑或负向的情绪表达策略。对于激情、对于不同情绪的面孔刺激，冲动性暴力犯罪人员的情绪识别任务得分呈现出高兴—愤怒—恐惧—悲伤的趋势，冲动性

---

〔1〕 曾旻：《情绪的重建：如何应对生活中的情绪困扰》，天地出版社 2018年版。

〔2〕 邱方晖、罗跃嘉、贾世伟："个体攻击性对愤怒表情类别知觉的影响"，载《心理学报》2016 年第 8 期，第 946~956 页。

〔3〕 南晓薇等："中学生攻击性与移情情绪管理能力的关系"，载《中国学校卫生》2014 年第 3 期，第 339~342 页，第 345 页。

暴力犯罪人员可能对高兴和愤怒面孔的敏感性更高。[1]

冲动性暴力犯罪人员遭受风险因素冲击后，其情绪多为愤怒和恐惧。个人极端暴力犯罪作案人作案前的情绪能力存在失控现象：情绪理解失准、情绪调节失序、情绪表达失当，三者交互作用且恶性相蚀。在刘某露纵火杀人案中，刘某露连续遭遇表白失利的爱情挫伤和灵芝买卖生意失败的事业挫败。在作案当晚，刘某露在KTV向其并不熟识的服务员表白，足见其对他人情绪感知能力"有恙"。与邓某甲谈生意遭邓某乙打岔而失败，此乃刘某露认知和归因偏误所致，在缺乏有效情绪调节的情势下，其心生愤怒，采取"扬言要纵火烧掉该KTV"的不当情绪表达方式。其实让刘某露纵火行凶的根本原因既非表白被拒，也非生意失败，而是他自身认知偏见和情绪失当等个体特质不佳。正是这些让他难以正视"受挫"并无法释怀，最终成为情绪宣泄的奴隶，"冲冠一怒"狂躁报复纵火烧店，在凶残夺走无辜者性命的同时也葬送了自己的人生。

案例5-6 2018年刘某露纵火杀人案[2]

2018年4月23日20时许，刘某露同朋友来到英德市某KTV饮酒唱歌。其间，刘某露向其喜欢的房间服务员张某某表白，希望可以与之成为男女朋友，原以为会成功的他却被当场拒绝，自觉很失面子，心生怨恨。其后，刘某露与该房的邓某甲在谈买卖灵芝的生意时，被自称是KTV老板的邓某乙打岔而导致交易失败，于是心生愤怒，扬言要纵火烧掉KTV。4月24

---

[1] 赵辉等："冲动性暴力犯罪人员对不同情绪面孔识别能力的特点"，载《中国心理卫生杂志》2019年第3期，第214～219页。

[2] "4·24清远KTV纵火案"，载https://baike.baidu.com/item/4%C2%B724%E6%B8%85%E8%BF%9CKTV%E7%BA%B5%E7%81%AB%E6%A1%88/22516189.

日凌晨 0 时 30 分许，刘某露将自己停放在附近的摩托车的输油管拔掉，让油箱中的大量汽油流向地面，不顾朋友劝阻，用打火机将地面的汽油点燃。汽油被点燃后猛烈燃烧，迅速烧至KTV 门口，将门口的木门和摩托车引燃，导致 KTV 内尚未逃出的 18 人被高温烟熏致一氧化碳中毒身亡，另有数人在逃生中受伤。

梳理个人极端暴力犯罪案件可以发现，作案人作案前或作案时的情绪多为愤怒或恐惧或二者兼而有之。恐惧情绪诱发作案的情形主要有两类：其一，多源于特定情境中被害人的言行，最为典型的案件便是作案人入室盗窃被发现后，担心行迹败露而被绳之以法，故杀人灭口，苏某胜入户盗窃灭门案便属此类；其二，在杀亲案件中，作案人因家人长期责难或家暴，在"犯错"后，因惧怕再次被"惩罚"而作案，肖某杀害姑姑等人案即是此类。在苏某胜入户盗窃灭门案中，苏某胜来到被害家中后，在被害老大爷及其儿子的合力反抗下，在即将被制服时，害怕被"掐死"和被制服，于是在慌乱中用水果刀"宣泄"恐惧情绪……

案例 5-7　2014 年苏某胜入户盗窃灭门案[1]

4 月 28 日晚 8 时许，苏某胜在广州市番禺区大石街某小区，将某户一家 6 口全部杀害并破坏案发现场后逃离。

"玩的网络游戏，有一种变相赌博的性质。沾染以后不能自控，多年都没有攒到钱。"苏某胜称，因为"打怪升级"时损坏了网友的装备，他主动提出赔偿，由于对方说装备总价值 6800

---

〔1〕 "回顾广州番禺灭门案：死者未报警屡错失逃生机会"，载 http://www.chinanews.com/fz/2014/10-24/6713466.shtml.

元，而自己的工资又主要由自己姐姐掌控，故无钱履行诺言，遂起了入室盗窃的想法。

2014 年 4 月 27 日上午，苏某胜来到番禺区大石街某小区居民楼天台，发现可在楼下住户打开的窗户入户，遂锁定在此作案。"进屋后，先打了老大爷，当时想先把人打晕吧，结果把人打醒了，起来就掐我。老大爷的儿子挺高大的，两个人开始时合力把我打倒了。"苏某胜说，就在两名男户主即将制服他的时候，形势突然起了转变。他被打倒在了床上，倒下的时候，感觉到屁股口袋里有一把水果刀。"自从发现这把刀以后，就已经停不下来了……"

四、认知偏误

个体遭遇风险因素冲击，其认知状态会对其情绪、自我调适、自我效能感产生重要影响，进而影响其行为。认知偏误主要包括认知存在偏差、偏见、错误等形态，个体认知偏误会对其情绪、自我调适和自我效能感造成负面影响。认知是指人们获得外界信息并对其进行加工的过程，这是人类的基本心理过程，包括知觉、记忆、思维、想象等活动。人脑接受外界输入的信息，经过头脑的加工处理，转换成内在的心理活动，进而支配人的行为，这个信息加工的过程便是认知过程。[1]不论学者们如何对认知进行界定，这些观点的共同点都是，认知是个体对自身和外界的心理活动。认知与个体身体和外界环境的关心为：认知、身体、环境是一体的，认知存在于大脑，大脑存在于身体，身体存在于环境。[2]近年来，具身认知颇受学界青

---

〔1〕　彭聃龄主编：《普通心理学》（第 3 版），北京师范大学出版社 2010 年版。

〔2〕　叶浩生："具身认知：认知心理学的新取向"，载《心理科学进展》2010年第 5 期，第 705~710 页。

睐，诸多学者认为将认知置于具身认知情境具有比离身认知情境更为贴合实际等优势。人们对身体的主观感受和身体在活动中的体验为语言和思想部分提供了基础内容，认知就是身体作用于物理、文化世界时发生的东西。[1]大脑本身并不能独立完成高级认知功能，大脑通过身体与外部世界的互动对于高级认知过程的理解起着关键的作用，对于心智的理解必须放到与身体的关系背景中，而这个身体是与外部世界互动的身体。[2]基于前文分析可知，个体的认知活动显然是无法脱离其身体的，其身体状况和技能水平会直接作用于认知。从发生和起源的观点看，认知必然以一个在环境中的具体的身体结构和身体活动为基础。因此，最初的心智和认知是基于身体和涉及身体的，心智始终是具（体）身（体）的心智，而最初的认知则始终与具（体）身（体）结构和活动图式内在关联。[3]个人极端暴力犯罪作案人的认知状态主要可从社会认知、自我认知、风险认知和归因四个方面衡量和分析。

（一）社会认知

社会认知即对社会的知觉过程，社会认知一般涉及社会信息的辨别、归类、采择、判断、推理等心理成分，即林崇德所提出的涉及人对社会性客体之间的关系等的认知，以及对这种认知与人的社会行为之间的关系的理解和推断。[4]个人极端暴

---

〔1〕 R. Gibbs, *Embodiment and Cognitive Science*, Cambridge: Cambridge University Press, 2006.

〔2〕 T. Inui, "Editorial: Experimental Approach to Embodied Cognition", *Japanese Psychological Research*, 2008, 48 (3): 123~125.

〔3〕 李恒威、盛晓明："认知的具身化"，载《科学学研究》2006 年第 2 期，第 184~190 页。

〔4〕 林崇德、张文新："认知发展与社会认知发展"，载《心理发展与教育》1996 年第 1 期，第 50~55 页。

力犯罪作案人极具攻击性，其攻击性极具内隐性，在条件成熟的情况下会表现为外显的攻击行为，与有意识状态下的外显攻击性和无意识状态下的内隐攻击性是存在显著差异的；内隐社会认知是指在缺乏意识监控或在意识状态不明确的条件下，认知主体对社会刺激的组织和解释过程。[1]个体实施的攻击行为在认知层面的作用机制主要是，受个体特质影响，在内隐性社会认知的驱使下，适时受到外界刺激后，便会外化为外显的攻击行为。

　　梳理案例可以发现，对于个人极端暴力犯罪作案人而言，其社会认知的基本内容主要包括对法律的认知、对他人的认知和对自己的认知即自我认知。于此，笔者持狭义观点，将社会认知等同于对法律的认知和对他人的认知。其中，对法律的认知主要是指个人对法律（主要是刑法）所禁止的范围的知晓与理解状态，即是否明晰"法无禁止即可为，法无授权即禁止"的界限，以及是否明确违法犯罪行为的代价与后果（主要是司法中法院的审判）。对他人的认知主要包括对他人情绪人格等状态的认知，以及对人际关系的认知。对他人表情的认知比较感性，对他人人格的认知比较理性。对人际关系的认知包括对自身与他人间关系的认知，以及对他人间关系的认知，对自身与他人间关系的认知对个体影响较大，此处的他人主要由其社会关系网决定，既包括与之友善的亲友等人，也包括与之交恶之人，还包括个体所在乎之人（也许此人与之关系平淡，甚至彼此间并不熟识）。

　　对法律认知偏误的显著表现是，个人极端暴力犯罪作案人在被判刑后，非但不认罪伏法，反而还会上诉求生，以崔某会和李某文为典型代表。2019 年 4 月，辽宁省大连市中级人民法

---

〔1〕 叶茂林、彭运石："内隐社会认知视野中的攻击性"，载《心理学探新》
2004 年第 2 期，第 58~61 页。

院认为，被告人崔某会作案手段极其残忍，杀人意图坚决，社会危害性极大，应予严惩，遂对此案作出一审判决：被告人崔某会犯故意杀人罪，判处死刑，剥夺政治权利终身。[1]在崔某会杀害邻居全家案中，一审宣判之后，崔某会却借口自己杀人是被逼无奈，认为原判量刑过重，遂提起上诉。此案中，崔某会对自己杀害邻居4人的认知是，作案原因是被逼无奈，法院对其审判量刑过重，即便对普通人而言，"杀人偿命"也是理所当然的，遑论杀害4人。于此可见崔某会的社会认知偏误之巨，李某文对法律的认知也与此类似。在2020年李某文小学砍杀案中，李某文身为苍梧县旺甫镇中心小学的保安，因工作问题和生活琐事与同事黄某灿发生纠纷，加之因休假事宜与副校长黎某强产生矛盾，于是对二人心怀怨恨，遂萌生报复意念，故于2020年6月4日砍杀41名师生。梧州市中级人民法院一审判处李某文死刑，剥夺政治权利终身，李某文不服被判死刑而提出上诉。2020年12月30日，二审宣判：驳回上诉，维持原判，依法报请最高人民法院核准死刑。

（二）风险认知

个人极端暴力犯罪作案人的风险认知偏误主要存在"风险放大"现象，即过高估算了风险造成损失的严重程度和风险可能发生的概率。风险认知是人们对客观风险在主观上的知觉、判断和体验。[2]风险认知是个体对外界环境中各种客观风险的感受和认识，风险认知主要受个体差异、期望水平、信息、风险性质特质等因素的影响。[3]风险认知主要由两个部分构成：

---

[1] "大连男子因琐事持杀猪刀杀害邻居一家4人，终审被判死刑"，载 https://www.thepaper.cn/newsDetail_forward_5368477.

[2] 刘金平：《理解·沟通·控制：公众的风险认知》，科学出版社2011年版。

[3] 林崇德、杨治良、黄希庭：《心理学大辞典》，上海教育出版社2003年版。

风险因素将会造成的损失，损失发生的概率。尽管人们对风险因素可能造成的损失在认知上的差异比较小，但是人们对风险因素造成损失的发生概率，在认知上的差异比较大。风险认知差异的形成存在"一小一大"两个原因，可能与导致个体避险倾向差异的社会经历和生理等因素相关，对普通人而言，定性地描述损失后果较易，定量地测算事件发生概率较难，即常人对风险损失后果的描述能力强于发生概率测算。这可以从卡尼曼的著作中得到印证，对事件后果的描述可以通过触发系统 1 来实现，而对其发生概率的估量却要通过触发系统 2 来实现，而系统 2 是怠惰的和难测的。[1]

风险认知偏误是导致很多人错失良机或付出过高乃至惨重代价的根源。个体在面对难得的机会时，如果其对机会的衍生风险的主观认识高于客观实际，那么其便可能因畏惧风险而选择放弃良机。如果个体过高估算风险发生概率且高于真实发生概率，那么其便可能会支付过高代价去预防和化解该风险，尤其是当其自认为无力承担风险可能造成的损失，也无力预防、化解该风险时，便会形成"损失厌恶"的心理倾向，于是可能采取非理性的避险举措，从而造成过高乃至惨重的后果。

入室盗窃被发现和入室抢劫遭反抗而杀人业主及其家人者，其风险认知偏误显著。刘某鹏和胡瑞的作案情形如出一辙，在刘某鹏入室抢劫灭门案中，刘某鹏于 2005 年到西安创业，2015 年因生意亏损失去经济来源，于是产生了入室抢劫的念头。2016 年 6 月 24 日 17 时许，有备而来的刘某鹏混入某小区伺机作案，遂潜入业主王某居所，持刀胁迫王某等人，在劫得现金和王某的银行卡并得知密码后，捆绑好王某等人离开现场。次

---

〔1〕〔美〕丹尼尔·卡尼曼：《思考，快与慢》，胡晓姣、李爱民、何梦莹译，中信出版社 2012 年版。

日凌晨，刘某鹏用抢得的银行卡在 ATM 机上取出 18 000 元现金后，返回王某居所，将王某等 5 人杀害后逃离。[1]在此案中，刘某鹏主要遭遇了两大风险因素，即生意亏损失去经济来源和入室抢劫作案。彼时正值壮年的刘某鹏生意失败完全还可以东山再起，失去经济来源并不可怕，可怕的是失去了重整旗鼓的信心。刘某鹏过高估计了生意失败造成的损失，认为自己无力再战商海，故而萌生入室抢劫"致富"的邪门歪道之念。在首次入室盗窃得手后选择杀害王某一家，属于典型的杀人灭口防止被告发，殊不知"法网恢恢，疏而不漏"，其原本只为图财并非害命，此间也是其对抢劫将被绳之以法的风险认知存在偏误，致其选择以杀人灭口的方式规避被告发的风险。

（三）自我认知

个人极端暴力犯罪作案人的自我认知偏误主要表现为，对自己应对风险因素的能力认知存在偏误。个体的自我认知实质是，个体自己对作为价值客体的主体自我的知觉与评价等活动。人类的价值就在于，能适时对个体持批判态度和"反观自我"。因此，个体对自我生活意义和生命价值之追问，应建立在探索主体实现自我认知的内在心理工作机制和路径的基础之上。[2]自我认知就是个体对自己心理和行为的认知，自我认知兼具主观性和客观性，在个体自我认知过程中，自我认知受个体的身体、技能、经验、情绪、人格、认知等因素影响。个体在自我认知过程中，会持续根据主客观情况，对自己的心理状态进行自我体验、自我评价与自我调适，正确且稳定的自我认知是个

---

〔1〕 "西安入室抢劫杀害一家五口的罪犯刘晨鹏被执行死刑"，载 https://www.thepaper. cn/newsDetail_ forward_ 3464590.

〔2〕 张元："自我认知的实现路径"，载《宁夏社会科学》2013 年第 5 期，第 127~131 页。

体有效自我调适、应对风险因素、形成健康心态的基础。

个体低估或高估自我风险应对能力均不利于其有效、正确地应对风险。惯于低估自己应对风险因素能力者，具有特征性的消极自我认知模式，如负性的自动思维、负性的自我评价、过度自我关注等，尤其惧怕否定评价。[1]他们会固执地认为他人对自己的评价都是不好的，甚至认为自己的不佳表现会干扰和影响他人，令人厌恶和遭人排斥。这些想法以负性自动思维形式会存在于患者的人格结构中，并相对稳定下来，形成条件反射式的认知模式，严重影响人格的健康发展，并使症状持久难以自愈。[2]自我认知不仅是个体对自我存在的觉察，还包括对自我的身心活动的感知和解释。认知的结果影响自我体验和自我评价，与情绪的变化和调节有着重要的关系。[3]自我认知的结果之一——自我效能感——也与情绪密切相关，自我效能机制对情绪状态的自我调节起着关键的作用。[4]个体在评估自己应对风险因素冲击的能力时，其觉察到的自我效能感在促发焦虑中发挥核心作用，其感知到的风险应对能力是调解消极情绪的关键因素。倘若个体认为自己有能力应对风险且能控制住局面，则利于缓解消极情绪；反之则会产生失控感，会加重其消极情形，使之采取情绪型风险应对行为。在辛某平公交砍人案中，2018 年 4 月，辛某平因怀疑在乘坐西安市 302 路公交车

〔1〕　林雄标、胡纪泽：“社交恐怖症患者的认知特征及相关因素”，载《中国心理卫生杂志》2003 年第 6 期，第 423~425 页。

〔2〕　李敬阳、韩东良："社交焦虑障碍：自我认知偏倚与疾病的发展"，载《医学与哲学（人文社会医学版）》2009 年第 6 期，第 54~56 页。

〔3〕　李敬阳、韩东良："社交焦虑障碍：自我认知偏倚与疾病的发展"，载《医学与哲学（人文社会医学版）》2009 年第 6 期，第 54~56 页。

〔4〕　A. Bandura, *Exercise of Personal Agency Through the Self-efficacy Mechanism// Ralf Schwarzer, Self-Efficacy: Thought Control of Action*, Washington：Hemisphere Publishing Corporation, 1992：3~38.

时被人恶意扎针，遂产生对 302 路公交车报复泄愤的恶念，6 月 22 日下午，辛某平持剔骨刀对车上人员进行砍杀。[1]辛某平对自己身体的感知存在偏误，怀疑乘坐公交时被人扎针染上重病，"过高"感知了自己的"病情"和"过低"估算的自己化解"病痛"的能力，遂产生报复泄愤恶念。

(四) 归因偏向

个人极端暴力犯罪作案人具有攻击者敌意归因偏向，倾向于选择加工敌意性刺激信息，将自身的不幸境遇和犯罪行为归因于对其造成风险因素刺激的环境和他人。归因是指人们根据行为或事件的结果，通过知觉、思维、判断等内部信息加工过程而确认造成该结果之原因的认知活动。[2]攻击者在加工信息时存在认知偏向，如注意偏向和归因偏向，他们分别涉及认知加工的注意与解释过程。[3]注意偏向指的是个体在注意上选择性加工某些刺激，[4]注意偏向主要在认知信息加工过程的起始阶段产生作用，决定着认知所要加工的信息，它贯穿认知信息加工过程的始终，而注意的功能决定了它首先发生在个体对外界信息进行选择时。[5]攻击者具有选择性地加工敌意性刺激信息的注意偏好。归因偏向在认知信息加工阶段的解释过程中发挥作用。其是指对行为原因的错误推断和解释扭曲。[6]攻击者

〔1〕"辛海平"，载 https://baike. baidu. com/item/% E8% BE% 9B% E6% B5% B7%E5%B9%B3/23289182.

〔2〕 刘永芳：《归因理论及其应用》，山东人民出版社 1998 年版，第 2 页。

〔3〕 喻丰、郭永玉："攻击者的注意偏向与归因偏向及其关系"，载《心理科学进展》2009 年第 4 期，第 821~828 页。

〔4〕 安献丽、郑希耕："惊恐障碍的认知偏向研究"，载《心理科学进展》2008 年第 2 期，第 255~259 页。

〔5〕 邵志芳：《认知心理学——理论、实验和应用》，上海教育出版社 2006 年版。

〔6〕 A. M. Colman, *Oxford Dictionary of Psychology*, Oxford：Oxford University Press, 2006.

的归因偏向也称敌意归因偏向，是指攻击者在对情境进行归因时偏向于把模棱两可的情境作敌意性解释。[1]敌意归因偏向很可能主要是在反应性攻击的形成中起到重要作用，而对主动性攻击的影响不大，报复动机则很可能是这种作用背后的动力机制之一。[2]敌意归因偏向是个体在模糊不清的情境中，倾向于将他人的行为意图解释为对自己的伤害。敌意归因偏向包括特质性和状态性两类，两类敌意归因偏向的基本攻击心理路径，分别以报复动机和愤怒沉浸为最核心、最典型的代表。[3]

犯罪人的自我归因可分为正向价值内部归因和负向价值外部归因两种，将自己的成功归因于自身，将失败归因于外界。在作出外部归因时，犯罪人强调的是受害人的人格特征以及社会环境；作出内部归因时，犯罪人主要是将犯罪原因归结为自身的人格特征。[4]个体对自己不良行为进行归因时，具有利己主义的归因倾向，惯于外化为环境因素所致。个体倾向于把积极的行为结果（成功）归因于个人因素，而把消极的行为结果（失败）归因于环境因素。[5]归因会影响到期望的改变和情感反应，而这种归因会影响后继行为的动机，即成败归因—情感反应和对未来事件的预期—后继行为动机。[6]社会泄愤类极端

〔1〕 Bram Orobio De Castro et al. , "Hostile Attribution of Intent and Aggressive Behavior: A Meta-analysis", *Child Development*, 2002, 73 (5): 916~934.

〔2〕 权方英、夏凌翔："敌意归因偏向对反应性攻击的预测及报复动机的中介作用"，载《心理科学》2019年第6期，第1434~1440页。

〔3〕 权方英："敌意归因偏向预测攻击的心理路径及其脑关联"，西南大学2019年硕士学位论文。

〔4〕 郭星华："从'他者'到'主体'——一项关于犯罪人自我归因的实证研究"，载《中国人民大学学报》2010年第3期，第118~123页。

〔5〕 刘永芳：《归因理论及其应用》，山东人民出版社1998年版，第64~65页。

〔6〕 张爱卿："归因理论研究的新进展"，载《教育研究与实验》2003年第1期，第38~41页。

事件中的施害者将个人受挫原因归咎于社会或他人，对没有利益纠葛的不特定对象泄愤。[1]

在黄某川砍杀学生案中，黄某川在父母离婚后与母亲相依为命，对高考期望很高，但他只考上二本，他采取外化归因方式，将高考失利归因于眼镜、父亲和继母。在大学时，以自我为中心、不合群，罔顾室友和同学对其生活学习方面的意见，可见他缺乏共情能力。坐公交被人撞了一下便形成了杀人犯罪心理，足见其自我调适能力较弱，面对生活琐事也会自我调适失败。从他对室友王某生病住院报销费用的言语可知，黄某川存在社会认知偏见；黄某川骂去南京买资料的同学"肯定是去拉关系的"，再次显示出其社会认知偏见。自认为考研成功希望很大，无奈连续两次考试笔试成绩都很差，可见其自我认知时明显高估了自身能力。第二次考研失败后，他竟然欺骗亲友说自己考上了东南大学建筑专业，自己开始生活在自己的谎言中，彼时其自我调适失败，难以客观正视学业失败。在其后的求职就业过程中，也是自视甚高，但事业屡屡不得志。最终，黄某川将自己的"清高"与"不屑"指向仇视社会而对无辜的学生痛下杀手。

案例 5-8　2018 年黄某川砍杀学生案[2]

对高考期望甚高的黄某川于 2007 年开始持续失败——只考上一所二本高校。他向母亲陈某解释失利原因是：一是考试前摔坏了眼镜，戴上新配的眼镜头晕；二是他住父亲家时，没人

---

〔1〕　魏淑艳、李富余："基于紧张理论的我国社会泄愤类极端事件归因及治理——以暴力伤害学生事件为例"，载《中国人民公安大学学报（社会科学版）》2021 年第 2 期，第 146~156 页。

〔2〕　"特稿｜凶手黄一川（转载）"，载 https://www.sohu.com/a/279344568_787217.

陪他学习，他只能看电视和玩电脑，继母看电视时声音太大。

大学刚入学时，黄某川竞选班长失败了，他学建筑的手绘能力遭到同学嘲笑。多数同学认为，黄某川言行举止怪异，不合群，他经常将臭袜子放在寝室窗台，他毫不理会室友意见；同学们讨论问题时，他时常无故放声大笑，被同学解读为嘲讽。黄某川的室友王某说："他以为自己有考清华北大的能力，后来进了蓝翔，对周边开挖掘机的同学有天然的蔑视感，认为自己不属于这里。"

黄某川称："在公交车上被人撞了一下，这个人态度不好、没道歉，想把他杀了。"王某说："他可能觉得十官九贪。"有次王某受伤住院后，准备去学校报医药费时，黄某川笑话他说："你交的那点保险费早被学校贪了，还想着从学校拿回头钱。"

大三时，黄某川去东南大学周边买了些考研复习资料。当时一个同学也去了南京，黄某川骂此同学学习不好："肯定是去拉关系的，我自己就不用。"黄某川认为考研成功希望很大，想借此改变命运，他曾用40页绘图纸制定考研计划，令其意外的是他考研失败了。

黄某川在大学期间极少参加同学聚会。毕业后，他几乎与同学断绝了联系。2013年再次考研失败，他两次考研笔试成绩均远低于分数线，他给父母等人的信息却是，他第二次成功了，就读于东南大学建筑专业……

五、自我调适残缺失败

自我调适状态直接影响应对挫折逆境的个体努力与关键环节，是个体付诸应对行为前的重要活动。自我调适能力是指个体根据客观需要和主观愿望，调节心理过程，完善心理结构，以与社会发展、环境变化和身心成熟相一致的能力。[1]自我调适能力是一种个体在生活环境中应对各类风险冲击和环境变化，维持良好的、有效的生存和发展状态的能力，是衡量身心健康的重要指标之一。自我调适既是对自身机体的适应，也是对外界环境的适应。积极调适会促进个体人格成长和成熟，消极调适可能会引发心理紊乱乃至内心冲突。有效进行自我调适是个体健康成长、幸福生活和身心发展的前提与基础。自我调适能力是个体持续适应不断变化的社会环境的需要，是个体生理发育与成熟的需要、个体心理成长与成熟的需要。个体正是在已有的心理结构基础上，在同生理、心理、环境等因素新需要的产生与满足的相互作用过程中获得心理发展的，或者是环境的变化要求个人的心理随之进行相应的改变，或者是对个人的生理、心理需要做出调整以适应相对稳定的环境。总之，其伴随个体的一生且会持续变化。个体只有具备了自我调适能力方可使其身心与外界保持一定范围内的动态平衡状态，促使心理稳定、健康地发展。

自我调适也称自我心理调适，是根据自身发展及环境的需要对自己进行的心理控制和调节，从而最大限度地发挥个人潜力、维护心理平衡、消除心理问题。[2]心理调适是指用心理方法改变个体心理活动强度，减低或加强心理力量，改变心理状态性质的过程，包括自我调适和他人调适，主要有认知结构调节与情绪调节等方法。[3]笔者认为，自我调适便是个人选用适

〔1〕 陈兰萍："自我调适能力：个体心理和谐、健康发展的基石"，载《黑龙江高教研究》2005 年第 6 期，第 149~151 页。

〔2〕 姚本先主编：《大学生心理健康教育》，安徽大学出版社 2011 年版，第 221~223 页。

〔3〕 林崇德、杨治良、黄希庭主编：《心理学大辞典》（下卷），上海教育出版社 2003 年版，第 8~29 页。

合自身情况的各种方法，实现正确认识自己、认识环境、减轻压力，保持心态平衡，使身心功能处于良好均衡状态，从而促使个人有效适应周边环境。

个人极端暴力犯罪作案人作案前自我调适残缺主要是由未成年人和精神病人等特殊群体身心并不健全，面对风险因素冲击缺乏有效的自我调适能力所致，即表现为自我调适残缺。在肖某杀害姑姑等人案中，据前文所述，肖某先后遭遇了亲情变故残缺和学业变差等逆境，其学校和家庭的支持在肖某眼里"恶逆变"为风险因素冲击着自己，视表妹"告状"让姑姑管教自己为风险因素威胁。其情绪波动极大，竟威胁表妹要杀之，其愤怒于表妹告状且恐惧于被姑姑惩罚，心理尚在成长阶段的肖某不能正视姑姑和表妹等人的善意规劝，自我调适残缺，致使其冲动地酿成惨案。

案例5-9　肖某杀害姑姑等人案[1]

姑姑肖某林为人特别严厉。她定下规矩：肖某放学在家休息期间，每天只能玩2个小时的电脑游戏。在过去的7个月里，因其自制力薄弱，他时不时会与肖某林发生冲撞。12岁的肖某因总是无法管住自己玩电脑，不断被肖某林用细竹条抽打双手。

9岁的表妹和4岁的表弟均十分乖巧，特别听母亲肖某林的话。但是，在肖某眼里，二人的乖顺让他十分恼火。表妹发现他偷偷上网后，有时会向姑姑打"小报告"。

2012年4月13日，表妹放学后在楼底碰见闲逛的肖某，她将家门钥匙递给了肖某，自己在楼下继续等17时才会从幼儿园放学的弟弟。17时7分，表妹带着背书包的4岁表弟从狭长的

---

〔1〕　贺莉丹："12岁男孩弒亲案调查"，载《新民周刊》2012年第17期，第58~63页。前文用过此案例编号为"案例4—5"。

楼道口乘电梯回到家中。据肖某对警方所言，作案前他与表妹之间争吵得特别激烈。表妹回到家中发现肖某又在上网，便说："你又在上网，我要告诉妈妈。""如果你们敢告诉妈妈的话，我就杀了你们。"肖某放话。表妹认为肖某只是吓唬她而已，依旧叫嚷着要告状。于是，肖某先支使表妹去烧水洗澡，随即去厨房将水果刀藏在衣服中，悄悄地从表妹身后行凶……

自我调适失败的情形主要是，个人极端暴力犯罪作案人作案前面临突发风险因素冲击，外部保护因素难以介入支持，奈何冲击过大，彼时作案人自我调适失败，最终被风险因素击溃。在彭某桃杀妻子等人案中，彭某桃一心想挽回其婚姻，奈何聂某霞执意要与彭某桃离婚，加之聂某霞全家对彭某桃较为刻薄，其寻找户口本和结婚证的行为被聂家视作"翻窃"财物，自感被聂家冤枉与威胁，于是火冒三丈，被他们彻底激怒了。在遭受被冤枉和威胁的认知、彻底被激怒的情绪支配下，其自我调适时的想法是"当时我心头想你要弄死我，我先弄死你们，反正是同归于尽"。其自我调适逻辑是"与其被你弄死，倒不如同归于尽"。据此，足见其自我调适失败状态。

案例5-10 2018年彭某桃杀妻子等人案[1]

彭某桃讯问笔录摘录

问：你那天是什么原因要砍聂某霞等人？

答：案发那天我是想把聂某霞带回家，所以那天我还买了东西去看她们，意思是想找个台阶下，大家和好。哪晓得那天我去找户口本和结婚证的时候被漆某琨看见后告诉了他外婆，

---

[1] 此案例所有材料系笔者查看到该案例的网络公开报道后，前往井研县公安局刑侦大队调查所得。

他外婆就进来说我翻她屋头的金银财宝，还给他们的女婿龙八（龙某君）打电话。我当时就很"日火"，把户口本甩到床上就下楼了。之后龙八又打电话给我，说要弄死我。我听了龙八在电话里威胁我，我就火冒三丈，姓啥子都不晓得了，我就彻底被激怒了，当时我心头想你要弄死我，我先弄死你们。所以，我就去厨房灶台后面水缸上面的刀架子上拿了一把菜刀提在手里去问聂某霞还过不过日子。聂某霞说不过了。然后我就砍了她。当时我的想法是要杀聂某霞和龙八，既然我已经把聂某霞砍了，聂某松、周某华、漆某琨如果知道了，肯定要给龙八讲，龙八肯定就不得回来了，就杀不了龙八了。

问：按照你说的，你只是不满意龙八，为什么你还去砍聂某霞及你的岳父岳母等人？

答：案发那天我是窝了一肚子火，当天我本来是去想把聂某霞劝回家的，但是他们中午、晚上都没有给我饭吃。我在找户口本和结婚证的时候，老丈母说我拿她们的金银财宝，加上我在劝聂某霞的时候，她依然不承认用了我的钱的事情，最后，龙八打电话威胁我，说要弄死我的时候就彻底把我激怒了。当时我就没有管那么多了，就提起刀乱砍她们。反正是同归于尽。

六、自我效能绝望与无助

1977 年，班杜拉（Albert Bandura）在社会学习理论的基础上提出了自我效能理论。自我效能感是个人对自己完成某项工作能力的自我评估，评估结果会直接影响其行为动力。自我效能感指个体在实施某一行为之前，对自己能够完成该行为目标所具有的信念、判断或主体自我感受。[1]

---

〔1〕　郭本禹、姜飞月：《自我效能理论及其应用》，上海教育出版社 2008 年版。

自我效能感能够影响个体的思维过程，根据自我效能感的高低状态，对个体行为会产生自我促进或自我阻碍的影响，其对个体行为的作用机制主要包括四个过程。其一，个体自设目标的挑战性既能激发个体的动机水平，也能决定个体对活动的投入程度，进而决定其活动的实际成就。其二，个体若坚信自己的行为效能，则会倾向于想象成功的活动场面与体验，从而利于支持并改进行为方式和过程。否则，会更多地想象失败场景，担心和怀疑自己能力不足，总是忧心忡忡与患得患失，对行为造成消极影响。其三，在个体归因时，效能感强的人会将自己取得的成功归因于自己的努力，而将失败归因于能力不足和运气不佳。这种归因方式会促使个体提高动机水平，想方设法付出最大努力，以便尽最大可能取得成功。其四，个体对行为结果的成败会形成自身内控或环境外控的不同期盼，认为行为结果主要取决于自身努力程度。自我效能感高时，则会设法积极达成目标。反之，当其认为行为结果主要取决于能力和外部条件，自感无助和效能感低时，便会采取消极或回避的策略。

自我效能感是个体面对问题在采取相关行动之前，对自身解决问题效果的主观评估，会对其心理状态和后续行为形成不同影响：

其一，影响个体克服困难应对挫折的情绪状态。当个体认为能成功克服困难时，通常会保持乐观的心态和积极情绪。高自我效能感者会更加主动地设法克服困难，以利于取得良性的结果，良性结果又会反过来增强个体的自我效能感。高自我效能感者在应对挫折时通常会持有正向预期，以乐观的心态处之，保持积极情绪。反之，低自我效能者在应对挫折时，则往往会缺乏自信而持消极情绪，容易产生焦虑。

其二，影响个体克服困难的努力程度。在应对挫折的过程中，难免会遭遇各种困难，自我效能感的高低会影响个体克服困难的决心和毅力。高自我效能感者在面对各种困难时，其倾向于解决具有挑战性的任务，会激发其克服困难的斗志，会努力寻求多种资源和想到多类方法解决问题，对解决困难始终充满希望。低自我效能者则会尝试性地克服困难，一旦难以轻松克服困难，便会认为自身努力不足和缺乏克服困难的资源，会自感无助与失望。当其多次尝试仍不能克服困难时，则极可能形成习得性无助与绝望，彼时便会放弃应对挫折的努力。其作用机制是：当个体把自己克服困难失败归咎于不可控因素和任务过难时，会形成绝望感与无助感，而其归因方式表明其自我效能感低，低自我效能感者更易于放弃努力和屈服于困难；高自我效能感者不会轻易放弃，会想方设法克服困难，其努力程度会与任务难度正相关，会"越挫越勇"，低自我效能感者则与之相反。

其三，影响个体行为策略的抉择偏好。自我效能感既会影响个体选择行为目标，也会影响个体抉择行为策略的偏好。人们在行事时通常会倾向于选择最容易成功的策略和方法。在日常面对挫折困难时，个体都有自己的行为偏好，根据自我效能感采取最熟悉和最擅长的应对方式。在应对挫折困难的过程中，个体会自己根据前期行为效果适时调整自我效能感，当自我效能感升高时则会采取积极的任务型行为策略，以更加有利于克服困难，有效应对挫折；当自我效能感降低时，则会采取消极的情绪型行为策略，会更加不利于克服困难，使其应对结果更加糟糕，甚至衍生其他恶果。

自我效能绝望与无助促发个人极端暴力犯罪的机制。通常，个体遭遇多个风险因素共同冲击，在尝试化解风险因素失败后，会认为风险因素冲击过大，自己既无力应对，外在保护因素也无法提供有效支持，使其形成挫败感、无助感和绝望感，于是情绪失控，认为是他人（主要指人、组织或者社会）造成风险因素冲击自己才导致自己处于这样的失败处境，进而心生怨恨、愤怒或恐惧。在适当条件促使下，其会对他人痛下杀手、发泄情绪。诚如父母冲突除了可以直接影响初中生的攻击行为外，也可以通过管理消极情绪自我效能感和情绪不安全感影响初中生的攻击行为。[1]个人极端暴力犯罪作案人选择作案对象的他人是"冤有头债有主"般地仅针对特定的人，还是"滥杀无辜殃及池鱼"般地针对不特定的人，主要由三方面决定：一是归因方式，其将自己的处境归因于特定的人；二是作案能力，其认为自身是否有能力对特定的人作案；三是作案条件，其评估是否具备成功作案的条件。当个体认为是特定的人造成自己的处境，且自己有能力和条件对其作案时，便极可能会对特定的人进行报复式作案；当个体认为是特定或不特定的人造成自己的处境，且自己也无能力和条件对特定的人作案时，便会选择易作案成功的人群场作案，以图报复社会。

在韦某勇连环爆炸案中，韦某勇耗费大量心血和投入巨额资金才被政府批准合法运营的采石场被村民们屡屡阻止，进而被迫关闭。采石场关闭停产后，不仅让其家庭失去了生活的经济来源，而且还促发了债权人不停催债。为摆脱此困境，在两年多的时间里，韦某勇到处奔波寻求政府部门解决问题。无奈的是，他"穷尽"了各种办法依旧未见转机，彼时其家人也无法为其提供有力帮助。在长期处处碰壁后，不善言辞和不愿向他人诉说的韦某勇开始在微博等网络空间痛斥："再痛再苦也要

---

〔1〕 陈婷、张垠、马智群："父母冲突对初中生攻击行为的影响：情绪调节自我效能感与情绪不安全感的链式中介作用"，载《中国临床心理学杂志》2020年第5期，第1038~1041页。

去面对！无法改变别人就改变自己，等到那一天我变得疯狂，请记得我单纯时曾被你们当傻子一样耍。"韦某勇自感无论如何自己也无力解决采石场的问题，在两年多的时间里经历了一次次的失败，无助感与绝望感油然而生。他认为，被政府批准的合法经营的采石场却因村民们的无理取闹而关闭，政府主管部门不但纵容村民的非法行为，还不给自己主持公道，正是村民的阻挠冲击和当地政府的"乱作为不作为"[1]造成了自己生活窘迫且负债累累。于是，韦某勇对政府和村民充满了愤怒与怨恨，自感采取合法手段已经无法维护自身合法权益，自己已经"无法改变别人"，那么他"就改变自己"，最终选择了情绪型风险应对策略，使用采石场的炸药，用"柳城县城大埔镇政府、柳城监狱、商贸城超市、车站、医院、畜牧局宿舍、菜市、疾控中心、柳州市双冲桥……"的爆炸声宣泄自己对政府、社会和村民的怨恨与愤怒。

案例5-11　2015年韦某勇连环爆炸案[2]

2015年9月30日，在广西柳州市柳城县，韦某勇通过自己投放和谎称寄送包裹雇人运送的方式，先后在17处制造爆炸，造成10人死亡、51人受伤。采石场从2013年被阻挠和冲击后，韦某勇一直四处求告，奔走在之前给他们发放证照的相关部门之间，多次向当地政府部门要求解决问题。倾注了韦某勇大量

---

[1]　乱作为不作为使其认为"自己被你们当傻子一样耍"。乱作为是指两方面：其一，2010年政府审批采石场时，要求韦某勇必须升级为机械化才能通过审批，于是他向银行贷款，对石场进行升级，为此他负债累累；其二，2013年村民阻挠冲击采石场，当地政府则将其关停。不作为则是指其合法采石场被关闭后，政府部门不公正处理，没为其解决问题。

[2]　"柳城爆炸案嫌犯贷款百万经营采石场 因纠纷关停"，载 http://news.163.com/15/1004/19/B53SUDKD00011229.html.

心血的采石场被迫停产后，上门催债之人络绎不绝，采石场纠纷久拖不决，使韦某勇跌入了人生谷底。其社交空间和微博显示，外表"淡定"的他，内心实则满怀绝望与愤怒。

第二节　个人极端暴力犯罪类型：个人特质作用理路

尽管个人极端暴力犯罪的呈现形态千差万别，但是从作案人角度观之，这些个人极端暴力犯罪均有颇多"同"和"不同"。从作案人的抗逆力观之，这些个人极端暴力犯罪可根据抗逆力瓦解程度和个人特质结构等标准，将其归属不同类型。为从抗逆力视野透析个人极端暴力犯罪的发生机理，于此，笔者将分别从抗逆力瓦解程度和个体抗逆力特质结构两个方面对个人极端暴力犯罪演化过程进行解析。

一、抗逆力瓦解程度：曲线恶化率

为直观观察作案人生命历程中遭遇诸次重要逆境事件的风险因素冲击后的抗逆力状态，故而粗略勾勒出抗逆力曲线用以描绘作案人的抗逆力水平（参见图5-1）。根据个人抗逆力曲线恶化趋势与导致其恶化的逆境事件的数量，可将个人抗逆力恶性演进曲线粗略划分为急剧恶化型、逐次恶化型、介于二者之间的衍生恶化型三类，以此三类为基础，因风险因素数量、抗逆力恶化率[1]、风险因素引发极端暴力犯罪的作用时间等因素综合作用，会形成各类型子式抗逆力恶化状态。

---

〔1〕　边际恶化率＝恶化幅度/恶化时间；恶化幅度＝既有抗逆力-恶化后抗逆力；恶化时间＝风险因素冲击的突发性＊可供调适的时间；恶化率＝恶化幅度/既有抗逆力。

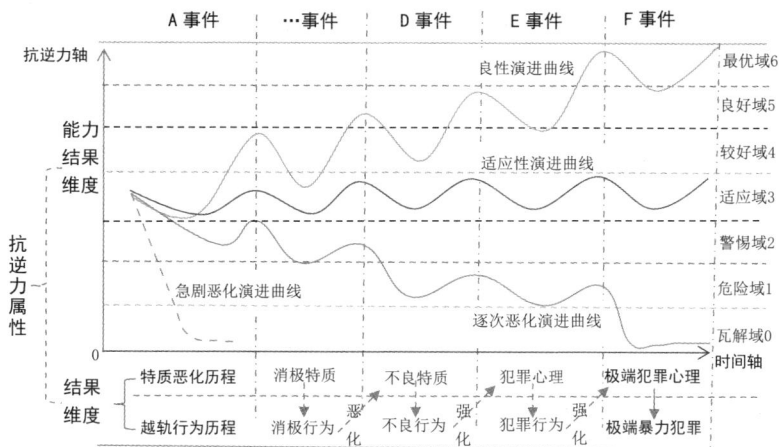

图 5-1　个人抗逆力演变轨迹及其促发极端暴力犯罪演进模型

于此，主要从曾被新闻报道和社会各界广泛关注与热议的个人极端暴力犯罪案例中选择了 2018 年发生且与三类抗逆力恶化演进类型尽可能匹配的，只犯了一次极端暴力犯罪的预谋性犯罪案例。因此，笔者主要选择了卢某兵公交爆炸案、衡东阳某云驾车撞人案和南郑张某扣复仇杀人案，力图依托对三名作案人的风险因素、保护因素、抗逆力重构状况等情况进行分析，进而厘析风险因素、外在保护因素、个人抗逆力特质及其作用机制、特质恶化历程和越轨行为历程。

（一）逐次恶化型（常规式）

通过分析卢某兵的人生轨迹可知，在其炸公交车之前，其主要遭遇了 5 次风险因素冲击：

其一，父亲去世，致其来自父辈的亲情等支持性家庭保护因素残缺，使其情感孤寂，不利于其抗逆力特质发展。

其二，44 岁大龄也未娶妻，加之与姐夫吵架断绝联系 10 年，母亲一直住在姐姐家，其哥哥常年在贵州，致其来自父辈和同辈的亲情等支持性家庭保护因素残缺，与母亲和哥哥联结弱化、与姐姐家关联异化和断裂。由此可见，卢某兵长年无稳定收入，可知其技能较为欠缺；10年不与邻村的姐夫和解，其情绪易怒、人格偏执、情感更加孤寂；与姐夫发生矛盾，自认无错而是姐夫的过错，加之不珍视亲情而10年都不与姐夫和解，其认知存在偏见，自我调适失效，不能正确对待与姐夫的矛盾，故而偏执不与之交往，作为四川农村典型的"百姓爱幺儿"，老人几乎都是跟着最小的儿子生活，其母亲却反常地由其姐姐赡养，这也再次印证了卢某兵技能不佳、人格偏执、亲情不和。

其三，村里修路被占地后卢某兵非常生气，要用工具把路砸坏，可见其情绪易怒。卢某兵认为修路不告知他本人便侵占了他的地，村里也不尊重他，于是要把新修的公路砸坏，在其易怒情绪影响下，认知偏见，自我调适失效，自感其权益受损而采取了砸路的行为。修建乡村公路实为惠民之举，是造福村民的惠民工程，卢某兵砸路之举使其与村民关系恶化，加之其长年独居与村民交往甚少，此时其与社区保护因素联结近乎断裂，抗逆力曲线跌入了警惕域。

其四，卢某兵砸路被阻后追打警察。在家庭保护因素缺失，社区保护因素近乎缺失的情况下，原本卢某兵认为修路侵占其土地，自己作为受害者权益未能得当维护，村干部却对其横加阻拦并报警干预，此举被卢某兵视为风险因素，侵蚀了其合法权益。情急之下，在易怒情绪、高估警察调解风险和认知失调的共同影响下，难以有效自我调适，抗逆力曲线跌入危险域，故而追打警察、妨碍警察执法。

其五，被拘留与找乡政府维权无果。自己土地被占，却因砸路追打警察被拘留45天，想找乡政府维权获得4万多元赔偿也无果, 在社区和家庭保护因素缺失的情况下, 卢某兵在偏执人格和易怒情绪的影响下, 权益受损却无法通过合法途径得到维护, 在外在保护因素缺失且自己又无力维护自身权益"孤立无援"时, 共情关闭而处于极低水平, 自我调适失效而顿感无助与绝望的情况下, 抗逆力跌入瓦解域, 故而形成极端犯罪心理而炸公交以宣泄自己不满和无奈的情绪。

案例 5-12　2018 年卢某兵公交爆炸案[1]

2018 年 12 月 5 日下午, 四川夹江一名男子向一辆公交车里扔已经点燃的爆炸装置, 导致公交车爆炸, 造成车内 17 名乘客受伤。该案的犯罪嫌疑人卢某兵 (44 岁, 当地顺河乡前进村村民) 被抓获后, 在审讯中, 他对这件事供认不讳。据了解, 卢某兵平时默默无闻, 是什么原因导致了他如此极端呢?

卢某兵已经 44 岁了, 因为家里穷而一直没有结婚, 有一个哥哥 (在贵州) 和一个姐姐 (嫁在邻村), 父亲已经不在了, 70 岁的母亲跟大姐过。他只有小学三年级文化, 看起来木讷老实, 甚至有些孤僻, 不爱与人交流, 在当地没有什么存在感。10 年前, 因为跟大姐夫发生矛盾, 10 年间都没有跟大姐一家联系了。

当地村民们觉得他的性格极端和孤僻是他做出这件事的主要原因。据了解, 之前他因为妨碍执行公务被拘留过 45 天, 被拘留的原因是当地修公路占了他的一部分地, 因他不在家没有及时告知他, 他回来知道后非常生气要用工具把路砸坏。当地村干部发现阻挠不了就报警了, 卢某兵却拿着工具追打前来调解的民警, 后来被抓起来关了 45 天。当他出来后觉得委屈, 就想要政府赔他各类损失 4 万多元, 虽然当地村干部一直在调解,

---

[1] "四川公交车爆炸案嫌疑犯已经 44 岁了, 是什么原因导致了他如此极端", 载 https://baijiahao.baidu.com/s? id=1619209676329433769&wfr=spider&for=pc。

但是一直没有给他一个明确的说法，就在事发当天他还去乡政府讨说法，但是没有得到答复。于是，当天下午他便作案了。

综上，卢某兵在炸公交车时其与家庭和社区的联结近乎断裂，抗逆力特质为：情感孤寂、情绪易怒、人格偏执、身无长技、认知偏见、自我调适失效、自我效能感为无助状态，其抗逆力曲线的粗略走势如图5-2所示。

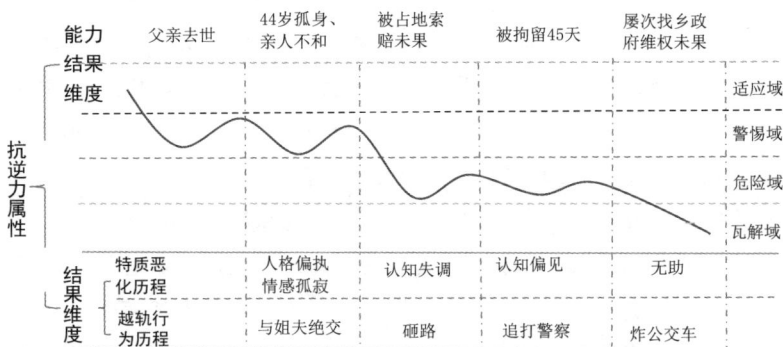

图5-2 逐次恶化型（常规式）：卢某兵抗逆力恶化曲线

（二）衍生恶化型（漫长式）

纵观阳某云的人生轨迹可见，他一生遭遇了多次重大风险因素冲击，于此，将其风险因素主要划分为六个阶段：

其一，11岁丧父。年幼时丧父使其情感遭受严重创伤、难以形成健全人格，来自父辈的家庭支持性保护因素残缺。

其二，首次离婚与殴打法官。1992年，第一任妻子因离婚纠纷将他告上法庭被判离婚，身无长技、无稳定合法职业，情绪愤怒、情感受挫，人格偏执、性格不佳，不能正确认知是导致第一任妻子与之离婚的自身原因。但其反而认为是法官判决不公，自我调适失败，对自己的婚姻感到失望与无助，在易怒冲动的情绪支配下，抗逆力跌入危险域，进而闯入法官家中将法官打成轻伤，犯故意伤害罪被判处有期徒刑 2 年。此次离婚和服刑反作用于阳某云的抗逆力，缺失了来自配偶的支持，使其家庭保护因素残缺，恶化了特质：人格愈加偏执、情绪更加冲动易怒（共情力降低）、认知失调、自我调适失效、自感失望。

其三，母亲去世与第二次离婚。33 岁时，母亲去世，第二任妻子因他不顾家，感情不和，结婚仅 3 个月便离婚了。母亲去世，使其失去了父辈的保护因素，第二次婚姻仅 3 个月便草草结束，再次失去配偶的保护因素，使其家庭保护因素残缺。

其四，先后四次犯罪、第三次离婚且无子女。2001 年至 2009 年之间，先后因犯贩卖毒品罪、寻衅滋事罪、失火罪和敲诈勒索罪服刑。2007 年，第三任妻子又因他（此时已经 43 岁）性格偏执而离婚，三次婚姻都未能生育子女。由于其身无长技，没有固定职业，偏执型犯罪人格固化，情绪持续易怒、情感孤寂、共情力低下、认知失调，自我效能感呈现无助与失望状态，故而贩毒等犯罪行为持续发生，此时阳某云对于生养儿女的期盼开始增强，这也使其情感愈加受到创伤。

其五，患胃癌等疾病与输钱寻衅滋事。由于缺乏获得稳定职业的技能，最近几年做起了放贷和赌博的营生。2016 年，在其 52 岁时发现得了胃癌等疾病，这对助推其抗逆力特质恶化产生了极大影响。2017 年，其在自己最为钟爱的牌场"被骗"。彼时，其家庭保护因素缺失、人格偏执、情感孤寂、身无长技，加之身患绝症，对打牌输钱一事愤愤不平，认为是毛某珍等人合伙"出千"使其输钱。3 个月后，毛某珍再次约阳某云打牌一事刺激了他的"伤痛"，故而阳某云便"自行维权、讨回公道"，因此事再次被法院判刑。阳某云认为自己"讨回公道"之举不应被判刑，当其服刑后，仍然对法院判决心怀不满、耿耿于怀，此时其认知偏见固化、形成习得性无助、自我效能感低下。

其六，病痛加剧与年老无子女。案发当天，阳某云病痛折磨加剧，且感到随着年龄越来越大，同龄人连孙子都有了，而自己却无儿无女，一无所有。在家庭保护因素残缺和社区保护因素缺失的情况下，缺乏技能、身患绝症且年老、偏执型犯罪人格、悲伤和怀恨法院的情绪作用下，认知偏执，认为是社会对其不公，自我调适失败，自我效能感为对生活绝望，抗逆力跌入瓦解域，共情关闭，于是产生了报复社会的动机。

阳某云的抗逆力曲线走势如图5-3所示。

案例5-13　2018年阳某云驾车撞人案[1]

2018年9月12日，在南省衡阳市衡东县，阳某云驾车故意猛烈撞击人群后，又下车持械砍伤现场群众，致12死43伤。阳某云系该县甘溪镇人，1964年2月出生，初中文化，11岁时父亲去世，33岁时母亲去世，性格偏激孤僻、沉默寡言，极少与人交流。

阳某云有过三段失败婚姻，均没有生育子女。1992年，第一任妻子因离婚纠纷将他告上法庭；1997年，第二任妻子因他不顾家，两人感情不和，结婚仅3个月便离婚；2007年，第三任妻子又因他性格偏执而离婚。案发前，阳某云有一女友聂某某，两人未结婚。

阳某云初中毕业后一直没有固定职业，他开过餐馆，跑过运输，在贵州开采过金矿。近年来，其收入主要依靠放贷收取

---

〔1〕"阳赞云，湖南衡东故意驾车伤人案嫌犯，他是个什么样的人？"，载ht-tps：//www.zzwb.cn/news_ 129138.

利息。平时，阳某云热衷赌博，2014年之前经营过牌馆。在案发前几天，他在一家牌馆里连续三天打牌。

阳某云身患多种疾病，2016年10月，他被确诊为胃癌，还患有冠心病、心肌梗死等疾病。阳某云是一个"累犯"，1992年至2018年，他先后6次被判处有期徒刑。

2017年5月，阳某云与毛某珍等人赌博时输了钱，怀疑是毛某珍联合他人"出千"导致其输钱。他因对毛某珍等人进行敲诈勒索而被判入狱。阳某云供述称，第六次被判刑后，心里一直对法院判决不满，且自身疾病缠身，感觉生活无望，已经有了蓄意报复的想法。

2018年3月刑满释放后，他就开始着手策划报复行动，因为考虑到自己的亲属和女友一直对他非常关心照顾，自己也舍不得离开他们，内心一直处于纠结之中，迟迟未下定决心。

据警方调查，案发当天，阳某云病痛折磨加剧，且感到随着年龄越来越大，很多同龄人连孙子都有了，而自己无儿无女，一无所有，越发感到悲观厌世，于是产生了实施报复行动的念头。

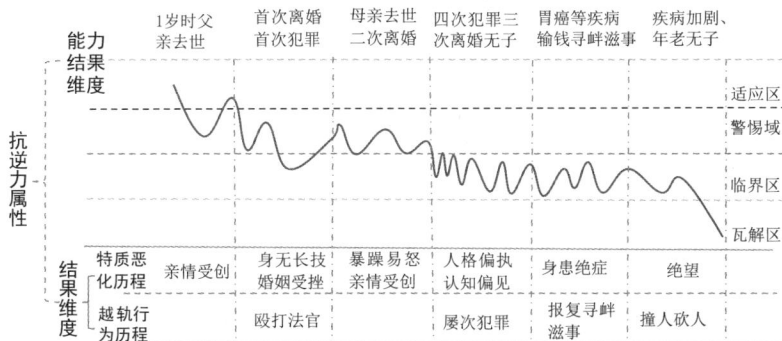

图5-3　衍生恶化型（漫长式）：阳某云抗逆力恶化曲线

（三）急剧恶化型（隐忍式）

通过分析张某扣的生命历程，可将其人生轨迹粗略分为六段风险因素的冲击：

其一，目睹母亲被杀。童年的张某扣目睹母亲在自家院里被王乙杀害时，其人格尚未固化，其情绪（情感）悲愤，认为是王家人过错杀害了母亲和自我调适失效，难以有效抵御丧母冲击，加之其父、其姐彼时均遭受创伤也处于悲愤之中，抗逆力水平也处于低水平状态，年幼的张某扣未能获得有利的家庭保护因素的理解、支持与开导，难以实现有效的自我调适。故而，其抗逆力在短时间内面临重创，呈现急剧恶化至瓦解域的状态。遂萌生了要报复杀害王家人的心理，限于自身年幼技能不足，因此无奈地克制住了报复的念头。

其二，自认司法不公。在审判王家人杀害母亲一案时，村里人碍于王甲在乡里为官，一边倒地支持王家做伪证，法院审判结果让张家人觉得孤立无援和司法不公。至此，张某扣的认知长时间失调，认为王乙杀害母亲却逍遥法外，法院也不主持公道，这使得抗逆力长时间处于适应域之下的状态，抗逆力特质之间相互侵蚀更加不利于抗逆力趋向良性，张某扣产生的报复王家的心理因自觉司法不公而固化。

其三，打工多次被骗。初中毕业后，便去当兵，退伍后常年在外打工。此段时间，其抗逆力原本应该慢慢向适应域恢复，其文化水平低，曾努力打工学艺提升技能，但无奈的是，2014年他因找工作、学挖掘机被骗，还多次被骗入传销组织。远在他乡的张某扣难以从父亲和姐姐处获得有效的开导、支持与帮助，到了而立之年，却未有交心挚友，身无长技，事业无成，无法得到友情的开导与支持，情绪易怒冲动，情感孤寂，人格逐步偏执，认为尽管自己已经十分努力，无奈社会骗子太多欺人过甚，不但没有学到技术、谋得好工作，反而屡屡被骗，自我调适失效，习得性无助和不断失望，于是便产生了非要整死骗他学挖掘机的人的心理。

其四，工作情感不顺。2010 年至 2016 年底，其先后在广东、绍兴、杭州打工，2017 年在斐济打工 3 个月，其间在各地打工均不顺利，过了而立之年仍未恋爱婚配。海外打工时，曾因琐事和渔船上的工友吵架，当时其在偏执型人格、孤寂的情感、易怒冲动的情绪作用下，也无法得到友情和爱情的开导、支持与感化，认知失调，自我调适失效，顿感无助和失望，因而在与工友因琐事吵架时形成了激情犯罪心理，拿起菜刀便要砍人，幸得被工友劝阻。

其五，回乡睹物思母。被骗后，张某扣不相信任何人，只相信钱，平时勒紧裤腰带生活，为生活所迫，2017 年 8 月回乡后，他一直在老家新集镇待着，再也没有外出。多年在外漂泊均不得志，无奈回到家乡整天无所事事，遇到童年时的创伤性刺激源刺激，睹物思母，感觉物是人非，悲伤愤怒之情自然屡屡产生，当年的报复念头再次被激活。

其六，与父亲争吵。张某扣在家里与父亲相依为命，思想压力非常大，快过年时为了安装电表之事与他父亲大吵一架，父亲一门心思想把房子建好催着张某扣早日结婚，不能有效理解张某扣所思所想，也无法以适时、恰当的方式给予支持，与仅有的家庭保护因素联结极弱，在情感孤寂、共情断路、情绪悲愤、人格偏执、身无长技的特质支配下，认知偏见，自我调适失败，习得性无助、对工作生活绝望，认为自己一生的不顺都源自王家杀害母亲，抗逆力再次跌入瓦解域，形成报复王家的极端犯罪心理，在除夕之日觅得王家人都在的时机，遂行了杀害王家父子之举。

张某扣的抗逆力曲线的演变情况请参见图 5-4。

案例 5-14　2018 年张某扣复仇杀人案[1]

2018 年 2 月 15 日，张某扣持刀先后将王甲、王丙刺死，而后持刀来到王某新家里，将其刺死，三人身中 49 刀，犯罪手段残忍。

1996 年 8 月 27 日，张某扣的母亲因与王家人发生冲突被王家人打倒致死。1996 年 12 月 5 日，当地法院对此案作出判决：鉴于王丙在犯罪时未成年等原因，被判处有期徒刑 7 年。

张某扣及家人不认同当年法院的判决。他姐姐张某波说："人家当官，很多人出来做假证。"张某波口中这个当官的人，是指王甲。案发时，他在当地乡政府任党政办主任。让张家人最不能接受的是，当年是王乙打死人的，而法院最终认定的却是王丙。张某扣父亲张某如说："判个最小的，不够 18 岁。"

在庭审中，张某扣自称从未放弃过为母亲报仇的念头。法庭调查显示，张某扣初中毕业后，当过兵，常年在外打工。2014 年他因找工作、学挖掘机被骗，还多次被骗入传销组织，当时他就想要整死骗他学挖掘机的人。2010 年至 2016 年底，其先后在广东、绍兴、杭州打工。2017 年 5 月至 8 月，张某扣在斐济打工 3 个月。2017 年 8 月后，他一直在老家新集镇待着，再也没有外出。

张某扣供述称，这些年他在外打工多次被骗，生活、工作也不顺利。自从他被骗后，他不相信任何人，只相信钱，他平时勒紧裤腰带生活。思想压力非常大。腊月为了安装电表的事

---

[1]　"张扣扣杀人案：13 岁时目睹母亲被砸死 22 年后除夕连杀仇家 3 人 谁的错！"，载 http://baijiahao.baidu.com/s? id = 1596352540321296140&wfr = spider&for = pc.

情和他父亲大吵一架，心想过了年不知道到底该干啥，出去打工也挣不到钱，现在生活不如意，打工也看不到啥希望。

张某波表示，张某扣性格有点内向，不说真心话。张某扣堂妹证言称，张某扣在外地打工，活得不如意。张某扣的一位海外务工的工友证言称，张某扣在海外打工时，曾因琐事和渔船上的工友吵架，拿菜刀被劝阻。

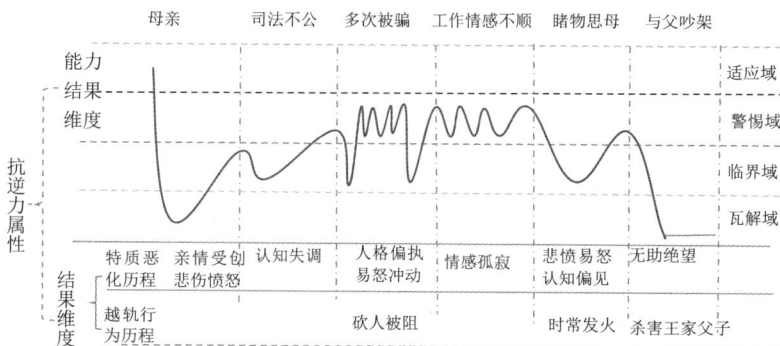

图5-4　急剧恶化型（隐忍式）：张某扣抗逆力恶化曲线

二、个人特质结构变化：蓄谋与激情——基于杀妻灭门 犯罪的分析

近年来，弑亲灭门惨案仍偶有发生，在这些弑亲灭门案中，最令人感叹与费解的莫过于"大兴灭门惨案"。2009年11月23日晚，北京市发生了令社会各界热议和反思的"大兴灭门惨案"：李某在家中亲手杀死了自己的父母、妹妹、妻子和两个儿子。此案引起了司法实务部门和学界的探讨：李某因何成为如此狠心残忍杀死自己6名至亲的恶魔？有人认为，"大兴灭门案"之所以发生，追根溯源，是基于家庭关系的失谐。李某是家庭生活中的弱者，一直得不到家人的认可和尊重，在受到长

期自认为的压制后，"怨"的情绪就形成了弥散式压抑，心理扭曲。尽管发生杀妻灭门犯罪绝对数量较之于其他严重刑事犯罪数量较低，但是其社会危害性极大。如果不能有效遏制与防控杀妻灭门犯罪，将极不利于社会大众树立正确的婚姻家庭观与提升安全感，也将掣肘高水平的平安中国建设。2020 年 1 月 17日至 18 日召开的中央政法工作会议要求，抓好矛盾风险源头防控，提高预测、预警、预防能力，健全社会心理服务体系和危机干预机制，严防个人极端案事件发生。显然，要严防杀妻灭门犯罪，首要之举是通过厘定关键作用因子，厘清作案人的行为逻辑，进而找准有力抓手，"对症下药"。

杀妻灭门犯罪属于个人极端暴力犯罪的范畴，其主要是指，作案人因夫妻关系等因素，形成杀害妻子和其他近亲属的恶念，采取暴力手段实施恶行，造成妻子等近亲属近乎全家人死亡的恶果。纵观见诸报端和笔者调研掌握的杀妻灭门案例，为厘清作案人的犯罪行为逻辑，根据作案人从产生杀妻灭门恶念到实施恶行的诱因、时空、工具准备、过程等状况，可梳理出杀妻灭门案的一些特征，并将其归类为预谋型杀妻灭门犯罪和激情型杀妻灭门犯罪。

（一）杀妻灭门犯罪类型

1. 预谋型杀妻灭门

预谋故意是一种复杂的意志行为，从犯罪故意形成到实施犯罪行为经过犯罪故意的形成阶段、犯罪的准备阶段、犯罪的实行阶段三个环节。预谋杀妻灭门的主要表现是，作案人因与家人或近亲属感情不和、婚姻不幸、经济不济等因素，与家人或近亲属长时间发生争执、纠纷与打骂等，使得彼此关系淡薄乃至恶劣，故而形成了杀害妻子和家人或近亲属的恶念，其后为实施恶念准备了作案工具或作案计划，最终适时将恶念和作案计划付诸恶行，最终造成妻子亲人或近亲属被杀害的恶果。刘某球杀害岳父家人案和柏某才杀害父母妻儿自杀案便属于典型的预谋杀妻灭门案。2018 年 5 月 19 日中午，刘某球陪同岳父母在亲戚家吃午饭后，将厨房的一把水果刀拿走，准备作为行凶工具。当晚，刘某球住在岳父位于湘阴县玉华乡某村的家里，趁被害人刘某军、刘某春、肖某娥三人睡觉时将三人杀害。[1] 在此案中，刘某球为杀害岳父一家，在产生恶念之后，将厨房的水果刀拿走作为晚上行凶的作案工具，据此可知刘某球杀害岳父一家属于预谋型杀妻灭门犯罪。2019 年 1 月 18 日，柏某才在杀害亲人前，把父母妻儿全部召集到家中，在杀死全家纵火之后跳楼自杀。[2] 柏某才在作案当天下午将带着孩子在外的父亲和在工作中的妻子骗回家后，将全家人杀害，并在家中纵火后自杀。从其行为可见，柏某才欲杀害全家人而将父母妻儿均召回家中的行为便是预谋犯罪之举。

2. 激情型杀妻灭门

激情犯罪是因被害人的不当言行产生短暂强烈的极度愤怒的情感（激情）而丧失自我控制能力，并于不当言行之时或之后一段时间内实施的犯罪。[3] 激情型杀妻灭门的主要表现是，作案人因故与家人或近亲属发生激烈争执与打骂，处于极端恐惧、愤怒、仇恨的状态，故而形成杀害妻子和家人或近亲属的恶念，并当场实施恶行，造成妻子亲人或近亲属被杀害的恶果。四川井研县彭某桃杀妻子等人案便属于典型的激情型杀妻灭门

---

〔1〕 "岳阳：刘正球故意杀人案一审宣判被告人被判死刑"，载 https://www. sohu.com/a/281980947_ 718073.

〔2〕 "济南自杀灭门案，动手前，他召集父母、妻子及两个幼子"，载 https:// www.sohu.com/a/291209089_ 220095.

〔3〕 周振杰："激情犯的基础理论与立法问题研究"，载《河北法学》2006 年第 7 期，第 90~96 页。

犯罪。聂某霞因与彭某桃闹离婚，在案发前几日带着儿子回到父母家中，之后彭某桃多次来岳父家劝说。2018 年 10 月 20 日，彭某桃先后两次来到岳父家中劝妻子回家。当天在岳父家吃午饭和晚饭时，大家依旧不让彭某桃吃饭，当晚彭某桃就只喝了两瓶自己带过来的"六个核桃"，便来到二楼房间找被聂某霞带走的结婚证和户口簿。岳父一家却冤枉他翻箱倒柜是找自家钱财而极力将其赶走。聂某松（岳父）为此打电话给大女婿龙某君"求援"。龙某君随即给彭某桃打电话过来威胁道："你在这屋头翻啥子，我要回来弄死你。"彭某桃当即火冒三丈，想和他们同归于尽，去厨房拿出一把菜刀，将手机的录音功能打开返回厕所。左手抓着聂某霞头发，右手拿着菜刀问她："到底还过不过？"她看其拿着刀还是说"不过"，彭某桃用菜刀随即从上往下砍在聂某霞的左颈项……其后，依次杀害了岳母等人。[1]该案为典型的激情型杀妻灭门犯罪，具有两方面力证：其一，彭某桃是在极端愤怒与仇恨的状态下即时作案。彭某桃杀害岳父全家是在当晚连续遭到岳父全家挤兑、威胁、决绝的情形下产生同归于尽恶念后，立即就去厨房拿菜刀实施恶行。其二，彭某桃的杀人恶念是即时产生的。彭某桃在作案前有一行为值得注意，即他拿着菜刀最后一次问聂某霞"到底还过不过"之前，他把手机录音打开了，直到作案后给二姐打电话才发现手机录音是一直开着的，他的手机记录了整个作案过程的声音，其作案恶念实属聂某霞决绝说出"不过"之后产生的。在第二次讯问中，彭某桃交代："我想把我和聂某霞的通话录下来，以后到法庭上离婚的时候可以拿出来当证据用。"由于在闹离婚期间，彭某桃一直不同意离婚，想通过让聂某霞归还之前所花彭

---

〔1〕 摘自井研县公安局刑事侦查大队对彭某桃进行的讯问笔录。

某桃的钱的方式使其"知难而退"（聂某霞没有偿还所花彭某桃
那些钱的能力），怎料聂某霞不但自始至终都矢口否认花了彭某
桃的钱，竟然还要通过法院诉讼离婚。可见，彭某桃在开录音
之前尚未产生恶念，而整个过程都开着录音的原因是，"一直都
没有想起，当时冲动起来一切都没有管了"。综上，彭某桃的作
案行为属于典型的激情型杀妻灭门犯罪。

在"大兴灭门案"中，在李某杀害自己家人的当晚，李某
的妻子王某玲因为要钱投资遭到李某拒绝而与之争吵，李某抽
出事先准备好的单刃刀将妻子等人杀害。尽管李某17岁就有弑
父念头且杀害家人所用单刃刀为事先准备，但是，李某在作案
前原本已决定故技重施像他17岁时那样离家，远走高飞再不回
来。奈何在案发前一天，父亲叫其开车带他们参加表叔的婚礼，
对其呼来唤去，还是那个态度，加上妻子要钱投资，其一下烦
了，决定杀了他们。[1]由此可见，李某之前的恶念已经消除并
采取了逃避的处理方式，作案恶念是当晚即时产生并实施的，
此案具有预谋犯罪的特点，但实属激情型杀妻灭门犯罪。

（二）两类杀妻灭门犯罪的行为逻辑

杀妻灭门犯罪为何会呈现预谋犯罪和激情犯罪两种类型？
这两类犯罪的作案人的行为逻辑有何联系与区别？类似"大兴
灭门案"的作案人在产生犯罪恶念并准备作案工具之后，因何
会先放下作案恶念其后却又激情杀妻灭门？于此，笔者将主要
依托自行设计的解析杀妻灭门犯罪行为逻辑的抗逆力模型（参
见图5-5），结合刘某球杀害岳父家人案和彭某桃杀妻子等人案
解析杀妻灭门犯罪的行为逻辑。

---

[1]　杨昌平："大兴灭门凶犯弑亲成因 李磊：重活一次不会有这事"，载http://
cn. chinagate. cn/law/2010-07/07/content_ 20443608_ 2. htm.

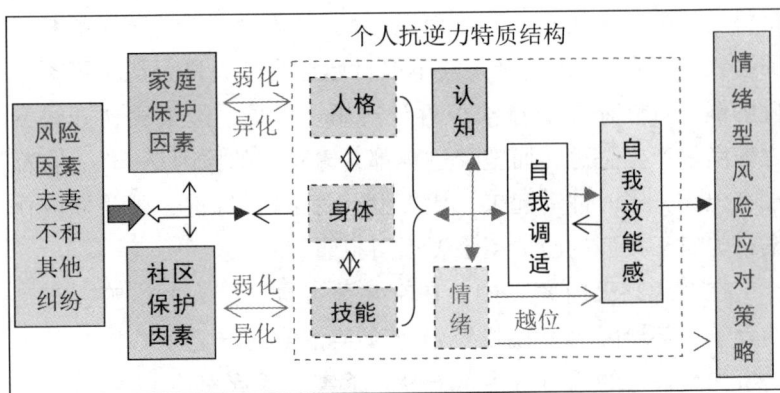

图 5-5　解析杀妻灭门犯罪行为逻辑的抗逆力模

　　抗逆力特质的交互作用线路为，身体、技能、人格、情绪通过认知进行自我调适，自我调适的结果决定自我效能感。自我效能感为充满希望和习得性乐观时，会采取积极解决问题的任务型风险应对策略；自我效能感为失望与习得性无助时，就会采取消极放任的情绪型风险应对策略。抗逆力的演化路径是"风险因素—外部保护因素—身体、技能、人格、情绪—认知—自我调适—自我效能感—风险应对策略—行为"。在抗逆力恶性重构中，致使个人采取情绪型风险应对策略的抗逆力特质交互作用线路主要有认知失效型线路和情绪越位型线路。

　　1. 认知失败型线路

　　认知失效型线路的主要交互作用过程为：遭受风险因素冲击，个人组织保护因素应对，奈何保护因素间联结弱化和异化，身体、技能、人格、情绪通过认知中的风险认知、自我认知和归因等因子作用后，自我调适决定自我效能感与风险应对策略。当个人高估风险而低估自我能力，认知出现偏差乃至偏见，致使自我调适失败，自我效能感为无助与失望状态，采取情绪型风险应对策略。认知失败型线路的演化路径是"风险因素—外部保护因素（弱化与异化）—身体、技能、人格、情绪—认知（放大风险、低估自我、偏差偏见）—自我效能感（无助、失望至绝望）—情绪型策略—行为"。

2. 情绪越位型线路

情绪越位型线路的作用过程主要有两条线路。一是越过自我效能感型：当遭受风险因素冲击身处逆境时，个人组织保护因素应对，外部保护因素与个人抗逆力特质间联结弱化和异化，身体、技能、人格通过情绪越过认知、自我调适和自我效能感直接采取消极放任的情绪型风险应对策略；演化路径为"风险因素—外部保护因素（弱化与异化）—身体、技能、人格—情绪（愤怒、恐惧、仇恨、共情断路）—情绪型策略—行为"。二是未越过自我效能感型：前面的过程与越过自我效能感型一致，只是在情绪作用后，需经过无助与失望的自我效能感，再采取情绪型应对策略而付诸行为；演化路径为"风险因素—外部保护因素（弱化与异化）—身体、技能、人格—情绪（愤怒、恐惧、仇恨、共情断路）—自我效能感（无助、失望至绝望）—情绪型策略—行为"。

（三）两类杀妻灭门犯罪的演化机理

1. 预谋型杀妻灭门的行为演化：基于对刘某球杀害岳父家人案的解析

刘某球在作案前，主要遭遇了50岁时身患严重的腰椎间盘突出、失去经济来源、与岳父家因钱经常争吵、被刘某军在头上砍了一刀、刘某年要求离婚等风险因素。他所具有的外部保护因素的状况是：与同母异父兄弟姐妹联系甚少、关系淡薄、联结近乎断裂；与前妻所生的儿子联系也较少，联结弱化；与邻居有一定联系，但经济上难以支持；与岳父家人关系一般，因礼金分配而关系断裂和异化，与妻子情感淡薄，案发前二人联结异化。

于此，主要按照刘某球所遭遇的风险因素先后次序，勾勒其抗逆力演进轨迹，厘清其抗逆力特质演化脉络，厘析其杀妻灭门的行为逻辑：

第一阶段，身患严重腰椎间盘突出与失去经济来源。抵御风险因素的内部保护因素中的身体演变成风险因素，加上他身无长技，只能靠出力气挣钱，这对原本经济拮据的刘某球冲击极大，此时由于他与家庭保护因素中的亲属联结原本较弱，难以向其提供充足的情感慰藉和经济帮助，致使情绪恶化为脾气暴躁。其认知表现为因身患严重的腰椎间盘突出，失去经济来源，自家兄弟姐妹关系淡薄，无以获得经济支持。于是，他认为妻子和岳父一家成了他经济上唯一的依靠，作为一家人，岳父家人本应帮助自己，于是他开始向岳父家讨要钱财，但囿于岳父家也穷困无法给予救济，于是经常出现与岳父家因为钱争吵的行为。

第二阶段，与岳父家因钱经常争吵。刘某球与岳父家经常争吵，这使其暴躁情绪加重，情感愈加淡薄，联结日渐弱化，认知偏差加剧，调适依旧失败，自我效能感出现无助与失望。

第三阶段，被刘某军在头上砍了一刀。刘某军好吃懒做、嗜赌成性，家里穷困，在亲戚的帮助下建成新房办酒收到一些礼金，刘某球想要分得部分礼金，而岳父家不同意，为礼金而大打出手，被刘某军砍了一刀，使其情绪中出现了对岳父一家的仇恨。在仇恨情绪的影响下，认知从偏差向偏见迈进，难以自我调适，愈加无助与失望，岳父家从刘某球的家庭保护因素演变成为风险因素。

第四阶段，刘某年要求离婚等风险因素。由于二人均为二婚，在一起仅两三年时间，刘某年一直未能生育，二人感情并不牢固。于是，在家庭经济状况急剧恶化后，刘某年选择了"大难临头各自飞"的策略，要与刘某球离婚。刘某年原本是刘某球仅有的依靠，奈何她却想离婚抛弃刘某球这个"包袱"，这无异于彻底断了他的生活念想。刘某球拒绝离婚，但是刘某年坚持离婚。于是，抗逆力跌入瓦解域。刘某年的离婚要求使其家庭保护因素断裂和异化为风险因素，邻居给予的社区保护因素微弱，其抗逆力特质状况从其患严重的腰椎间盘突出开始，各项特质开始恶化互蚀并日趋稳定固化，致使其脾气暴躁、情感孤寂、仇恨岳父家人，认知中过高估计了经济压力和离婚带来的风险，自认无力化解风险，自我调适失败，自感无助与绝望，独自难以摆脱生活困境，形成了杀害岳父家人的恶念，故而选择了情绪型风险应对策略，伺机在岳父家中杀害岳父家人。

案例5-15　2018年刘某球杀害岳父家人案[1]

刘某球和刘某年都是二婚，两三年前两人才走到一起。刘某球有一个和前妻所生的儿子，刘某年则一直未生育。刘某球的兄弟姐妹都是同母异父，关系寡淡，甚少联系。刘某球杀人后，来看望的都是邻居，他的兄弟姐妹一个都没来。

刘某年在湘阴县城餐饮店做服务员，收入微薄。2017年开始，年近50岁的刘某球患上了严重的腰椎间盘突出，平日只能靠出力气挣钱的他，因此逐渐没了经济来源，病后脾气开始暴躁。他和老婆以及岳父母一家开始有了矛盾，因为钱的问题经常争吵。

2017年，刘某春（刘某年的父亲）在其他亲戚的帮助下，拆了几十年的土坯房，盖了几间简易的砖房，新房落成时家里

---

〔1〕 蒋格伟："5.20那天，他杀了妻子一家四口——揭秘'湘阴灭门案'"，载 http://news.eastday.com/s/20180522/u1a139252 64.html。

摆酒，有一部分礼金收入，因为这笔钱的分配，刘某球与大舅子刘某军打了一架。刘某军拿刀朝刘某球头上砍了一刀，使其受伤，场面吓人。刘某军比较好吃懒做，家里穷困潦倒。几个在外经商和从政的亲戚，多次帮助过他，但每次给的钱，都被他用去打牌了。数年前，他曾"买"过一个越南新娘，但对方后来因病去世，此后便没有婚娶，也没有后代。案发前，刘某年一直要求离婚而刘某球不愿离婚。

2018年5月19日晚，刘某球住在岳父家里，趁被害人刘某军、刘某春、肖某娥等三人睡觉时，将三人杀害，并将肖某娥身上的黄金耳环取走。之后，刘某球骑摩托车到湘阴县等妻子刘某年下班，并带其返回岳父家。两人进入刘某年的卧室后发生争执，刘某球遂多次用手扼压被害人刘某年颈部致其死亡，并将刘某年身上的黄金耳环、黄金项链取走。

2. 激情型杀妻灭门的行为演化：基于对彭某桃妻子等人案的解析

尽管彭某桃之前交往过几个对象，但均"浅尝辄止"，无果而终，一直单身到36岁才娶了38岁且生育过两个孩子的聂某霞，这在四川属于典型的"农村光棍的无奈"。彭某桃之前一直单身并非因为经济条件差，先后多次出去务工，挣了钱、盖了楼房，最近几年因为种柑子和养蚕，每年收入5万元左右，这在井研县农村条件并不差。彭某桃处对象均未成功的主要原因应该是其内向执拗和不善言辞的性格。

2017年下半年开始夫妻关系恶化，经常吵架。彭某桃在作案前遭受的风险因素主要来自岳父家人尤其是妻子聂某霞造成的情感风险因素。彭某桃想与聂某霞生个孩子，但聂某霞不愿意；彭某桃爱着聂某霞，聂某霞花了彭某桃的钱，却自始至终不承认，这让彭某桃较为气愤；聂某霞与吴某平有染，时常与之聊天至半夜，彭某桃与之理论，聂某霞非但不觉得理亏，反而理直气壮地数落彭某桃，并且还要与之离婚。彭某桃的原生家庭保护因素中联结较为密切的主要是大姐、大姐夫、二姨和二姨父等人，因缔结婚姻的亲属逐渐由保护因素逐步弱化至断裂和异化为情感类风险因素。2017 年龙某君抢了彭某桃的柑子生意，案发后聂某松竟不知道彭某桃的名字，只知道他叫彭三。据此，岳父家保护因素的联结度可想而知。自 2017 年下半年二人争吵开始，彭某桃的原生家庭便无法也无力以适当方式劝聂某霞回心转意；能够劝和的岳父全家人非但不劝和，反而"添油加醋"。无奈之余，彭某桃请来社区保护因素介入，先后两次请村干部帮忙调解与劝和，即 10 日请来三名村干部调解劝聂某霞，20 日下午约 2 点和 4 点先后两次给村妇女主任致电，请她帮忙劝聂某霞回心转意。案发时，彭某桃感觉岳父一家人都排斥他、冤枉他、威胁他。此时，在执拗的性格、愤怒与仇恨的情绪支配下，彭某桃顿感挽回婚姻无助与绝望，抉择了情绪型风险应对策略，激情杀害岳父一家。

案例 5-16　2018 年彭某桃杀妻子等人案[1]

彭某桃，男，1978 年出生，四川省井研县胜泉乡竹林村人，排行第三，有两个姐姐，父母先后在其 15 岁、29 岁时去世。其后，跟着邻村的大姐家生活，性格内向不善言辞，不喝酒、偶尔抽烟、喜好打牌。据其牌友说，彭某桃牌品较好，无论输赢，从不张扬乱说。2014 年，与聂某霞（1976 年出生，性格要强、脾气较大，2010 年前夫死于车祸，育有一女一子）打牌认识，2015 年 6 月二人开始同居，在 2016 年 10 月领结婚证。在麻将

---

〔1〕 摘自井研县公安局刑事侦查大队对彭某桃进行的讯问笔录。

馆流传出聂某霞私生活的流言蜚语，"在前夫死后不到半年便于其他男人在一起，与彭某桃婚后在外面还是有男人"。2017年底，聂某霞经常与吴某平（聂某霞的男同学，住在竹林村）微信聊天，聊得十分暧昧，时常聊到半夜也不回避彭某桃，因此事二人经常吵架。

2018年10月5日晚，因为半夜聂某霞仍在与吴某平聊天，夫妻俩吵架分房睡，第二天聂某霞带着儿子回到父亲聂某松家中居住。10月10日左右，聂某霞来彭某桃家中拿衣服，彭某桃请了三名村干部来家中帮忙调解，想劝聂某霞不离婚搬回家住，调解了一个多小时，聂某霞也未松口。20日，彭某桃想把聂某霞带回家，所以早上听了关系较好的牌友买些礼物、放低身板、好言相劝的建议，在街上买了三斤多猪肉、一箱"六个核桃"和一条紫云烟带去岳父家里，以便找个台阶，大家和好。晚上，彭某桃在房间找户口本和结婚证的时候，被漆某琨（聂某霞与前夫所生儿子）看见并告诉他外婆，说彭某桃在翻家里的金银财宝，聂某松将此事打电话告诉大女婿龙某君，龙某君随后便给彭某桃打电话，说要弄死他。彭某桃立刻就被彻底激怒，当时想着，"你要弄死我，我先弄死你们"。案发当天，彭某桃窝了一肚子火，原本是去劝聂某霞回家的，但是岳父一家人中午和晚上都不让他吃饭，并且一家人冤枉彭某桃翻他们的金银财宝，加上劝聂某霞的时候，她依然不承认用了彭某桃的钱，也拒绝复合。于是，彭某桃便去厨房拿着菜刀将聂某霞、岳母、漆某琨、龙某君杀害，聂某松重伤。

（四）杀妻灭门犯罪的行为理路

刘某球和彭某桃二人作案后，在羁押期间，亲属的行为迥异。刘某球的兄弟姐妹均未去看望他，彭某桃的姐姐和姐夫、二姨和二姨爹等人多次前去看望，彭某桃留给姐姐的钱被姐姐、姐夫给了受害者及其家属，足见二人原生家庭亲属间联结度迥异。此外，彭某桃的大姐和大姐夫当晚得知彭某桃杀人，多次叫他打 120 和去自首。据此可知，彭某桃的原生家庭亲属较为淳朴善良，遭遇来自婚姻的情感风险因素，其原生家庭方面的保护因素难以有效介入，其作案前抗逆力急剧瓦解，缺乏足够时间和空间让外部保护因素有效介入干预，其个人抗逆力特质作用线路步入情绪越位型线路，无法让其自我调适介入。故而，其在愤怒的情绪支配下瞬息采取了情绪型风险应对策略，立即便去厨房拿菜刀行凶。

预谋型杀妻灭门作案人的抗逆力恶化耗时较长，恶化趋势相对较为平缓，较之于激情型杀妻灭门案的作案人，单次风险因素的冲击力更弱，往往会在遭遇经济、身体、情感等多重风险因素后抗逆力才会跌入瓦解域。抗逆力瓦解后个人抗逆力特质相对稳定、固化，在其稳定、固化之前，有力的保护因素适时适当介入干预，使抗逆力特质优化趋于良性的效果较好、难度更小。反之，如果保护因素介入干预时机方式不当，则会进一步固化与恶化抗逆力特质。若任由抗逆力长时间处于瓦解域，待时机恰当，便会促发其作案，故而预谋杀妻灭门犯罪是由作案人的抗逆力长时间处于瓦解状态促发的。激情型杀妻灭门作案人的抗逆力恶化时间较短，恶化趋势较为迅猛，极易被单次风险因素击溃而跌入瓦解域，瓦解后缺乏有效外部保护因素及时介入干预，则极易因情绪支配而快速采取情绪型风险应对策略，将妻子等亲属杀害。激情型杀妻灭门犯罪的作案人是抗逆力骤然跌入瓦解域，有力的保护因素及时适当介入干预，极易促使其抗逆力特质优化并趋于良性。激情型杀妻灭门犯罪作案人便是在抗逆力骤然瓦解时，缺乏有力保护因素及时介入，使其惊慌失措任由情绪发泄而冲动杀害妻子等亲属。

家庭保护因素转变成的风险因素较之普通风险因素对个人的冲击更大，加之个体抗逆力特质恶化，极易使其处于"内忧外患"与"孤立无援"的境地。当其抗逆力跌入瓦解域时，认知中的归因便会发挥作用，个人按照"冤有头债有主"的逻辑，将自己的无助与绝望归因于岳父家人，因此选择了情绪型风险应对策略，杀妻灭门。

小　结

个人极端暴力犯罪作案人遭遇风险因素冲击，促使其作案的核心因素是其个体抗逆力特质"溃散"。归根结底便是，其在负面情绪和认知偏误等影响下，自我调适失败，致使其自我效能感跌至无助与绝望，或者是情绪"越位"直接导致其自我效能感"触底"。于是，在深思熟虑或慌乱之余抉择情绪型风险应对策略，最终以风险因素施加者及其替代者（作案人并不熟识的无关人员）为侵害目标而痛下杀手。梳理案例可以发现，个人极端暴力犯罪表现形态各异，需从各个侧面观之方能细致明晰个人极端暴力犯罪的发生机理。在个人极端暴力犯罪类型中，以系列连环杀人和职业领域内作案的社会危害最甚，婚姻情感纠纷和精神病引发作案呈"高发"态势，务须高度重视，亟须密切防治。

第六章

个人极端暴力犯罪治理策略

　　根据个人极端暴力犯罪的作案人抗逆力演化规律、作案条件与作案特征等情况，着力采取"矛盾根源治理、风险及时化解、环境彻底涤清、起势妥善处置"的个人极端暴力犯罪防治策略。依托社区和学校，培育个体抗逆力，打造三层抗逆力互构防御体系；基于个体抗逆力，构筑个人极端风险势能模型，改进个人极端风险监测化解机制；规范暴力犯罪类警情通报，阻断暴力信息滋生传播渠道，净化暴力信息存续弥散环境；在学校、车站、机场、住宅等重点场所和公共交通工具等极端风险敏感受体，织密高风险场域防控网络；整合各方应急处置，有机组建多元联动体和科学打造联勤警务站，健全应急联动处置机制。

第一节　打造抗逆力共同防御体系：三层互构

　　整合社区、学校、家庭和个人等各界优势力量，打造宏观、中观、微观三层共同互构的抗逆力防御体系（参见图6-1）。宏观上筑牢外层防御圈，巩固学校和社区联盟，整合社区抗逆力与普及学校挫折教育，炼造安全治理载体，培育韧性素养，营造社会互助氛围；中观上锻造防御圈，提升家庭抗逆力，稳固社会细胞；微观上锻炼坚强核心防御圈，训练个体心理弹性，优化个体互益特质。

一、巩固校社联盟：营造互助氛围

（一）整合社区抗逆力、炼造安全防护载体

依托社区村庄和单位学校，分别从社会层面和个人层面倡导与尊崇社会主义核心价值观，改善个体与邻里、同事、同学、老师、朋友之间的关系，形成"一人有难、众人支援"的社区互助帮扶氛围。当个体风险应对能力不足时，社区可为其提供有效的支撑。对于作为人们生活共同体的社区而言，其体现了本地可接近性和团结性行为的优势[1]，尤其是面对突发性风险冲击时，社区的这种优势能极大地增强个体的抗风险能力。可从培育社区凝聚力、促进社区多元治理、规范社区参与秩序和增进居民交流信任等方面整合社区抗逆力。

1. 培育社区凝聚力

社区凝聚力越强越有利于支持个体积极应对风险。加强培育社区凝聚力需要营造良好的社区氛围，良好的社区氛要以居民在日常生活中形成的信任、互助和归属感为基础。社区应组织形式各异的活动，促进社区居民密切交往，拉近居民间的心理距离，增强居民间的联系纽带，为个体应对风险夯实社区基础。培育志愿互助精神，促进社区形成互助文化，鼓励、支持、引导社区居民积极参与志愿活动，构建邻里之间的关系网络，改善社区人文环境。健全社区参与机制，发挥个体在社区治理中的主体作用，拓展居民社区参与的广度和深度，拓宽居民参与社区建设平台，不断增强社区自治功能，持续激发个体参与

---

〔1〕 Barry Wellman and Barry Leighton, "Network, Neighborhoods and Communities: Approaches to the Study of Community Question", *Urban Affairs Quarterly*, 1979, 14 (3): 363~390.

·204·

社区治理的积极性与主动性，促进社区居民增强社区归属感，进而提升社区凝聚力。

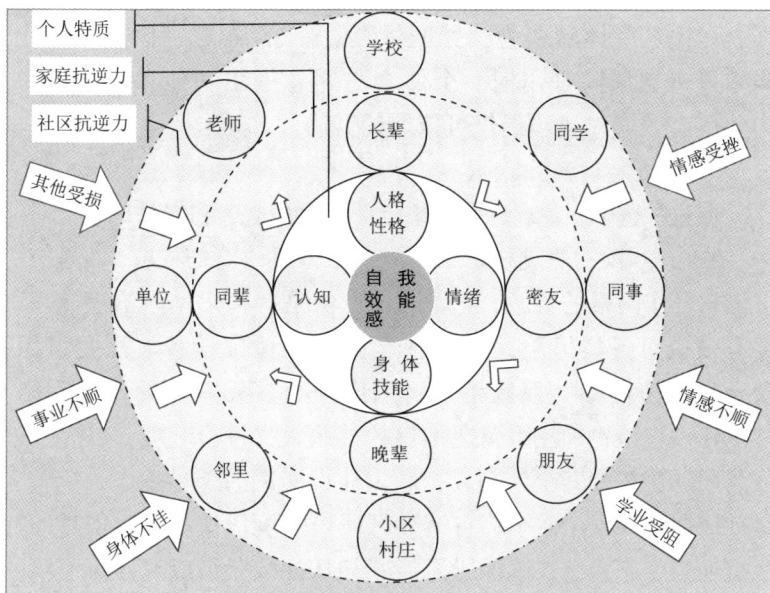

图6-1 三层保护因素互构防御体系"过滤"风险因素图示

2. 增进居民交流信任

增加居民交流信任和规范社区参与秩序有利于社区治理，提升社区治理质效。促进社区居民交往互动，形成并增加彼此信任感，当个体面对逆境挫折时，可进行相互理解与帮助，促进个体获得更广泛的非制度性社会支持，增强社区抗逆力基础和影响。增强社区抗逆力需要和谐互动互助的氛围，借助以点带面的方式形成纵横交织的信任关系线路网络。只有在社区居民相互信任的基础上，个体才能在风险应对过程中获得更多邻里积极主动给予的理解和支持，社区居民才会积极响应社区的号召，积极参与社区治理，形成自治氛围。要提升社区抗逆力需要增强社区居民之间的各类联结，在社区内形成联系紧密的居民关系网络。促进社区居民间的信任、互助和归属感持续增强，居民从个体转变为"共同体"，主动承担起社区建设责任，当邻里遭遇风险冲击时，个体会更愿意做出利他和互助行为，为邻里有效应对风险提供可依靠的臂膀。

3. 促进社区多元治理

促进社区多元治理有利于整合社区优势遭遇和提升风险应对能力。在全球风险的管理过程中不应过于依靠政府的权威，而是应更多依靠合作网络的权威，全球治理更像是一种"网络治理"[1]。要有效应对各类风险，需要社区村庄、单位学校、社会组织、公众平等协同参与风险治理，形成一个多元共治的协同网络。社区建设应该更加注重营造优良的社区人文社会环境，以守护社区居民的健康和安全为初衷，倾力建设居民的邻里生态系统。立足社区居民的安全需求，打造社区居民高度信任和赖以依靠的社区抗逆力生态系统。确保居民能感知从社区获得应对挫折逆境的支持，促使理性选择科学合理的风险应对策略。由于个体的安全需求多元且多变，要提升社区抗逆力需要多元主体的参与。因此，要广泛调动社区抗逆力建设主体的积极性，使其共同致力于社区风险治理，以便社区居民在风险应对过程中增加邻里互信互助，推进个体和社区的可持续发展，炼造社区和居民安全防护载体。

（二）加强挫折教育、培育韧性素养

个体的挫折应对能力主要在其青少年时期养成，故而在其学习成长阶段，要加强挫折教育，培育个体韧性素养，增强"逆商"。挫折教育的本质就是引导受教育者正确地认识失败，

---

〔1〕 林丹:《乌尔里希·贝克 风险社会理论及其对中国的影响》，人民出版社2013年版，第193页。

辩证地看待失败，正确进行失败归因，将失败带来的负面效应降到最低，并从中汲取积极的养分，超越失败，迈向成功。[1]当今社会，青少年长期成长于父母精心营造的环境中，如温室中的花朵般极少经历风雨，成长于顺境中，其应对学业压力、亲子冲突和情感困惑等挫折的能力不足，因此要提升其韧性素养，继续加强挫折教育。

将挫折教育纳入素质教育范畴，构建家校社一体化挫折教育共同体。家庭、学校和社会应统一素质教育理念，畅通家校社协同培育青少年应对挫折逆境的渠道，建立健全家校社协同育人机制。家长和教师要敏锐察觉和准确判定青少年陷入挫折时的心理状态，持有同理心去引导青少年适时、适当、适度地宣泄负面情绪。培育安全感是应对挫折的法宝，家庭和学校要为孩子提供安全的避风港。加强青少年心理危机干预，需要家校社协同解决青少年抗逆力不足等问题。父母和教师要保持从容稳定的情绪状态，让青少年有底气和信心正视挫折，而非独自无助地承受挫折逆境，消解他们在遭遇挫折时产生的焦虑、迷茫、恐惧、绝望等情绪。不能正确认识挫折而产生挫折心理，是付诸极端行为的重要原因，要加强挫折教育、培育韧性素养。树立意志坚强的榜样、锤炼坚忍的意志品质，强化榜样的力量，运用成功应对挫折的事例教育他们，使其在逆境中振作精神，变压力为动力。[2]

父母和教师对挫折的态度、理解与判断，会直接形塑青少年的挫折认知观。需要让青少年从小明白挫折是人生常态，认

〔1〕　于林平："论挫折教育的本质"，载《南京社会科学》2007年第2期，第120～123页。

〔2〕　袁希："挫折教育与大学生犯罪原因探析"，载《重庆大学学报（社会科学版）》2017年第4期，第138～143页。

识不如意之事十有八九，要敢于直面挫折。挫折会积累经验，应对挫折摆脱逆境的经历越丰富，其情绪自控力就会越强。教师要让学生在应对挫折的过程中不断学会攻坚克难、挑战自我，培植学生摆脱逆境的成就感和自信心，逐步锻造坚忍不拔的品格。通过挫折教育让青少年树立每个人遭遇挫折逆境是不可避免的理念，让其端正面对挫折的态度。正确认知挫折与自我，树立正确的挫折观；合理创设挫折情境，加强抗挫意志磨炼；多渠道普及心理知识，帮助学生学会自我调适；多学科融合，丰富教育途径；注重教育示范，增强学生战胜挫折的信心。[1]提升青少年应对升学压力、亲子矛盾、人际冲突、情感创伤的能力，助其消除挫败感。

创造机会多让青少年去磨砺挫折，激发青少年适应和摆脱逆境的正功能。实施挫折教育的主要思路为以课堂教学为主渠道、抓好学生喜闻乐见的课外活动。在课内，教师可以创造"情境式""挑战性"教学，适当设置障碍因素，引导青少年在特定的环境中应对挫折；在课外，可组织青少年尝试诸如野外生存训练营类磨炼耐受力的拓展训练，让其遭遇和克服各类不同的困境和挑战，充分锻炼与提升其韧性。在课堂教学中利用教材中不惧艰险、勇克困难的内容进行引导。根据学生的年龄和喜欢课外活动的特点，拟定切实可行的教育目标和教学内容。从学生层面来说，抗挫折的主要措施有正确认识自己、正确看待挫折、不惧怕挫折；从小事做起，积累成功经验；掌握知识资本，培养自信心；变消极为积极，保持乐观情绪；发挥主观能动性，有效自我监控。[2]适度的受挫经历有利于培养孩子对

---

〔1〕 方鸿志、李辰娟："大学生挫折教育研究综述"，载《中国青年研究》2014年第6期，第102~105页，第110页。

〔2〕 吴小兰："初中生挫折教育现状及对策研究"，苏州大学2011年硕士学位论文。

困境的适应能力，可为青少年创设挫折逆境，供其锻炼。家长要鼓励孩子勇于接受挑战，对其严格要求，避免过度保护。

二、锻造家庭抗逆力：稳固社会细胞

家庭抗逆力，可为困境个体提供坚实的"避风港"和"缓冲器"，避免其产生无助感。家庭抗逆力可以很好地解释面对相同的逆境，为何不同的家庭适应状况参差不齐。[1]家庭抗逆力的架构包括家庭信念系统、家庭组织模式和家庭沟通过程三个关键要素。其中，家庭信念系统是家庭功能的核心，家庭信念系统包括赋予逆境意义、克服逆境的正面展望、超越与灵性。家庭组织模式是"危机冲击的缓冲器"，包含弹性、联结、社会与经济资源。家庭沟通过程有利于促进相互支持和解决问题，包括清晰、坦诚的情感分享，合作解决问题。[2]因此，可从筑牢家庭价值观念、优化家庭结构形态、改善家庭沟通支持、增强家庭联结网络等方面锻炼家庭抗逆力。囿于家庭结构形态相对难以改进优化的特性，主要受制于家庭价值观念和家庭沟通支持，加之家庭联结网络主要由前三者共同决定，为此主要从筑牢家庭加之观念和改善家庭沟通支持两个方面锻造家庭抗逆力。

（一）筑牢家庭价值观念

塑造符合时代和个体需求的家庭价值观念，要着力引导全民养成健康向上的婚姻观、扶养观、规则观、利益观等家庭价值观念。家庭核心价值源于家庭关系社会性结成的现实需要和

---

〔1〕　C. D. Bethell, N. Gombojav and R. C. Whitaker, "Family Resilience and Connection Promote Flourishing US Children, Even Amid Adversity", *Health Aff*（*Millwood*）, 2019, 38（5）：729~737.

〔2〕　［美］Froma Walsh：《家庭抗逆力》，朱眉华译，华东理工大学出版社2013年版。

家庭文化历程的更新积淀，并可以作为认识家庭关系、家庭生活、家庭情感、家庭责任、家庭文化、家庭伦理道德和家庭幸福等全部家庭问题的"逻辑起点"；家庭核心价值是维系家庭关系的向心力、家庭文化的命根子、家庭伦理精神的精气神、家庭道德生活的主心骨。[1]筑牢优良的家庭价值观念需要个人、家庭、学校、社会同心协力，方能有效提高家庭成员的道德情操，养成积极向上的家庭生活观念，充分发挥家庭价值观念在日常生活中的规范与指导价值。家庭价值观念作为家庭的特质文化和制度规范的基础，需要家庭成员遵循。家庭核心价值作为家庭伦理道德的内在主心骨，对于更新现代家庭生活、现代家风家训、现代家庭教养和育人责任感等都具有直接的辐射带动作用。[2]加之和谐团结是家庭幸福的首要因素、敬老爱幼相互扶助为应尽义务、终身婚姻观等核心价值观为大多数人的普遍认同。[3]当代中国家庭核心价值观的基本内容为夫妻亲爱、代际孝慈、居家勤俭、邻里和睦。[4]为此，家庭价值观念应汲取"孝道、关爱、诚信、责任、友善"等理念的营养，以优化家庭价值观念的内涵。

　　家庭成员根据价值认同规律，强化对家庭价值观念的认知认同。需要通过家庭成员一致采取内化和外化的方式相互作用、相互配合，共同强化家庭价值观念认同。每名家庭成员均需先

---

　　〔1〕　漆仲明："现代家庭核心价值研究"，载《山东社会科学》2015年第2期，第38~44页。

　　〔2〕　漆仲明："建设家庭核心价值 发挥家庭德育功能"，载《思想政治课教学》2015年第11期，第4~7页。

　　〔3〕　徐安琪："家庭价值观的变迁特征探析"，载《中州学刊》2013年第4期，第75~81页。

　　〔4〕　曹婕："当代中国家庭核心价值观研究"，兰州财经大学2017年硕士学位论文，第27~36页。

深刻理解所在家庭的价值观念的内涵与要求，并达成一致认可的意见。家庭成员将家庭价值观念内化于自身的意识理念中，并通过家庭日常生活等外在行为遵从和维护之。要内化家庭价值观念需要具备两个条件：一是家庭价值观念必须适应时代，能根据家庭所处时代环境适时更新和改进，使之符合社会和个体的需要。这要求家庭价值观必须是正向的，是国家和社会所倡导的价值观念。家庭核心价值观在每一个家庭成员内化的过程中应根据家庭需要、具体对象的实际情况等进行多样化、具体化、多层次的渗透。二是家庭价值观念必须符合家庭成员的实际情况，并受个体认可和坚持，即要以"思想水平、心理状况、需求状况为基础，在认同的方式上进行新的突破"[1]。

　　家庭成员要做到正确审视自己、严格要求自己，在日常生活中持续优化认知和增强认同。自觉遵从和践行家庭价值观念是家庭成员将其"内化于心和外化于行"的最佳方式。只有通过家庭成员共同在家庭生活中的实践与检验，才能有效将其内化为个人的品德与习惯。自我实践的目的和功效是，借助家庭成员共同的家庭生活与相互学习，家庭成员间磨合后实现和睦共处，一起形成和形塑优良的家庭观念、核心价值和道德品质，营造和谐、温馨的家庭氛围。如果家庭成员的意识行为有违家庭价值观念，家庭成员应诚心、细心、耐心、及时且准确地引导和帮助家人进行审视与调节，让其按照家庭核心价值观念的精神意愿和规则要求约束和更正意识行为。

　　需要"家校社"共育同行。家庭教育要结合学校教育和社会教育，三者相互配合、共同努力。党的十八大提出，要动员全社会各方面的力量，努力营造良好的社会氛围，培养公民的

---

[1]　刘铮、刘新庚："社会主义核心价值观实现路径探索"，载《求索》2011年第9期，第122~123页，第135页。

基本道德素质，促进和谐社会良好新风尚的形成。[1]这需要家庭、学校、社会共同协作，全民积极参与践行社会主义核心价值观。父母言行表现出来的素养品德会深刻影响孩子"三观"的形成。在家庭中，父母应该以身作则，着重培养孩子的道德品质，督促孩子从小自觉养成优良习惯。学校不仅要传授孩子科学文化知识，更要从"德智体美劳"等方面全面培育孩子。要从社会层面引导青少年形成社会主义核心价值观、社会公德和正能量。

(二) 改善家庭沟通支持

家庭沟通的核心内容为亲子沟通与夫妻沟通。可从情感交流、经济支持、问题解决等方面改善家庭沟通和支持状态。积极的家庭信念是家庭抗逆力生成的内在动力，良好的沟通会增进情感表达与同理，并促进家人合作，联结扩大家庭视野，为家庭获取更多资源，为抗逆力持续发展提供保障。[2]影响亲子沟通质量的主要因素有：父母的沟通能力限制亲子的沟通质量；传统的家庭分工模式和性别角色意识造就亲子沟通质量指向；家庭系统协调性影响亲子沟通质量发展；农村环境限制亲子沟通质量的提高。[3]家庭沟通质效主要受家庭成员的沟通意愿、沟通方式、沟通能力、沟通环境等因素的影响。其中，沟通意愿是动力、沟通能力是关键、沟通方式是支撑、沟通环境是保证。伴随学习工作生活节奏加速，人员流动性增加、个人独立性增强和娱乐消遣方式增多，部分家庭的沟通次数少、频率低、

〔1〕 "坚定不移沿着中国特色社会主义道路前进 为全面建成小康社会而奋斗"，载 http://politics.people.com.cn/n/2012/1109/c1001-19529890.html.

〔2〕 华红琴、曹炎："信念、沟通与联结：自闭症儿童家庭抗逆力生成研究"，载《社会工作》2019 年第 3 期，第 28~40 页，第 110 页。

〔3〕 黄琦："农村留守儿童家庭亲子沟通质量研究——以湖北省某村 A 小学为例"，天津师范大学 2020 年硕士学位论文。

时间短。只有在夫妻沟通和亲子沟通均和谐一致时，家庭沟通才能较为积极有效。为此，需从家庭的夫妻等横向和亲子等纵向着手，方能改善家庭沟通质效。

1. 提高沟通意愿与频率

提高家庭成员沟通意愿、次数、频率、时间是改善沟通质效的基本保证，沟通意愿在主观上影响乃至决定着沟通的过程和结果。当家庭（家庭成员）遭遇风险因素冲击、影响个人或家庭正常生活时，家人之间应该积极主动地给予关心关爱和沟通交流。家人应该共同努力拓宽沟通渠道，可以尝试通过"线上线下""家里屋外"等多种大家喜闻乐见的方式，将交流沟通置于兼具传统与现代、正式与非正式、严肃且诙谐的沟通方式中，拓宽家人的沟通交流渠道。亲子间可通过游戏、绘画、参观等亲子活动进行沟通，夫妻间可通过共同做饭等家务活动、注重生活仪式、外出旅行等方式进行活动式沟通交流，尤其要避免"冷战"式和"冲突"式沟通。因求学和就业而未长期共同生活的亲子、夫妻则应多通过电话语音和微信视频等方式增加沟通次数，将电话网络沟通演化为生活日常的一部分，养成愿与家人沟通的习惯。

2. 提高表达与沟通能力

沟通能力主要由个人素养决定。良好的家庭沟通是夫妻、亲子间在沟通过程中、父母在与孩子沟通的过程中会主动询问理解对方和表达阐明自己的想法、处境、情绪、认知和风险应对计划等，以便家人能明晰彼此的意见，避免和消除误解误会。良好的沟通能力需要兼具良好的表达能力和倾听能力。家人在沟通过程中要善于用家人易于理解的表达方式阐明个人意见，防止"言不由衷"和"言非所愿"等情形。表达者要善于通过"镜中我"和"社会我"等方式客观准确地感知家人对自身的评价，以及准确表达自我意识。在家庭沟通过程中要善于在倾听中捕捉有效信息，以便理解家人的真实处境与想法。在倾听时，要避免以自我为中心而不顾及倾诉者感受，应以受挫的家人为中心，尽可能明晰客观事实、切身感受、真实意愿。防止囿于表达能力和倾听能力不足，在家庭沟通中误解家人，致使家人形成误会偏见。在家庭沟通过程中，还应提高沟通开放性，对家人的想法要有较高的容忍度与接受度，无论认可对方说法与否，均应耐心倾听和让家人充分表达，避免中途扰乱对方。要有同理心，学会与家人共情，在家庭沟通时最好能达成共情状态，要善于设身处地从家人的角度考虑问题，尤其是家人在生活、学习和工作等方面"出问题"时。如"积极倾听"是有效帮助孩子解决问题的重要途径。当孩子遇到困难时，父母应该学会倾听孩子的内心，并通过语言、动作等多种方式给予孩子积极的反馈和评价。家庭亲子间需要提升主动沟通的能力、提升沟通技巧性的能力、提高沟通频率的能力和提升丰富亲子沟通内容的能力。[1]

3. 改进沟通偏好与方式

家庭沟通方式主要由家庭结构形态、家人关系、个人偏好等因素决定。家庭沟通质效最佳的方式是兼具"问题偏好"与"关系偏好"的方式。成年男性更青睐于解决问题的沟通方式，成年女性则更偏向以沟通来增进情感。沟通时要注意把握好"问题偏好"与"情感偏好"之间的度，如此才能实现高质效的家庭沟通。对于"问题偏好"方式，当家人遇到问题时，沟通应有针对性，要冷静、理性地分析问题，对家人遭遇的不同问题境遇，应运用灵活的沟通方式，注意表达和倾听策略，拓

---

[1] 邓杰："农村留守儿童家庭亲子沟通能力提升的小组工作介入研究——以芜湖市 D 村为例"，西北民族大学 2021 年硕士学位论文。

宽沟通渠道。对于"情感偏好"方式，与家庭沟通时，应持包容、热心的态度，诚心表达和耐心倾听，给予家人正向的反馈和回应，注意适时调整沟通方式。无论是何情形，不带批评地表达自己的"观察、感受、需要、请求"是非暴力沟通的关键步骤。[1]

在家庭沟通中，在夫妻间等代际内和亲子间等代际间，即便是同一个家庭，两人私下沟通和家人共同沟通，其适用的沟通方式都会有所区别，适合不同家人之间的沟通方式也是不同的，而且家人沟通要解决的问题也有差别。传统的沟通方式已经难以满足家人日益多元化的沟通诉求，故而应拓宽沟通渠道和改进沟通方式。在家庭沟通过程中，要避免过于偏重"问题偏好"或"关系偏好"中的一种方式，以免陷入家庭沟通的恶性循环怪圈。在家庭沟通的过程中，要用真诚、平等、友善的言语来表达和回应，才能在沟通中寻得解决问题的办法。

4. 优化家庭沟通环境

家庭沟通环境主要由家庭社会处境、家庭结构形态和家人关系等因素决定。良好的沟通环境有利于家庭沟通，恶劣的沟通环境则会阻碍家庭沟通。家庭的社会处境主要是指由家人的经济条件、文化水平、政治面貌等因素共同决定的社会地位及其家庭发展态势（向好、向坏、保持现状的可能性）。家庭发展态势向好、家庭成员团结一心时，家庭沟通环境的不利影响通常较小；家庭发展态势向坏时，对家庭会会造成冲击破坏，其对家庭沟通环境的影响较大，容易产生负面效应。当家庭面对风险因素冲击，家人间产生矛盾和冲突时，家人应摒弃嫌隙隔阂，真诚勤奋地努力改善家庭社会处境、改进家庭结构形态和

---

〔1〕　〔美〕马歇尔·卢森堡：《非暴力沟通》，阮胤华译，华夏出版社 2018 年版，第 25 页。

密切家人关系。家庭是家人生活和亲情的共同体，"一荣俱荣、一损俱损"，当家人遭遇经济和情感等问题时，无人能独善其身，家人应及时、适当地给予家人支持。家庭氛围的稳定与和谐对孩子未来有着深远的影响，家庭成员都是平等且独立的沟通者，要着力营造乐观积极、互相尊重、民主和睦、勤奋好学、情绪稳定的家庭氛围。此外，还应积极寻求外界积极力量的支持。从社会层面，健全社会支持体系，充分挖掘并利用社区资源，便于及时为需要的家庭提供适当的支持。

三、训练抗逆力特质：优化互益特质

为了便于组织实施和扩大抗逆力训练实效，主要应对两大类人群进行抗逆力训练：学校组织在校学生训练，对特定职业领域从业人员进行培训。个体抗逆力特质在成年之前的可塑性最强，对其开展科学合理的抗逆力训练，既可优化抗逆力特质，也可优化抗逆力特质的结构理路；成年人的可塑性偏弱，对其进行抗逆力训练旨在疏导心结，改进抗逆力特质的结构理路，其优化抗逆力特质的效果较为有限。受制于人员职业分布广泛，要对其大范围组织抗逆力培训难度极大。而且职业领域内个人极端暴力犯罪具有作案直接、诱因简单、施暴行为征兆性弱、作案对象无辜被害、作案危害后果严重等特点。[1]为此，应主要对学生和特定职业从业人员这两类群体进行抗逆力特质训练。

（一）在校学生训练

可根据学生个体差异等情况，采用表6-1中培养学生抗逆力的策略，综合使用"另一个3R"训练方案、心理弹性训练法、六策略训练计划、"共创成长路"训练方案、"成长的天

---

〔1〕 王飞："职业领域内个人极端暴力犯罪分析——以15起案件为例"，载《山东警察学院学报》2020年第4期，第94~100页。

空"训练方案等，分门别类地组织学生训练，以期塑造和优化学生的技能、情绪、人格、认知、自我调适、自我效能等核心抗逆力特质及其结构。

其一，应用注重培养学生的推理能力和责任感的"另一个3R"训练方案，可教会学生独立、有效克服困难的能力。其二，推行"共创成长路"的教学实践，旨在透过全面培训活动，引导学生有效与他人沟通交流，让其树立积极向上的信念、清晰的是非界限和明确的成长目标，全面培养学生的综合能力，促进学生德、智、体、美、劳全面发展。其三，针对学生在成长过程中难免会遭遇的心理问题，应用"成长的天空"训练方案，可较有效地根据个体差异，寻得解决问题、克服逆境的办法，并根据学生的成长需要和特性，有针对性地制定训练计划。其四，"六策略训练计划"需要做好六个方面：一是在校园组织活动时，要平等地给每名学生参与机会；二是要对所有学生都有信心，始终保持高度的期望值；三是要营造和谐和积极向上的学习氛围，促进师生之间、同学之间和班级之间互助互爱；四是坚决抵制社会负面信息，让学生对学习和生活充满美好的愿景；五是每个班级要在教师的引导下，鼓励学生参与制定大家认可和遵从的班规班纪；六是教师要潜移默化地多向学生传授积极生活、学习和工作的思想、技巧和能力。

心理弹性训练法主要是针对挖掘和提升个体心理弹性潜能的一种途径，是一项有目的、有计划、有技巧的心理教育活动，整个实施过程复杂而细致，需要经过专业培训人员的实施才能发挥其良好功效。[1]心理弹性训练法以著名的国际心理训练研

---

〔1〕　瞿晓理："'心理弹性训练'干预大学生自杀行为的实验研究"，载《东华理工大学学报（社会科学版）》2013年第2期，第181~185页。

究计划"我有""我是"和"我能"策略为基础。[1]其中,"我有"可帮助学生学会客观梳理自己所拥有的优势资源和外部支持,提高自己的安全感和受保护感;"我是"可帮助学生发现和开发自身的态度、信念等积极力量;"我能"可帮助学生习得具有恒心、幽默的沟通技巧和人际交往能力,以及分析和创造性解决问题的能力。在该训练法中,在应用传统的情绪"宣泄"手段基础上,融入了"冥想练习""快乐体验"等项目,多元化使用积极心理学中的有效方法,提升学生的积极情绪水平。在积极心理学的指引下,基于积极的优势视角,制定系统、完备的心理弹性训练体系,着重引导和培塑学生心理积极发展。

表6-1 培养学生抗逆力的策略

序号	关键环节	培养策略
1	明晰稳定界限	(1)学校制定并强力以关爱为主的制度规范,弱化惩罚; (2)引导学生积极参与制定学校的奖惩条款; (3)持续强化宣传制定规范; (4)促使家庭教育与学校教育有机同步衔接; (5)让学生树立是否观、明确是否边界、保持头脑清醒。
2	传授生活技能	(1)循序推进学生掌握自控、自律、合作、沟通等克服困难和适当发泄情绪的技能; (2)确保学生真实理解、掌握、应用技能; (3)鼓励、支持、引导学生提出自己希望掌握的技能,并使之掌握。

〔1〕 E. H. Grotberg, "The International Resilience Project: Findings, from the Research and the Effectiveness of Interventions", Paper Presented at the 54th Annual Convention, *International Council of Psychologists*, Banff Canada, July, 1996: 24~28.

续表

序号	关键环节	培养策略
3	增进师生联结	（1）组织学生参与集体活动，促进学生间相互交流学习，形成相互鼓励的友善同学关系； （2）鼓励、支持、引导父母通过家校协作和亲子活动参与学生教育； （3）营造民主学习氛围，增进师生互信，构建民主和谐的师生关系。
4	给予关爱支持	（1）教师要公平和平等地关注、关心、关爱每位学生； （2）教师要经常耐心、细心地倾听学生的烦恼； （3）鼓励、支持、引导学生参与正向行动，肯定和表扬他们的积极力量； （4）及时、适当地支持学生面对和化解危机。
5	打造学习环境	（a）强化合作训练、适当竞争、杜绝敌对； （b）运用优势视角看待学生，禁止恶言中伤学生； （c）防止产生放弃任何学生的想法和举止，切勿让学生产生被抛弃的感觉； （d）鼓励、支持、引导学生做课堂的主人； （e）禁止给学生贴标签、取绰号，包容每名学生的独特个性； （f）将校园和教室打造为各类学术均能和谐共处的乐园。
6	促进挑战	（a）提供资源和创造机会，鼓励学生完成挑战性任务； （b）开设提升学术自信、创新、耐力等课程； （c）鼓励学生进行自我管理，提供团队管理岗位。

（二）从业人员培训

对于特定职业领域的从业人员，主要依靠从业人员的单位购买专业培训服务和聘请专业人士等方式，组织员工（以下称为学员）进行抗逆力培训。根据成年从业人员的个体和职业特点，可综合采用认知心理行为训练法、极限心理行为训练法、暗示心理行为训练法、情境心理行为训练法等心理行为训练法。实施想法与情感连接、挑战错误思维意念、认知行为训练、自信与人际交往训练、行为矫正练习等训练科目。可采取主题游戏、角色扮演、个案分析、头脑风暴等方式，引导学员全身心参与和沉浸到训练情境中。在施训之前要对部分参训学员进行深入访谈，以调整和修订训练的科目、内容和方式。

第一步，想法与情感关联。首次训练课主要是训练师、参训学员之间互相认识并建立互信关系，训练师要向学员阐明培训科目、课程内容和计划安排，调节团体凝聚力和营造和谐气氛。培训师应用"逆境—信念—结果"训练模式，向学员阐明人类自动思维时的"自我对话"理路，鼓励学员逐次讲述自己最近遭遇的逆境，并回顾当时的想法和感受，让他们仔细体会自己的思维取向和情感变化之间的联系。第二步，挑战错误思维意念。让学员学会识别自己负性思维的方法，让其知晓常人有负性思想是正常现象。培训师可借助一些案例，让学员练习从积极乐观的角度分析案例中案主的思维意念，同时全面客观地分析与判断自己的思维取向和信念路向的正性程度。第三步，认知行为训练。让学员正确看待难以避免的负性事件，学会应用不同思维取向来阻止极端负性的想法。引导学员学会分析负性事情可能的演化趋向，即理性设想出"最坏的可能""最好的可能""最可能的可能"及其产生的主客观原因，学会接受"最坏的可能"，要乐观面对负性事件的各种演化趋向。培训师安排学员们讲述自己在工作和生活中遭遇的困难和挫折，将学员分为小组，在各组成员共同对讲述者进行分析和判断的基础上，提出具有可行性的克服困难逆境的方案，以此锻炼学员的正性认知和行为能力。第四步，自信与人际交往训练。让学员将培训中学得的知识和技巧应用到人际交往中，注重学员进行人际交往的方式、技巧和解决问题的方法。学员通过角色扮演分别展示和训练自信型、冲动型、被动型三种常见的社交方式。学员共同讨论，分析判定这三种社交方式形成的不同社交结果，以及各类学员在人际交往时的思维取向。培训师要带领学员进行自信练习，帮助其建立正确的人际交往方式。应对策略：领导者教授成员一系列应对压力的技巧和方法，包括深呼吸训练和肌肉放松。另外，领导者帮助每一名成员学会积极冥想，建立起积极乐观的视觉画面，如海边度假等。这样可以让学生学会在焦虑或生气时及时进行积极冥想，联想让自己高兴的画面，从而学会积极应对压力和逆境。第五步，行为矫正训练。旨在让学员学会自行矫正偏误行为，让学生认识到个体"全或无"的思维方式，也就是追求完美的人，训练师要促使成员学会将一个复杂任务分解为若干可控的任务分步完成，避免在强行解决难题无效时因慌乱而采取极端行为。

最后的训练为巩固强化阶段：首先，借助学员日常工作和生活中的挫折案例，让学员重复之前训练科目中所学的技能，训练师再传授学员掌握解决问题的"四步技巧"，帮助学员分析各类决定可能的结果，使其能够更加理性地决定行为策略。其次，进行解决问题的团体练习，学员逐次讲述自己在工作生活中遭遇的挫折，小组学员共同讨论和分析可能的行为策略及其结果，通过学员回顾自身挫折经历，其案例的真实性和可信度更高。借此，可强化学员所学的抗逆力知识和技能。

第二节　改进风险监测化解机制

大部分个人极端暴力犯罪作案人在抗逆力瓦解之前均会表现出程度不一的征兆，这为依托抗逆力设计个人极端暴力犯罪监测化解机制提供了契机，即可根据个人极端暴力犯罪作案人的抗逆力恶化规律，依托抗逆力设计个人极端风险势能模型，设计个人极端风险监测指标体系，据此构建个人极端风险测评预警系统。为便于实施，应主要对特定职业领域的从业人员和重点人员进行监测预警，借助社会心理危机干预体系和社会矛盾调处机制，对监测的"危险人员"进行心理危机干预和矛盾纠纷化解。

一、科学设计极端风险测评系统

笔者依托个人抗逆力演化规律，构筑风险势能累积模型（参见图 6-2），根据"警源→警兆→警情→警级→警报"的思路，设计了个人极端暴力犯罪风险监测预警系统。结合近年发生的个人极端暴力犯罪，厘清个人极端风险转化过程的监测节点，以便完善风险势能评估体系和监测机制。

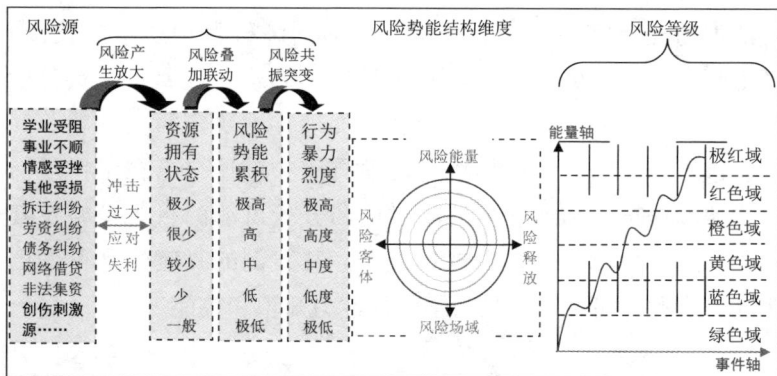

图 6-2 个人极端风险转化与风险势能累积模型

在个人极端暴力犯罪风险势能角度下，个人极端暴力犯罪的风险转化机理为，个体遭遇多次风险源冲击，个体拥有的资源持续应对失利，形成风险势能余量累积效应，进而达到个体承受极限，缺乏合理的风险释放通道，在特定条件助推下，风险势能突变而促发个体实施个人极端暴力犯罪。参照图6-2的模型，可根据以下三个假设设计极端风险测评系统：假设1，单次负性事件中，风险源冲击个体会形成风险势能，当其应用各种资源进行应对后，风险势能消减，如果不能完全化解风险源冲击，则会留下风险势能余量，即产生风险。假设2，风险势能累积轨迹会形成风险势能曲线，如果多次多类风险源冲击应对不力，各个风险势能余量会因形成叠加效应而骤升。假设3，当风险势能累积到红色域（高度风险）和极红域（极高风险）时，在特定条件的助推下，风险势能突变到达"燃点"，分别引发暴力事件和极端事件。

归类个人极端暴力犯罪作案人表征。基于大量案例分析，归纳作案人言行举止等表征及其规律，厘清个人极端风险警兆，为设计信息情报管理系统、甄别监测预警客体提供参照指引。解析个人极端风险转化机制。归类个人极端风险警源与个体应对风险的资源，解析风险产生放大、叠加联动、共振突变等关键环节演进过程及条件，厘清警情及六个相对浮动的风险势能区域的阈值。设计预警客体（潜在作案人）风险势能评估体系，从风险能量（风险源冲击应对不利次数、利益受损相对承受力、怨恨程度等）、风险客体即潜在被害（风险警源制造者、敏感受体、弱势群体等）、风险场域即可能作案场所（人员密集场所、公共交通工具、党政机关、学校等）、风险释放（能量释放通道、损伤程度、危害波及范围等）等维度，设计风险势能评估体系，制定个人极端风险警级标准，构建个人极端风险预警机制：①厘清预警主体结构。厘清预警主体权责清单，明确责任主体、确定主体权责，构建条块结合预警主体格局，厘清各级职能部门与乡镇街道、属地管理与部门之间的权责边界等。②设计预警客体筛查机制。借助工作单位结合体检、学校家长会、社区走访入户调查、公安调解等形式，进行风险势能评估，结合相关业务端口大数据和物联网等渠道，精准甄别监测预警客体。③健全预警运行机制。建立预警客体甄别筛查机制、预警客体监测追踪机制、预警客体风险升级警报机制、预警客体心理危机干预机制。④强化预警技术保障。设计信息情报管理系统、预警技术支撑系统、建立预警客体表征系统、分级分类设置案例库与风险干预预案库。

二、有效实行抗逆力测评计划

(一) 特定职业从业人员测评

要有效健全职业领域极端从业人员监测干预机制，可科学制定一套个人极端暴力犯罪风险评估量表，将从业人员分为"体制内"职业和"体制外"职业两类从业人员，分别进行犯罪风险测评，进而筛查出重点从业人员，采取科学手段对重点从业人员进行持续追踪、矫治和评估。可能利用职业实施个人极端暴力犯罪的从业人员主要包括家政入户工作者、公共交通工具驾驶员、危险品从业者、食品药品从业者（食堂工作人员、餐饮店员、药品生产销售员）、医护人员、警察、教师（尤其是小学、幼儿园）、校园保安（尤其是小学、幼儿园）等职业人员。[1]

可借助心理测评技术和最新犯罪学理论，制定个人极端暴力犯罪风险评估量表。分类构建职业领域极端从业人员犯罪风险测评筛查机制。由评估表可知，在作案的特定职业从业人员中，"体制内"职业从业人员档案管理严格，人员流动较小且可

---

〔1〕 王飞："职业领域内个人极端暴力犯罪分析——以15起案件为例"，载《山东警察学院学报》2020年第4期，第94~100页。

监测；大部分作案人员的职业属于"体制外"职业，故而其工作流动性较强，难以监测和评估其犯罪风险。"体制内"从业人员遵循单位"管辖"原则，由其负责组织实施从业人员犯罪风险测评和筛查工作；"体制外"从业人员遵循学校"管辖"和社区"管辖"原则，家中有上学孩子的从业人员由学校负责通过家长会等形式实施测评，其余从业人员则由其居住地社区居委会负责实施测评。可将从业人员心理测评情况分为优秀域、良好域、一般域、警惕域、危险域、瓦解域等等级水平。参照入职前体检和入职后年度体检制度，建立特定职业从业人员心理健康测评准入环节，在特定职业构建从业人员心理健康定期检测制度，可将入职心理健康测评融入职前体检，将心理健康定期测评融入年度体检制度，还可根据情况，对从业人员进行不定期心理健康状况测评，根据测评情况对其心理状况进行评级，并以此作为筛查重点从业人员的依据。

　　建立重点从业人员测评档案制度，据此进行追踪测评和干预矫治。整合学校和医院等各行业的心理咨询与心理治疗方面的人财物等优质资源，提升心理治疗知晓率与覆盖率，增强心理咨询与心理治疗供给能力。当从业人员更换职业后，应及时向其现从事职业类型的"管辖"主体传送测评档案。对心理状况评级为警惕域、危险域和瓦解域等级的从业人员再次测评，根据测评结果，将被测从业人员犯罪风险分为一级（极其危险）、二级（比较危险）、三级（一般危险）、四级（没有危险），给这些测评人员的测评情况建立档案以便后续追踪、测评和矫治。将犯罪风险测评危险等级为一级、二级和三级的从业人员纳入重点从业人员范畴，对从业人员分别采取不同矫治措施：定期追踪测评四级危险人员；定期与不定期结合测评三级危险人员，对其进行心理治疗，使其心理趋向健康；及时再次测评二级危险人员，采取有效举措对其进行心理危机干预，消除其作案意念；快速对一级危险人员进行心理危机干预，动员其重要他人对其引导与阻遏，适当调整其工作，尽可能消除其作案条件，防止其作案。对危险从业人员务须"对症下药"进行矫治，准确理清和掌握其是否形成作案意念和形成作案意念的诱因，以便借助其重要他人的力量及时消除诱因，使其心理恢复健康。

（二）社会心理普查干预

健全社会心理服务体系，加强各级各类学校和医院的危机心理检测、服务、干预力量，推进城乡社会心理服务力量进社区，构建星罗棋布的社会心理普查干预机制。加强学校和医院的心理服务能力建设，建设专业心理志愿服务队伍，引导学校、医院和社会组织的专业心理人才参与社区心理服务，构建社会心理服务多元合作格局。积极构建政府、学校、社会多元一体的心理普查和支持体系。探索开设类似"110""119""120"等简单易记的心理咨询和援助热线，综合使用线上线下方式，普查社会心理并为需要者提供心理疏导与危机干预等服务。

推进社区与社区内的学校、医院联合开展心理普查和建设活动。加强社区与学校、医院、居民之间的互动联系，促进专业优势心理干预资源共享，切实提升社区心理服务水平。采取定期和不定期的方式，开展心理健康普查、咨询、教育和干预活动。根据各类人群的心理特征，建立健全心理健康档案，探索完善评价追踪和危机干预机制，对心理异常者要把牢评估、追踪、预警、干预环节。

1. 建立心理健康档案

为接受心理服务者建立心理健康档案，做好数据采集与数据整理两个关键环节。在数据采集方面，结合人工智能、大数据应用、语音识别等技术，采集个体在社交媒体和日常行为中，所反映的心理状态数据，获取并存储反映个体的人格、情绪、认知、态度、意志、行为等内容的资料，构建县域心理数据库，采集渠道应遍布乡镇、街道、村社。要特别注重对心理数据进行加密保护，防止数据泄露和他人非法获取心理状态数据，侵犯个人隐私。推进重点场所和重点单位的心理服务平台建设，虚实结合、整合线上线下力量，实现全域全员心理数据采集全覆盖，完善社会心理健康档案。在数据整理方面，定期对采集到的数据进行综合整理、分析、研判。受制于个体差异较大和影响因素复杂，在难以准确预测个体心理演化趋势时，应向其家人、同事、村社工作人员"打探"，全方位客观分析个体的心理状态，细致分析心理高危风险的影响因素，一旦发现高心理危机风险者，应及时对其进行心理危机干预。

2. 搭建危机干预机制

建立实用的心理服务平台，使之能够及时为民众提供心理服务。在县域内建立"心理健康服务中心"，切实将服务理念从"等人服务"的传统模式转变为积极主动发现和消除民众的心理失衡、困惑、障碍、危机等问题。探索建立省域心理援助热线平台。由于民众的心理问题具有高度的突发性、隐私性、危害性，通过热线和微信等便捷平台，可为民众及时提供紧急心理救助和危机干预。依托心理服务平台，将特殊人群心理档案整合融入综治信息平台。加大信访、民政、卫健、教育、妇联、残联等部门的合作，形成多部门联动机制。根据监测预警系统，健全心理危机干预机制，对矛盾突出、工作不顺、生活失意、纠纷不止、上访不息、心态失衡、性格偏执、言行异常的人员，务求精准及时筛查识别其心理危机程度，以便精准有效地干预化解个人极端风险。为此，要构建起兼具心理健康普查、知识普及、心理疾病监测预警、心理危机干预等功能的社会心理危机干预机制，严防个人极端暴力犯罪。个人心理决定个人行为，行为是心理的映射，行为后果是个人心理的延伸物。只有个人的心理健康，才会促发正向的社会行为，而极端心理则会促发极端行为。建设高效实用的心理行为评估追踪机制，需高度关注和持续追踪危机心理行为的动态演化状态与趋势。切实做到"扩大服务、有效普查、精准干预"，有效筑牢预防个人极端暴力犯罪的"社会心理防线"，最大限度地从源头治理和化解个人极端风险。

三、及时化解风险因素与矛盾纠纷

把准紧盯风险源头，及时调处矛盾纠纷。个人极端暴力犯罪体现在人为方面的风险因素主要就是身患精神病等疾病，学业事业生活不顺，婚姻、爱情、友情等情感纠纷，拆迁纠纷、劳资纠纷、债务纠纷等经济纠纷。其具体征兆主要体现为个体倾向性因素，诸如一些个体的思想极端、人格偏执、情绪易怒、心胸狭隘、报复心强。基层工作人员在工作中发现对政府、社会、个人的态度言行极度怨恨的人员时，应当及时向当地"综治中心""矛盾纠纷调处化解中心"和派出所反映。应及时准确地掌握其心理素质、情感状态、生活动态、行为轨迹、经济条件、社交状况等，尤其要紧盯性格冲动易怒的人员，防止这些人员的人际关系持续恶化和极端心理加剧，必须严格管控和防范这类具有人身危险性的人员。善于找出人身危险性人员在乎的"重要他人"，当采取常规调处劝解手段均无效时，要及时请其"重要他人"介入劝慰和疏导，全力疏通其"心结"。

加强矛盾纠纷排查调处化解。充分发挥派出所和110指挥中心的作用，将群众反映和呈现的矛盾纠纷、利益诉求、不稳定因素及时登记和转给相关政府部门处理。夯实基层基础，充分发挥基层网格化治理在排查调处化解矛盾纠纷中的经验资源等优势，根据近年个人极端暴力犯罪作案人的特点，针对性地常态化排查家庭纠纷、邻里冲突、经济纠纷等矛盾纠纷，整合矛盾纠纷调处化解力量，多措并举分类稳控化解矛盾纠纷，防止扩大和激化矛盾纠纷，严防"民转刑""刑转命""命转极端"，切实降低、消除个人极端风险。

畅通群众诉求表达维权渠道。在社会转型期，拆迁纠纷、劳资纠纷、债务纠纷、经济诈骗等问题"大量涌现"，利益受损群众的诉求激增且多元难调，导致各类信访力量捉襟见肘，致使群众利益诉求表达渠道"拥堵"和维权质效不佳。对此，要拓展和"疏通"诉求表达渠道，结合矛盾纠纷排查调处化解机制，解决群众"急难愁盼"的问题，依法满足群众的合法、合理、合情诉求，树立"我为群众办实事"的信访工作理念，形成变既往被动接访为主动服务的信访工作模式，避免群众因对党政机关执法办案诉讼的合理诉求无法得到满足而形成个人极端风险。加强基层法律援助力量建设，提升基层民事调解能力，让群众在遇到"涉法涉诉"困难时，有渠道申诉和有途径化解。向群众灌输依法维权的意识，让其明白法律手段才是化解矛盾纠纷的正当途径，鼓励、支持、引导群众主动通过法律手段维权；加强司法廉政建设，凭借司法公正、维护正义，"努力让人民群众在每一个司法案件中感受到公平正义，把体现人民利益、反映人民意愿、维护人民权益、增进人民福祉落实到审判工作全过程"。[1]让群众的矛盾纠纷止于诉讼，避免采取暴力手段解决问题。

---

〔1〕 何莉："努力让人民群众在每一个司法案件中感受到公平正义"，载 https://www.chinacourt.org/article/detail/2021/09/id/6254330.shtml.

第三节　净化暴力信息存续空间

阻断暴力犯罪信息传播扩散渠道，规范暴力犯罪警情通报，净化暴力犯罪信息存续空间，防止思想极端、人格偏执、情绪易怒和报复心强的个体通过网络等渠道习得暴力犯罪手段，阻滞其"备齐"实施个人极端暴力犯罪作案条件。

一、规范暴力犯罪警情通报

暴力犯罪类警情通报是公安机关在当地发生暴力案事件后，就该暴力案事件的嫌疑人、作案诱因、处置情况、人员伤亡等概况向公众发布的外行文。公安机关发布暴力犯罪类警情通报，可告知公众案情、消除网络谣言、征集案件线索。警情通报具有事实的客观性、内容的概括性、警示的指导性、发布的快捷性等特性。对近年来各地公安机关发布的警情通报的外观格式、文本内容、发布时机等方面进行分析可以发现，受制于高阶制度标准缺乏、干警专业素养不足、负面网络舆情干扰，部分公安机关发布的警情通报存在通报主体失当、通报内容失准、发布时效失度等失范现象。目前亟须从省级公安机关层面统一格式内容标准、完善通报运转机制，从基层公安机关层面培育通报专业队伍、规范发布警情通报进路等规范暴力类警情通报。

要根据暴力犯罪类警情通报特性，结合其他行政机关的外行文规定及运用状况，明确警情通报撰写发布规则。建议各省级公安机关先行制定《警情通报实施细则》，明确警情通报撰写的格式内容规范标准、报批审核流程要求、分类厘定发布时机、案件舆情监测导控（重点关注各发布网络平台转载留言等情况）、通报总结存档规范等。待《警情通报实施细则》成熟之后，可制定出台《公安机关发布警情通报实施办法》，从省域范围厘定警情通报制度标准。

（一）明确格式内容标准

建议警情通报的外观格式可为：其一，在警情通报开头放置一张警徽加麦穗的图片，增加权威性；由于落款会有发文单位名称，为避免重复、样式繁杂，故不宜在正文之前加上发文单位名称。其二，遵循惯例，采用蓝底白字，避免添加水印字样。其三，落款署名为案发地办案的县（市）公安局或分局，避免为上级公安局。除非案发地办案公安机关是多地联合办案，署名可为多地公安机关的共同上级公安机关。以下两则警情通报的署名做法值得肯定。王某原先后在隆回县和洞口县两地作案，两县警力联合作战，以上级市局邵阳市公安局的名义于2020年6月3日发布警情通报；市、区两级公安机关组织干警侦破案件，以九江市公安局八里湖新区分局名义于2021年5月10日发布警情通报。其四，通报落款时间应统一采用"××年××月××日"的格式。其五，统一标题、正文、落款的字体字号，落款署名单位和日期的文本均应顶格右对齐。

文本内容应详细描述处置依据、案件性质、嫌疑人情况（未成年人除外），简要描述作案经过、危害后果，视情况对作案时间、作案地点、案件起因、弱势被害人群进行技术处理后描述。嫌疑人、案件性质与处置依据部分应较为详细，尤其是嫌疑人尚未归案时，嫌疑人的外貌特征、迹象与威胁应尽可能详尽，并附上其近期照片，案件性质与根据要做到有理有据、定性准确。通报作案时间、作案地点、危害后果时应简明扼要，时间应具体到某日、作案地点应具体到县级至乡级行政单位（避免具体到街道和党政机关、学校等作案社会影响极大的敏感地点），危害后果应简单交代（避免过于模糊引起群众猜测）。[1]作案地点应处理成大地点而非具体场所，德阳市公安局旌阳区分局就一例故意伤害致人死亡案件于 2019 年 6 月 19 日和 20 日先后发布的两则警情通报的处理方式值得推广，两则通报在提及作案地点时，用语分别是"市区长江路一段 37 号门口"和"行至某单位时"，其实该作案地点是市政府门口，通报中描述的作案地点，既可避免引起别有用心之人刻意"炒作"此案，也可防止效仿选择党政机关等要地作案。案件起因应视情况而定，若舆情对公安机关有利且案件事实简单、犯罪嫌疑人与被害人无关联，案件起因可简要报道。反之，案件起因应描述清楚，避免引发网友热议和滋生谣言。

（二）完善通报运转机制

可通过加强警情通报审批签发机制、舆情监测导控联动机制、干警遴选培养问责机制建设，完善警情通报运转机制。首先，健全警情通报审批签发机制。警情通报由政工部门工作人员撰写好后，需逐次报送政工部门宣传工作负责人、政工部门负责人、局领导、局党委等领导审核，并根据其意见进行修改，重大案件需报党委政府签批后方可发布。其次，构建涉案舆情监测导控联动机制。一方面，要健全省级公安机关省域内舆情监测导控机制，补齐基层公安机关舆情监测导控短板。另一方面，构建暴力犯罪类警情通报审批签发工作与涉案舆情监测导控工作衔接联动机制。警情通报审批签发须以涉案舆情监测报告为参考，实现两项工作的有机衔接、有效联动。暴力犯罪引发的网络舆情内容具有形式复杂多变、话题叠加交互性强等特点，监测疏导管控难度极大，需要制定科学合理的流程、搭建

---

[1]　王飞："职业领域内个人极端暴力犯罪分析——以 15 起案件为例"，载《山东警察学院学报》2020 年第 4 期，第 94~100 页。

涉案舆情预警平台、组织精干专业力量，进行理性、细致、谨慎的舆情研判，通过关注重要时间节点，形成个案和定期网络舆情监测报告，剖析涉案舆情热点，总结各类舆情演化规律。最后，严格干警遴选培养问责机制。警情通报发布的效能主要取决于从业干警的素养：高质量的警情通报文本，需要高素养的撰写人员和审批签发领导；高效能的警情通报需把准发布时机，把准发布时机需要高素养的舆情监测导控力量和警情通报审批签发领导。因此，要严格落实警情通报相关人员遴选培育和问责机制，规避民警素养不足和领导"非专业性指导干预"等问题。

（三）培育通报专业队伍

要从执行层面提升警情通报的文本质量与发布效能，应培育好警情通报专业人才队伍。着力打造两支精干队伍：涉案舆情监测导控人才队伍和警情通报撰写审批人才队伍。一方面，由于基层公安机关舆情监测、疏导、管控能力偏弱，可由省级公安机关组织精干力量监测辖区内案件引发的舆情动态，一旦发现征兆便通报、指导、协同案发地公安机关疏导和管控舆情。因而，要在省级公安机关打造一支专业素养优秀的舆情监测导控队伍，在其指导下逐步做大做强基层公安机关舆情监测导控队伍。另一方面，提高警情通报撰写民警和审批签发领导干部的专业素养。经手警情通报撰写、审批、修改、签发、发布等关键环节的相关人员的专业素养直接决定了警情通报文本质量和发布效能。应根据《警情通报实施细则》的各项标准，制定公安民警业务能力培训考核标准体系，更新培训内容、改进培训方式、提升测试要求，定期举办警情通报专业素养提升培训班，大力加强警情通报经手人员专业能力培训与测试。经过多年的"实战"磨炼，涉案舆情监测导控人才队伍建设得相对成熟，但警情通报撰写审批人才队伍建设则稍显弱势，应以全警实战大练兵为契机，组织专业素养和经验丰富兼优的实战教官和院校教师组成培训授课教官团队，加强实战案例库建设，编写优质培训考核方案，依托各战训基地组织警情通报从业干警专题培训班，着力分批次锻炼与提升警情通报专业人才素养，切实提高从业干警文本内容撰写与对发布时的机把控意识和能力。

（四）相机发布警情通报

做到及时和适时发布警情通报。一是及时发布警情通报要求公安机关在掌握和核实案情后，第一时间处置案事件、及时告知公众和回应社会关切，为抢占舆论主动权赢得先机，否则极可能贻误主导舆情的关键时机。二是适时准确把握舆情演化的关键节点，成功把控舆情"第一落点"。舆情的演化通常要经历几个波次的酝酿发酵、积聚传播、突变扩散。因此，公安机关发布警情通报要根据舆情传播的规律和特点相机而动，全面、细致地梳理舆情焦点与症结，精准厘定通报内容，务须在舆情尚未突变扩散之前发布警情通报，有理有据地回应公众质疑。

把准各舆情演化阶段发布通报的特点是及时和适时发布的关键。网络舆情演化大致包括能量触发、能量积聚、能量爆发、能量消散四个阶段，在各阶段发布警情通报的要求和效能均有差别：发布越迟对其要求越高，但其效能越差。因而，在掌握案情的前提下，警情通报的发布"宜早不宜晚"。在发布官方通报之前，公安机关应尽力管控媒体获取案件详情的信息源，避免其于警情通报发布之前在网络上传播。为防止涉案信息在网络上以讹传讹，应争取在舆情产生之前，及时发布警情通报，第一次通报的内容应在囊括案件基本信息的前提下，尽可能简化通报内容。[1]此外，办案公安机关应随时关注该案件

---

〔1〕 姚广宜、王栋："'微传播'环境下警情通报在涉法舆情演变中的作用"，载《现代传播（中国传媒大学学报）》2020年第10期，第118~122页。

舆情的阶段性走向，根据舆情演化规律适时发布警情通报续报。沈阳市公安局在案发后不到 2 小时及时发布第一次警情通报，适时第二次发布，两次发布时机均取得了良好效度。第一次发布时，网友和媒体普遍关注却不知案件原委，谣言尚在酝酿并未开始扩散便被扼杀、封堵在萌芽状态；第二次发布是在案发 2 天后，即公众关切和质疑均已清晰明朗之时，内容完备，对首次的信息发布形成了及时补答，全面解答疑问并消除质疑。[1]

近年来，校园砍杀案、公交车爆炸纵火案、驾车撞人案等暴力犯罪案事件仍有发生，遏止暴力犯罪任务艰巨，公安机关要主动作为、有效作为。阻断"潜在"作案人员习得暴力犯罪手段的源头与渠道，这一点公安机关责无旁贷，而涤清网络中的暴力"文化"，公安机关也是义不容辞。各地公安机关使用警情通报向社会发布暴力犯罪案情日益频繁，如若任由当前的不规范现象持续"蔓延"，非但不能消除公众猜疑，反而可能滋生涉警负面舆情。为此，治理警情通报失范现象势在必行。

二、阻断暴力信息传播渠道

扫除暴力信息根源，净化网络暴力环境。公交车爆炸纵火案、驾车撞人案和校园砍杀案等个人极端暴力犯罪的重要促进因素之一，便是作案人在作案前通过网络等渠道习得作案手段。2014 年发生的陈某森公交纵火案便是典型的作案人通过网络习得在公交车纵火的例子。案发后，据作案人陈某森交代，为躲避湖南工友，他从佛山到了杭州，无奈一直找不到工作，恰逢 6 天前杭州发生了公交车纵火案，于是来长沙效仿报

---

〔1〕 赵黎："'时度效'策略在突发事件舆情处置中的运用——以沈阳'3·28'纵火爆炸袭警案为例"，载《公安教育》2019 年第 6 期，第 39～42 页。

复。[1]7月6日凌晨发生的杭州杀妻分尸案的新闻报道充斥网络，社会各界议论四起。无独有偶，7月27日凌晨，安岳县公安局发布的警情通报指出，屈姓男子于2020年7月19日凌晨趁妻子熟睡时，将其杀害。一时间，大量网民议论安县杀妻案与杭州杀妻案存在相似特征，众多网民怀疑屈姓男子是模仿徐某利杀妻。在信息快速传播的时代，为避免潜在作案人习得作案手段，可开展类似"净网行动"的专项新闻网络净化行动，涤清易被学习模仿的对暴力犯罪的描述性语句。具体可从两方面实施：一方面，筛查剔除涉暴力犯罪作案手段、作案过程和危害后果的语句，以及删除该类网页、图片和视频；另一方面，规范该类报道的网页、图片和视频上传网络的核查机制，防止新闻媒体和自媒体"肆意"上传过于暴力血腥的报道。

第四节　织密风险场域防控网络

个人极端暴力犯罪的风险场域，即可能作案的场所，是作案对象被害时所处的地点位置，学校、公交车、机场、拆迁地、商城、党政机关门前等人员密集场所和被害居所等地点极易成为作案人作案的场所。犯罪空间防控为改进警务处置和建设平安中国带来了全新的尝试与改良的契机。[2]要提升个人极端暴力犯罪防控效能和降低可能造成的伤亡，应以犯罪空间防控理念，结合人防、物防、技防，织密重点场所和交通工具防控网络。

---

〔1〕 "7·11长沙公交车纵火案"，载 https://baike.baidu.com/item/7·11长沙公交车纵火案/14894047? fr=Aladdin.

〔2〕 单勇、吴飞飞："从罪犯到地点：犯罪空间防控的兴起"，载《山东警察学院学报》2013年第5期，第94~99页。

一、优化巡逻布控力量

整合社区内安防资源，科学布置安全巡逻布控力量。在重点场所部位巡逻布控旨在威慑、吓阻作案和应急快反处置，其实效为"不战而屈人之兵"，即对潜在作案人员形成"阻滞"效应。对商场、广场、公园、步行街、城市主干道等人流量大的场所，采取虚实结合策略，增加重点场所巡警值班巡逻班次，改进巡逻路线，提升见警率。加强重点场所的安全巡逻既包括公开巡逻，也包括秘密巡逻。所谓公开巡逻，指整合武警、公安、治安联防员等巡逻力量，"人巡车巡"有机结合，形成科学"穿插巡逻网"，巡逻人员穿戴制服及显著标志和应急处置器械，加强重点场所安全巡逻警戒，驾驶警用车辆在城市主次干道循环反复"既规律也无规律"地巡逻。特别注意在上下班人流高峰期或者拥堵路段定时、定点布置巡逻力量。适时采取便衣秘密巡逻方式，适时偶尔让巡逻人员通过"貌似无意"的方式展现给公众知晓，并通过民间渠道扩散相关信息。优化巡逻布控力量既可以提升群众的安全感和满意度，也可以产生威胁"拒止"犯罪的效果。为此，坚持公开巡逻与秘密巡逻相结合的方式，需要科学布置巡逻处置力量与合理设计巡逻线路。

二、升级安全检查水平

对于公共交通工具等特殊风险场域，应升级安检水平并严格执行安检制度。从事旅客运输的各类公共汽车（主要是城市公交车、乡村公交车、长途大巴车等）、飞机、地铁、轻轨和轮船等公共交通工具及其站点具有空间密闭和人员密度大等特点，具有极高的脆弱性，极易成为个人极端暴力犯罪的作案场所。这些公共交通工具中，城市公交车、乡村公交车、长途大巴车上下乘客的特点使其极易成为作案场所，其在途中载客时，安全检查水平较低，应采取技术手段和制度建设等方式，加强对这些公共汽车的安全检查，避免乘客携带危险物品上车。对于尚无安检制度和设施设备的党政机关、图书馆、博物馆、纪念馆、文化宫等单位场所，可根据当地治安状况，分步推进安检力量和制度建设。严格执行"进门必检"制度，扩大安检范围。对已经实施安检制度的汽车站、地铁站、机场、火车站等交通站点，应该严格执行安检制度，随着科技发展及时升级安检水平。不仅要检查行李等较大物品，还应检查随身携带的小件物品。

三、监控研判可疑人员

提升公安机关甄别、监控、研判重点场所中的可疑人员的能力。结合个人极端风险监测预警系统，公安机关对重点场所实行全时、全员、全方位的电子监控，推进公安机关快速甄别可疑人员和可疑物品，进而有针对性地开展防控措施。提高重点场所智能化监控研判水平，发挥科技在可疑人员甄别、监控、研判、防控方面的支撑作用，广泛且充分地利用信息化、智能化、便捷化科技手段提升重点场所监控研判能力。及时解决隐蔽点位监控缺位、监控设备落后老化、监控视频不清不准等问题，推进"天网""雪亮"等工程技术设备更新升级，提升高清化和智能化水平，确保公安机关对重点场所出现可疑人员能"看得清、判得准"。为提升公安机关对重点场所暴恐犯罪的防控效能，应缩短重点场所监控设施设备全面排查检测周期，及时升级监控设施设备，确保监控"高清"。消除隐蔽点位和重要通道等部位的监控盲点，确保重要场所实时监控无遗漏，可疑人员出现即"锁定"。

四、实施预约准入制度

在特定场所推行预约准入制度。对于学校、妇幼保健院、医院（非急诊病人）和党政机关等特定企事业单位，可借鉴医院挂号和疫情防控中进入特定场所须扫场所码通过等经验，采取提前预约告知办事需求，待特定企事业单位审核报备后，经相关安全主管机关（建议为公安机关、司法机关等）"审批"通过后方可准入。相关安全主管机关可探索通过实时快速"在线安全监测检测（可设计抗逆力测评系统在线测评）"结果，给出准入意见，在其"安全码"上给出"红橙黄绿"四级标志。其中，"绿码"为准许随通过，"黄码"为在对其保持警惕的情况下准许通过，"橙码"为高度警惕建议不通过，"红码"为拒绝通过。特定企事业单位根据"审批"意见，结合自身工作日程表，确定申请人的准入日期和时段。对于安全主管机关"审批"检测出的可疑人员，应进一步在线下核实情况，在具有充足证据与合理怀疑的范围内，加强对其的重点监测，严密掌控其行踪、社交和联络信息，研判其是否有异常行为。一旦其进入重点场所，务必高度关注其言谈举止、面部表情、交谈对象、往返驻足点位等信息，以便进一步分析研判和及时提前预控。

第五节　提升应急联动处置能力

针对个人极端暴力犯罪的应急快反协同处置主要分为作案过程中和作案后两个阶段。应整合各界力量优势资源，健全应对个人极端暴力犯罪的应急快反与协同处置机制建设。一旦发现职业领域从业人员开始实施个人极端暴力犯罪，要及时阻止犯罪、防止扩大危害后果和逮捕惩治行凶的从业人员。这需要职业领域内的相关单位、被害人员、应急管理、公安、消防、医院、检察院、法院等单位和个人密切配合、及时快速反应和协同处置。在行凶者作案过程中，应以公安机关为主导，促进各相关单位和个人快速流转和共享行凶者个人情况及其最近动向等与该案相关的情报，以有利于公安机关等部门快速阻止行凶者继续作案。在行凶者作案后，为防止其继续作案、及时救助医治被害人员、整治行凶者，"公检法"、应急管理、消防、医院等单位应本着"救人为先、惩凶并进"的原则协同处置，妥善处理救治被害人员和安抚被害人家属等善后工作，避免形成恶性舆论环境；充分发挥群防群治功效，快速将逍遥法外的行凶者缉拿归案；及时依法从严审判和惩治行凶者，还社会和被害人员及其家属以公道。待整个案件处置结束后，应及时向社会公开案件的基本情况和处置结果。

一、有机组建多元联动体

在市县域范围内，整合公安快反、应急管理、武警、消防、交通、医疗（医院）、教育（学校）、其他企事业单位安保和社会应急救援等力量，有机组建多元联动体。自汶川地震后，全国的应急救援处置力量快速增强，覆盖了较广泛的专业领域，在应急处置工作中的作用日益重要。但是，各界力量参与应急处置尚存在管理松散、协同偏弱、专业不足、质量不高等问题。推动各界力量有序高效参与应急处置，务须明晰各方力量职责和健全应急联动机制。明晰各方力量的职责权限。相关部门力量按照就近先期处置原则，负责第一时间在现场处置、组织人员自救互救、报告请求支援等工作。公安机关负责应急指挥调度，实时汇总研判警情，及时指导和协调现场力量进行先期处置。待党委政府接管指挥权后，各方力量应听令行动。加强协同响应效率，各应急处置力量接到调度指令后，应第一时间赶赴现场增援，并按照指令的要求开展工作。

融合公安、武警、应急、交通、消防、医院、学校等应急情报信息，以信息化建设推动应急联动现代化管理。健全个人极端案事件情报信息接报流转规程，构建"平战结合、统一指挥、协同高效"的应急联动指挥调度体系。各界应急处置力量资源分散、沟通不畅和协同不力是制约多元联动处置质效的关键因素。要健全多部门应急指挥机制，建立畅通应急处置指挥数据通道，推动情报信息共享、指挥调度顺畅、运转协同高效，持续提升各界力量的协同整合度。以应急处置"警情信息共享、处置资源共用、协调联动共处"为指引，逐渐打造"一方推送、统一指挥、快速响应、整体应急、协同作战"的应急处置多元联动体。构建共训、共练培训机制。各界力量的应急处置能力参差不齐，亟须提高专业处置能力。按照专业领域进行分类管理和定期培训，加强专业技能培训和协同处置演练，稳步推进各界力量与应急管理力量、应急管理力量与公安快反共同训练、共同操练的格局，逐步提升各界力量的专业能力和协同配合效度。

二、科学打造联勤警务站

科学布局、精心打造城区联勤警务站，织密社会面防控处置网点。屯警于街面实现 24 小时巡逻，提高联勤警务站应急处置专业水平。加强处置理念、人才队伍、处理能力等方面建设，推进处置专业化，创新平安创建机制，充分发挥联勤警务站布点靠前和处置专业等优势，极大地提升城区应急处置效能。嘉兴市建设的联勤警务站大幅提升了社会治安防控效率，当主城区发生重特大警情时，警方可以 1 分钟快速反应，重点区域 3 分钟赶到现场处置，群众安全感得到了增强。[1]2019 年 5 月以来，海宁市创建"党建+综治+警务"模式，用巧"针"串千"线"，秉持改革理念，精心打造 48 个联勤警务室（站），构建起联勤、联动、联处的市域治理"平安共同体"，实现新时代"枫桥经验"深层次落地见效，全市刑事警情同比下降 38.48%，黄赌类警情同比下降 59.32%，群众安全感满意度达 98% 以上。[2]要进一步巩固和提升联勤警务站应急处置效能，需持续加强联勤警务站建设。

明确联勤警务站功能定位。自 2019 年嘉兴等地探索建立联勤警务站至今，各地建设的联勤警务站基本功能大体一致，因建设目标理念差异，具体功能呈现"大同小异"的局面。联勤警务站既能快速打击罪犯，也能精心服务群众，主要集快速反应、应急处置、矛盾纠纷调处、窗口服务等功能于一身，24 小时服务站、便民服务窗口（人工咨询台、网上业务自助办理区）、纠纷调处室、视频巡防台等一应俱全，为群众提供就近服务，快速处理轻微交通事故，以及部分公安行政审批事务，实现"家门办"和"24 小时不打烊"。此外，联勤警务站突破了传统的警力街面巡逻防控模式，有机整合特巡警、交警、派出所民警等相关警种警力，全覆盖动态统筹防暴车、防控突击车、特巡警驻点巡逻、交警巡逻、民警步巡等应急处置警力资源，严防快处暴力犯罪。

创新联勤警务站运转模式。着力完善联勤警务站"党建+"

---

[1] "浙江嘉兴：建设不打烊的联勤警务站"，载 http://zjnews. china. com. cn/yuanchuan/2019-04-28/172503. html.

[2] "海宁市创新打造基层治理工作站（联勤警务室）一站式解决群众'烦心揪心事'"，载 http://www. jiaxing. gov. cn/art/2020/8/10/art_ 1592408_ 54259541. html.

的一体化联勤联动运转模式，联勤警务站成立党支部，根据社情、民情、警情、警力和工作重点，统筹整合综治、应急、司法、武警、消防、综合执法等部门和基层站所力量入驻联勤警务站，支部书记负责组织定期召开联勤共研会议，一站式解决辖区内"涉稳涉案"等一揽子"疑难杂症"。为此，根据"区街一体"原则，推行"1+N+n+X"运转模式（1 个支部+N 个入驻部门+n 名常驻人员+X 名网格员），推进联勤入驻部门站所职能和力量均下沉至联勤警务站，联动协同开展宣传防范、隐患排查、乱点整治、矛盾化解、警情处置等工作，实现"小事一格解决、大事全站联动"。

提升联勤警务站处置能力。一旦发生个人极端案事件，在党委政府的指挥下，联勤警务站要立即启动应急处置预案，积极组织精干力量迅速投入制服疑犯、消除威胁和救治伤员等工作中，力争将社会危害降至最低并严防衍生危害。

参与处置个人极端暴力犯罪的部门警种众多，要有效组织相关部门警种第一时间奔赴现场，快速封控现场和应急处置救治。尤其是公安机关快发处理力量和急救医务人员，需达成"警动则医出"的联动效应。对人员密集场所作案的个人极端暴力犯罪，尤其是采取爆炸、纵火、持枪杀人、驾车冲撞等极易造成重大人员伤亡的个人极端暴力犯罪，务必要分场所、分类别、分主次、分人员地分割现场并进行强力封控，有针对性地根据作案场所和作案手段的特点，采取相应的有效举措，形成信息化、立体化、智能化、分级化的应急处置体系，确保应急处置力量各司其职、有序应对。加强现场受伤人员救治。对于人员密集场所发生的个人极端暴力犯罪，要建立公安与大型医院联动反应机制，形成警动则开通绿色医疗通道，提升医疗专家快速"出诊救治"的能力，全力抢救伤员，最大限度地降低人员伤亡数量。

小　结

　　近年，尽管各地党政机关、学校、公共交通公交站点等人员密集场所的安检安防举措日益严密，但是个人极端暴力犯罪依旧保持"高发"态势。个人极端暴力犯罪的作案手段、作案场所、作案人员等方面均呈现出系列"转变"：冲入法院等党政机关和校园作案转变为在党政机关和校园关门前作案，爆炸转变为纵火，持枪射击转变为持刀砍杀，公交车纵火转变为干扰公共交通公交驾驶员正常驾驶，公交乘客作案转变为驾驶员作案，校外人员作案转变为本校（园）教师保安作案……此外，精神病人作案、在被害居所作案、驾车在人员密集场所撞人、情感纠纷诱发灭门惨案等作案形式多元。

　　即便是基于被害防控理念和犯罪空间防控理念，在重要场所组建多重防控网，依旧时有"破网"作案者，其作案工具具有极高的可得性，防控难度极大。作案人一旦实施个人极端暴力犯罪，极难在造成人员伤亡之前进行有效遏制。要有效遏止个人极端暴力犯罪，便只能从作案人入手，甄别、监测、预警、化解具有极端人身危险性的人员形成的极端风险，要有效甄别形成极端犯罪心理的潜在作案人，首要之举便是设计科学合理且简便易行的甄别监测预警机制，这也是治理和化解个人极端风险需要"下狠功夫"的方向。

附录一

表4-4 政府扶助缺失类个人
极端暴力犯罪基本信息

表 4-4　政府扶助缺失类个人极端暴力犯罪基本信息

类别	案件名称	主要风险因素	政府扶助状况
其他风险因素冲击个体政府扶助无效	2008 年杨某袭警案	12 岁时父母离异随母亲生活、不满警察盘查讯问、性器官受到损害很可能无法生育、补偿要求被拒	警察怀疑其自行车来源讯问其 6 个小时、督察支队两次赴京对其进行法制宣传和疏导劝解无果
	2010 年徐某元幼儿园凶杀案	被公安机关行政处罚、被单位除名、从事商品直销亏本、房子被强拆	被公安行政处罚、房子被拆维权无果
	2012 年殷某军撞人事件	无业、离婚、女儿做"小三"被杀、女儿被害多次上访无果	未解决其上访诉求
	2014 年徐某福公交纵火案	房子拆迁上访未果、妻子死于管委会办公楼下、怀疑妻子被杀	回迁房纠纷多次上访未果
	2015 年韦某勇连环爆炸案	采石场一直与村民关系紧张、村民投诉采石场严重威胁附近学生安全、村民打砸采石场机械设备、采石场被迫关停久拖不决、不停被上门催债	政府审批采石场要求其升级成机械化、政府审批同意开采石场、安监局核发安全生产标准化三级企业、政府关停其采石场

类别	案件名称	主要风险因素	政府扶助状况
	2015 年邓某智暴力袭警案	无证驾驶闯红灯被警察查扣	无证驾驶闯红灯被警察查扣
	2016 年胡某兵撞人案	因犯妨碍公务罪被判刑 11 个月	驾货车在高速公路路政查处、强行倒车被警方拦停、要求其赔偿撞烂收费站的物品、法院维持原判
	2016 年李某君伤人案	无固定职业靠骑摩托车拉客为生，大龄未婚；发生交通事故，致其所载乘客右脚韧带断裂，交警认定其负主要责任	各类交通违章处罚 18 次
	2016 年杨某兰杀子自杀案	11 岁时母亲离家出走、奶奶极端刻薄难处，育有四个孩子家庭矛盾生活困难	根据扶贫政策核销该户农村低保、按政策未被评为贫困户、动员该户危房改造被拒、派出所积极为四个孩子登记户口
	2018 年韦某车撞拆迁人员案	离婚、违建被拆、被拆迁人员狠打、阻拦拆违拍照手机抢摔	要求其五日内清除建筑、两次向其下达清除告知书、委托拆迁公司拆除其违建房屋
	2018 年卢某兵公交爆炸案	父亲离世、母亲跟姐姐生活、穷困、未婚长年独居、姐夫关心却与之吵架断绝联系 10 年、被刑拘、索赔被拒	砸路被警察阻挠、追打警察而被刑拘、拒绝其因刑拘赔偿（上诉要求判处死刑立即执行）
	2019 年晏某军撞人案	晏某军生日当天请人打地坪，因地坪不规范被要求整改。（面子？忌讳？）	案发当日 10 时地坪不规范被要求整改，15 时再次督查；应其妻子要求乡政府帮其联系挖机随机施工整改

类别	案件名称	主要风险因素	政府扶助状况
政府扶助恶逆变成风险因素冲击个体	2020 年张某钢驾公交车坠湖案	离婚（与前妻育有一子 25 岁）、租住其姐女儿房子、户口寄搭其姐处、租公房将被拆、申请公租房失败	申请公租房未批准
	2004 年杨某柱砍伤幼童案	41 岁仍单身、村计划生育小分队罚款并拖走家里财物、村干部威胁铲平其房子、乡党委书带人抢走父母尸体并火化、屡次申冤无果	乡党委书带人打伤多人，抢走火化其父母尸体；四处申冤无果
	2006 年钱某昭法院爆炸案	儿子儿媳发生离婚纠纷诉讼、儿子右臂被人打折、法院判决对其子不利、儿子被执行司法拘留途中死亡、其父经受不住打击去世、为其子申冤无果	法院对其儿子与儿媳财产判决显失公正、法院羁押其儿子时无故死亡、多次上访无果
	2006 年夏某开炸法院事件	煤矿经营不好屡屡转让、煤矿转让纠纷法院判决错误	法院一、二审错误判决、申诉处理显失公正
	2010 年王某来锤杀学生自焚案	倾其所有建成并取得房权证的新房被告知违建要拆除、被逼迫签拆房协议	责令整改其违建新房、逼迫其签拆房协议
	2013 年冀某星机场爆炸案	东莞治安员殴打致残、立案不成起诉又败、女友离他而去、长年屡屡维权失败	东莞治安员殴打其致残、厚街镇公安分局上访无果、东莞市人民法院判其败诉驳回上诉、进京上访被转市公安局办理无果、厚街镇公安分局救助其 10 万元

续表

类别	案件名称	主要风险因素	政府扶助状况
	2016年范某培杀害拆迁人员案	借债70万修新房（共花80万），拆迁补偿50万；因拆迁与任村委会主任的堂哥闹僵；无钱退租金；经常被断水断电	拆迁补偿过低、其家经常被断水断电
其他风险因素与政府扶助恶逆变共同作用	2001年胡某海特大杀人案	承包的村办煤矿被他人"截和"、被同村高家兄弟打伤、长年举报上访无果	多年举报贪腐和上访均无果
	2003年翁某自焚案	拆迁费偏低不足以买新房、家被强迁夷为平地、拆迁纠纷维权无果	拆迁补偿偏低、遭遇暴力强拆
	2005年黄某财爆炸案	儿子工伤断指成六级伤残、法院判决赔偿金额远低于劳动仲裁金额、儿子工伤赔偿纠纷屡屡维权无果	其子工伤赔偿纠纷维权先后经历一次仲裁、五次鉴定、两次判决，法院判决依据的伤情鉴定书存在重大法律瑕疵，无法缴纳巨额上诉费法院按撤诉处理，后向检察院提起抗诉未果
	2010年朱某枪杀法官案	离婚、购买同学房产迟迟不能交房、投诉法院执行未果、鼻窦癌	法院判其离婚和分割财产、法院执行不力
	2011年钱某奇爆炸案	两次遭遇拆迁补偿过低、妻子过世、拆迁补偿纠纷维权十年无果	强拆四级信访无果；要求补偿诉讼两次被法院驳回；要求给予国有土地补偿，政府答应给宅基地
	2013年陈某总公交纵火案	贫困靠接济度日、与隔壁快餐店频繁争吵、未能办妥社保	派出所将其年龄少写一岁，影响其"办理退休"；多次申请更改年龄未果；办理社保未成功

类别	案件名称	主要风险因素	政府扶助状况
	2016 年马某平公交纵火案	被欠二十多万工资努力讨薪三年失败、离婚、因借钱还不上与父母兄弟反目、被放高利贷的追杀、与分包商发生债务纠纷	讨薪多次联系政府均被推诿
	2019 年徐某某拆迁办爆炸案	幼时父母吵架自杀、打工工厂倒闭、弟弟自杀、妻子要举报却遭威胁、妻子被气病检查发现患癌症、妻子离世	妻妹房子被拆无补偿、查处其举报的村支书、解决其问题的拆迁干部爽约、拆迁补偿较低

注：囿于搜集此类案例详细信息难度极大，仅列出作案人作案前与政府扶助发生联系且笔者掌握了较为详尽资料的部分案例。

2000年以来个人极端暴力犯罪案例基本信息一览表

附录二 2000年以来个人极端暴力犯罪案例基本信息一览表

序号	案件名称	作案时间	发案地	作案场所	作案人性别/年龄	作案人职业	作案手段	犯罪诱因	犯罪人与被害人关系	危害后果
1	刘某霞毒杀亲人案	1999年6月17日—2000年2月20日	河源市龙川县	居所	29岁	农民	毒杀	两女治病费钱、口角争执	抱养女、继女、两侄女	4死

续表

序号	案件名称	作案时间	发案地	作案场所	作案人性别/年龄	作案人职业	作案手段	犯罪诱因	犯罪人与被害人关系	危害后果
2	刘某金特大爆炸案	2000年3月29日	山西朔州	沙洞村	34岁男	爆破工	爆炸	妻儿失踪离家（疑似离家出走）	妻儿村民	39死58伤
3	贾某民灭门案	2000年10月6日	陕西合阳县	伏六乡坤龙村居所	男40多岁	农民	斧劈	因判刑与诸人结仇	亲人、同村人	13死
4	方某灭门案	2000年12月19日	广东	居所	男	市民	刀砍	怀疑妻子与被害男子有染，借钱未成	彼此认识	3死
5	陈某相杀亲灭门案	2001年1月2日	香港	居所	男24岁	市民	铁锤击杀	与母亲因金钱争执	母亲和干妈	4死
6	盘某灭门案	2001年3月5日	广东恩平	那吉镇潭角村委会田村	男	农民	锄头劈	田地纠纷等亲事长期积怨	亲戚/同村人	5死5伤

续表

序号	案件名称	作案时间	发案地	作案场所	作案人性别/年龄	作案人职业	作案手段	犯罪诱因	犯罪人与被害人关系	危害后果
7	李某才小学爆炸案	2001年3月6日	江西万载县	潭埠镇芳林村小学	34岁男	烟花爆竹工人	爆炸	婚恋不幸	教师学生	42死27伤
8	靳某超爆炸案	2001年3月16日	河北石家庄	居民楼	男	工人	爆炸	房屋纠纷、婚恋纠纷	陌生人、恋人、邻居	108死5重伤8轻伤
9	李某公交爆炸案	2001年10月21日	山东临沂	公交车	31岁男	医生	爆炸	妻子不同意离婚	妻子及乘客	8死30余伤
10	胡某海特大杀人案	2001年10月26日	山西晋中	村民居所	男	不详	枪击	被同村高家兄弟打伤	不详	14死3重伤
11	高某勇白银系列奸杀案	1998年5月—2002年2月	甘肃白银市、内蒙古包头市	民宅	男24岁开始作案	农民工	刀刺杀人、奸杀	经济差、工受挫、变态人格、怨恨社会	陌生人	11死
12	张某林客机纵火案	2002年5月7日	大连市海域	客机	男	商人	纵火	经商失败	陌生人	112死

附录二 2000年以来个人极端暴力犯罪案例基本信息一览表

序号	案件名称	作案时间	发案地	作案场所	作案人性别/年龄	作案人职业	作案手段	犯罪诱因	犯罪人与被害人关系	危害后果
13	陈某煌放火爆炸抢劫案	2002年7月21日	广西钟山县	县委办公楼、宾馆、民宅	男	农民	爆炸、纵火、刀刺，刀砍杀人	祖母坟墓被挖怀恨在心	邻居	6死7伤
14	闫某忠杀人案	2002年9月7日	北京市石景山	民宅、路边	男	工人	刀砍、刀扎	连建引发邻里纠纷	邻居、陌生人	9死1伤
15	陈某平投毒案	2002年9月14日	南京市江宁区	陈宗武经营的面食店	男	面食店老板	投毒	生活琐事矛盾、生意竞争	陌生人	42死300多人中毒
16	郭某民特大杀人案	2003年2月18日	辽宁葫芦岛市	民宅	男	农民	刀刺、锤击	菜地纠纷	邻居	13死
17	杨某海多省系列杀人案	2000年9月19日—2003年8月8日	河南、安徽、山东、河北	民宅	31岁男	务工	刀刺杀人、强奸、抢劫	人格扭曲	陌生人	67死

续表

序号	案件名称	作案时间	发案地	作案场所	作案人性别/年龄	作案人职业	作案手段	犯罪诱因	犯罪人与被害人关系	危害后果
18	陈某兆系列投毒杀人案	2003年5月25日—2003年6月27日	浙江省苍南县	龙港镇街上、寺庙厨房	男	医生	投毒	痴迷法轮功	陌生人	17死
19	翁某自焚案	2003年8月22日	江苏南京	拆迁办公地点	男	个体工商户	自焚	拆迁纠纷维权无果	不详	1死5伤
20	陈某梅特大投毒案	2003年10月21日	湖北利川市	民宅	60岁女	农民	投毒	家庭矛盾	亲属关系、邻里	10死23中毒
21	马某爵杀人案	2004年2月23日	云南昆明市	云南大学宿舍	男	学生	锤击	同学打牌纠纷	同学关系	4死
22	王某东特大杀人案	2004年3月28日	河南新乡市	民宅	男	工人	刀刺、砍	怀疑他人与自己妻子偷情	邻里关系	4死
23	简某良特大杀人案	2004年8月13日	陕西柞水市	民宅	男	农民	斧砍杀人	因强奸服刑积怨	通奸女家人	8死

附录二　2000 年以来个人极端暴力犯罪案例基本信息一览表

续表

序号	案件名称	作案时间	发案地	作案场所	作案人性别/年龄	作案人职业	作案手段	犯罪诱因	犯罪人与被害人关系	危害后果
24	杨某柱砍伤幼童案	2004年9月11日	江苏苏州	幼儿园	41岁男	不详	砍杀、爆炸	乡村干部打压持续维权无果	不详	28伤
25	阳某泉公交爆炸案	2004年10月28日	湖南长沙市	公交车	54岁男	农民	爆炸	家庭矛盾	陌生人	54伤
26	杨某明系列杀人案	1992年3月2日—2004年11月24日	山西阳泉		41岁男	油漆电焊工	扎刀	因曾经屡恋爱失败、痛恨女性	女性	9死3重伤
27	白某华中巴车爆炸案	2005年1月20日	新疆奎屯	中巴车	男	不详	爆炸	手指工伤赔偿纠纷	不详	11死7伤
28	黄某财爆炸案	2005年2月28日	湖南永兴	法院	43岁男	不详	爆炸	其子工伤赔偿纠纷维权无果	不详	1死2伤

续表

序号	案件名称	作案时间	发案地	作案场所	作案人性别/年龄	作案人职业	作案手段	犯罪诱因	犯罪人与被害人关系	危害后果
29	王某余特大杀人案	2005年5月11日	甘肃甘谷	住地	男	不详	砍捅	劳资纠纷	不详	4死1伤
30	马某喜爆炸案	2005年7月6日	辽宁辽阳县	正德商城	男	商人	爆炸	经济纠纷	陌生人	47人受伤,其中1人重伤
31	黄某银公交爆炸案	2005年8月8日	福建福州	公交车	男	农民(杂工)	爆炸	肺癌晚期	陌生人	3死31伤
32	艾某强驾车撞人案	2005年9月11日	北京东城区王府井	王府井大街	32岁男	农民工	锤击、车撞、棒击	数次遭欠薪	陌生人	2死7伤
33	苏某害亲人案	2005年11月	黑龙江宁安市	东京城镇杏山村	35岁女	农民	勒死	丈夫出轨	亲人	4死

续表

序号	案件名称	作案时间	发案地	作案场所	作案人性别/年龄	作案人职业	作案手段	犯罪诱因	犯罪人与被害人关系	危害后果
34	丁某福煤矿爆炸案	2005 年 11 月 8 日	新疆奇台县	煤矿生活区	男	工人	爆炸	怀疑女友与副矿长有奸情	工友	14 死 24 伤
35	邹某灭门案	2005 年 12 月 19 日	河北三河市	民宅	未破案	不详	刀砍、自缢	不详	不详	6 死
36	钱某昭法院爆炸案	2006 年 1 月 6 日	甘肃民乐	法院	62 岁男	不详	爆炸	不满法院对其儿子离婚财产的判决	不详	5 死 22 伤
37	栗某琴爆炸案	2006 年 3 月 11 日	广西百色乐业县	出租屋	女	农民	爆炸	离婚纠纷（离婚分居时限内丈夫与一女子同居）	丈夫等人	9 死 4 伤

续表

序号	案件名称	作案时间	发案地	作案场所	作案人性别/年龄	作案人职业	作案手段	犯罪诱因	犯罪人与被害人关系	危害后果
38	杨某学爆炸案	2006年3月26日	辽宁省辽阳县	铁西永丰轧钢厂	48岁男	货运司机	爆炸	运费纠纷	亲属关系	19人受伤、其中6人重伤
39	夏某开炸法院事件	2006年4月5日	四川广元	法院	59岁男	煤矿老板	爆炸	债务纠纷、维权无果	不详	1死1伤
40	王某富特大纵火案	2006年4月28日	浙江省温州市	奥吉卫具有限公司宿舍	男	职工	纵火	复仇	陌生人	10死、8伤
41	白某阳纵火案	2006年5月8日	河南省巩义市	幼儿园	19岁男	农民无业	纵火	轧路纠纷	陌生人	10死、3重伤、4轻伤
42	邱某华特大杀人案	2006年7月16日	陕西省安康市	寺庙	男	农民	刀斧欣	生活琐事矛盾	陌生人	10死
43	李某福恶性杀人案	2006年11月6日	广东省东莞市	饭馆	男	农民工	菜刀欣	赌钱赌博纠纷	陌生人	4死

附录二　2000年以来个人极端暴力犯罪案例基本信息一览表

序号	案件名称	作案时间	发案地	作案场所	作案人性别/年龄	作案人职业	作案手段	犯罪诱因	犯罪人与被害人关系	危害后果
44	曹某灭门案	2006年11月27日	贵州省兴仁县	居民小区	男	农民	锤击、匕首刺	劫财	县长家人	6死
45	蒋某强等人恶性杀人案	2006年12月11日	山西省临夏州临夏市	居民小区	男	农民	枪杀	劫财	陌生人	4死
46	刘某国恶性杀人案	2006年12月16日	辽宁瓦房店市	农村	30岁男	农民工	锤击、刀捅、推人水井	赌博纠纷	陌生人	4死
47	黄某义灭门案	2006年12月28日	广东省佛山市	居民小区、佛山市某医院	34岁男	商人	锤杀	与妻子发生争执	亲属关系	6死
48	刘某雄特大纵火案	2007年2月4日	浙江省黄岩东城	闹市区	男	农民工	纵火	经济纠纷	陌生人	17死5轻伤

续表

序号	案件名称	作案时间	发案地	作案场所	作案人性别/年龄	作案人职业	作案手段	犯罪诱因	犯罪人与被害人关系	危害后果
49	黄某文恶性杀人案	2007年7月10日	安徽省蒙城县	岳坊镇李油坊村郑后庄	31岁男	农民工	刀砍	离婚（未办结婚证）纠纷	亲属关系	5死1重伤
50	李某公交车连环爆炸案	2007年7月21日—2007年12月24日	云南昆明	公交车	男	农民工	连环爆炸	劳改释放、仇视社会	不详	2死14伤
51	张某华特大杀亲案	2007年8月15日	陕西安康市	石泉县云雾山镇奋家沟村一组	31岁男	农民工	斧砍	夫妻情感纠纷	妻子家属、村民	5死6伤
52	刘某良砍杀村民案	2007年9月11日	吉林长春	合隆镇孙家卜村前张家屯	38岁男	农民	刀刺	邻里积怨、买房纠纷	村民	6死8伤

续表

序号	案件名称	作案时间	发案地	作案场所	作案人性别/年龄	作案人职业	作案手段	犯罪诱因	犯罪人与被害人关系	危害后果
53	姜某永歌厅纵火案	2007年11月14日	河北省承德市	歌厅	男	歌厅服务生	纵火	管理人员训斥	陌生人	11死
54	杨某良恶性杀人案	2007年12月10日	云南省文山州	居民小区	男	商人	斧砍	生活琐事矛盾	恋人关系	4死
55	何某钊杀亲灭门案	2007年12月29日	广西壮族自治区岑溪市	南渡镇吉太社区偏远深山中	40岁女	农民	砍柴刀砍	口角纠纷	亲戚关系	5死
56	胡某强爆炸案	2008年5月17日	浙江省温州	龙湾区龙华村	男	农民	爆炸	赌博输钱	陌生人	19死38伤
57	杨某袭警案	2008年7月1日	上海市闸北区	闸北区政法办公大楼	28岁男	无业	刀捅刺砍击、纵火	不满警察盘查	陌生人	6死5伤
58	徐某连灭门案	2008年7月2日	四川达州宣汉	死者居所	男	农民工	棒击	"追求"已婚妇女被拒	"追求"对象的亲属	4死

续表

序号	案件名称	作案时间	发案地	作案场所	作案人性别/年龄	作案人职业	作案手段	犯罪诱因	犯罪人与被害人关系	危害后果
59	李某洪恶性杀人案	2008年9月20日	湖北十堰	城区商业街	男	农民工	水果刀刺	夫妻不和	陌生人	12伤
60	骆某记驾车撞人案	2008年11月5日	广东珠海	学校门口	34岁男		驾车撞人	生活连续受挫	不详	5死19伤
61	熊某林恶性杀人案	2009年1月5日	湖北随州	废品收购站	36岁男	废品收购站老板	刀砍	感情纠纷	同事员工	8死
62	张某良公交车纵火案	2009年6月5日	四川成都	公交车	男		纵火	生活窘迫,与家人关系不好	陌生人	27死74伤
63	李某清驾车撞人案	2009年6月23日	广东惠州	闹市区	46岁男	公交司机	驾驶公交车撞人	不满替班	陌生人	4死10伤
64	陈某兵杀扒窃团伙案	2009年8月23日	青海西宁	被害人居所	21岁男	扒窃为生	砍刀砍	多次遭扒窃团伙殴打体罚积怨	扒窃团伙伙伴	6死2人伤

续表

序号	案件名称	作案时间	发案地	作案场所	作案人性别/年龄	作案人职业	作案手段	犯罪诱因	犯罪人与被害人关系	危害后果
65	陈某法杀亲灭门案	2009年11月16日	云南禄劝县	乌蒙乡乌蒙村	21岁男	农民工	斧砍	被骗数万元积蓄，返回老家精神分裂症	亲属	6死
66	李某杀亲灭门案	2009年11月23日	北京大兴区	居民小区	男	商人	尖刀刺	长期家庭矛盾积怨	近亲属	6死
67	刘某兵杀亲屠村案	2009年12月12日	湖南安化	被害居所	34岁男	农民工	枪击刀砍火烧	亲友同财物纠纷	近亲属、同村村民	13死1伤
68	张某民杀人撞车案	2010年2月2日	天津经济技术开发区	公司内部、公路	男	天保运业有限公司调度员	匕首捅刺、驾大客车撞人	同事间矛盾	同事、陌生人	10死11伤
69	张红红灭门案	2010年2月10日	河北灵寿	居所	男	农民工	斧砍	家庭矛盾积怨	岳父家人	6死

续表

序号	案件名称	作案时间	发案地	作案场所	作案人性别/年龄	作案人职业	作案手段	犯罪诱因	犯罪人与被害人关系	危害后果
70	郑某生杀人案	2010年3月23日	福建南平	延平区实验小学门口	42岁男	医生	刀砍	婚姻工作不顺	陌生人	8死5伤
71	李某文灭门案	2010年3月27日	内蒙古巴彦淖尔市	被害居所	42岁男	农民工	斧头砍杀	威胁告发犯案经历	雇佣关系	5死
72	宋某灭门案	2010年4月27日	四川达州宣汉	被害居所	34岁男	农民工	刀刺、砖砸、铲拍	务工婚外情（情妇绝交）	情妇及其父母	3死
73	陈某炳校园砍杀案	2010年4月28日	广东湛江雷州	雷城第一小学	33岁男	教师	刀砍	被学校要求停课病休	师生	17伤
74	徐某元幼儿园凶杀案	2010年4月29日	江苏泰兴	幼儿园	47岁男	无业	刀砍	拆迁纠纷	不详	31伤（5重伤）

附录二 2000年以来个人极端暴力犯罪案例基本信息一览表

续表

序号	案件名称	作案时间	发案地	作案场所	作案人性别/年龄	作案人职业	作案手段	犯罪诱因	犯罪人与被害人关系	危害后果
75	王某来锤杀学生自焚案	2010年4月30日	山东潍坊	尚庄小学	男45岁	农民	铁铲打、自焚	拆迁纠纷	陌生人	1死5伤
76	周某忠杀母妻女等人案	2010年5月8日	江西省吉水县	八都镇城元村居所	36岁男	农民	钩杀	夫妻吵架	至亲家人	8死
77	吴某明幼儿园砍杀案	2010年5月12日	福建省南平市	村幼儿园	40岁男	农民	刀砍	病魔缠身	同村人	9死11伤
78	朱某枪杀法官案	2010年6月1日	湖南永州	法院	46岁男	邮政分局职工兼保安队长	枪击	自认为司法不公	不详	3死3伤
79	马某波杀姐家人案	2010年6月19日	湖北襄阳	被害居所、街上	30岁男	农民工	锤杀	婆媳矛盾被姐姐指责	亲姐家人和邻居	4死

续表

序号	案件名称	作案时间	发案地	作案场所	作案人性别/年龄	作案人职业	作案手段	犯罪诱因	犯罪人与被害人关系	危害后果
80	谌某涛纵火案	2010年7月21日	湖南长沙	去机场的大巴上	36岁男	个体工商户	纵火	生意受挫	陌生人	2死14伤
81	李某良驾车撞人案	2010年8月1日	河北元氏	马路	32岁男	铲车司机	驾驶铲车撞人	装煤错误发生口角	同事、陌生人	11死30伤
82	孙某中恶性杀人案	2010年12月26日	宁夏灵武	居所	男	废旧品回收工	刀砍	不满邻居规劝赌博	邻居	4死
83	周某新杀妻儿员工案	2011年4月14日	辽宁鞍山	浴池、洗车房	33岁男	浴池、洗车店经营者	铁锤击打	生意受挫，家庭矛盾，岳父轻视，怀疑妻子出轨	亲属、雇工	10死
84	马某库欣杀雇主案	2011年5月22日	北京朝阳区	被害者家旁	20岁男	搬运工	斧头欣20多次	被工友嘲笑、不满雇主使唤	雇主及其2岁儿子	2死

续表

序号	案件名称	作案时间	发案地	作案场所	作案人性别/年龄	作案人职业	作案手段	犯罪诱因	犯罪人与被害人关系	危害后果
85	陈某北投毒案	2011 年 5 月 25 日—2011 年 6 月 26 日	浙江苍南	路边、寺庙	男	医生	投毒	邪教思想蛊惑	陌生人	17 死
86	钱某奇爆炸案	2011 年 5 月 26 日	江西抚州	政府	52 岁男	无业	连环爆炸	拆迁纠纷	陌生人	3 死 9 伤
87	杨某升盗窃转化灭门案	2011 年 9 月 4 日	陕西咸阳乾县	居所	男 33 岁	农民	刀砍	经济拮据入室盗窃被害人发现	陌生人	3 死 2 伤
88	马某妻灭门案	2011 年 11 月 26 日	陕西西安未央区	莵大门村出租房内	40 岁男	农民工	刀刺	家庭纠纷	家人	4 死 1 伤
89	王某剑爆炸案	2011 年 12 月 1 日	湖北省武汉市	建设银行行网点	24 岁男	农民工（开小修理店）	爆炸	炒股赔本	陌生人	2 死 15 伤

续表

序号	案件名称	作案时间	发案地	作案场所	作案人性别/年龄	作案人职业	作案手段	犯罪诱因	犯罪人与被害人关系	危害后果
90	刘某顺纵火杀人案	2012年1月16日	福建建瓯	民居	47岁男	农民工	纵火	婚外情纠纷	情妇、陌生人	11死
91	江某书杀害前岳父家人案	2012年1月22日	河北秦皇岛	民居	41岁男	农民	刀砍	离婚纠纷	前岳父	3死
92	曹某全枪击案	2012年2月5日	甘肃会宁	农村、民居	30岁男	无业	刀刺枪击	家族仇恨、恋情不顺	邻里村民关系	4死7伤
93	乔某杨杀医案	2012年2月14日	河北柏乡	县医院耳鼻喉科	21岁男	农民工	刀砍	家庭矛盾	陌生人	1死3伤
94	胡某成杀害岳父家人案	2012年3月3日	云南昭通	盐津县普洱镇椅子村应伦家居所	24岁男	农民	（杀猪刀）刀砍刺	夫妻感情破裂	岳父母的姻亲	3死4伤

续表

序号	案件名称	作案时间	发案地	作案场所	作案人性别/年龄	作案人职业	作案手段	犯罪诱因	犯罪人与被害人关系	危害后果
95	肖某杀害姑姑等人案	2012年4月13日	湖南衡阳	衡阳县被害居所	12岁男	学生	（水果刀）刀捅	管教严格	亲戚	3死
96	李某南杀医案	2012年3月23日	黑龙江哈尔滨	医院办公室	17岁男	无业人员	刀砍	医患纠纷	医患关系	1死3伤
97	王某生杀医案	2012年4月28日	湖南衡阳	医院办公室	男	退休职工	刀刺	医患纠纷	医患关系	1死
98	吴某昌砍杀学生案	2012年9月21日	广西贵港平南县	冠英小学附近的"红苹果"午托	25岁男	农民工（无业）	刀砍	打工不顺、失业无助	陌生人	3死13伤
99	张某潜入女生宿舍杀人案	2012年9月25日	河南郑州	河南职业技术学院女生宿舍	男	大学学生	短刀捅杀	与某女生纠纷	陌生人	3死1伤

续表

序号	案件名称	作案时间	发案地	作案场所	作案人性别/年龄	作案人职业	作案手段	犯罪诱因	犯罪人与被害人关系	危害后果
100	刘某云纵火案	2012年12月4日	广东汕头	潮南区陈店镇新溪西村一内衣作坊	26岁男	农民工	纵火	劳资纠纷	同事	14死1伤
101	闵某军砍杀学生案	2012年12月14日	河南信阳光山	文殊乡陈棚小学	男36岁	农民	刀砍	1991年起患癫痫病	陌生人	24伤
102	殷某军撞人事件	2012年12月24日	河北丰宁	街面	48岁男	无业	驾车撞人	对女儿被害审判不服（离异，丧女）	陌生人	23伤
103	高某峰爆炸案	2013年1月11日	黑龙江双鸭山	市区街道	55岁男	农民工	爆炸	因工伤与公司纠纷	工友与少部分陌生人	11死40伤

续表

序号	案件名称	作案时间	发案地	作案场所	作案人性别/年龄	作案人职业	作案手段	犯罪诱因	犯罪人与被害人关系	危害后果
104	林某飞杀妻灭门案	2013年2月18日	江苏东海	住宅	28岁男	农民	刀砍	婚姻纠纷	岳父母、妻子、家人	4死
105	余某龙杀妻灭门案	2013年3月23日	湖北长阳	鸭子口乡古坪村被害者居所	36岁男	农民	菜刀砍、铁锤敲	家庭（感情）纠纷	岳父母、家人	7死
106	陈某总公交纵火案	2013年6月7日	福建厦门	公交车	57岁男	不详	公交纵火	未能办妥社保	不详	55死34伤
107	冀某星机场爆炸案	2013年7月20日	北京机场	机场	男	不详	爆炸	多年上访和起诉均未能如愿	自己	1伤
108	丁某华特大杀人案	2013年7月25日	河南驻马店西平、漯河	家具城内，出租车内	男	农民	刀砍	邻里纠纷积怨	熟人、陌生人	5死3伤

续表

序号	案件名称	作案时间	发案地	作案场所	作案人性别/年龄	作案人职业	作案手段	犯罪诱因	犯罪人与被害人关系	危害后果
109	王某敬老院纵火案	2013年7月26日	黑龙江海伦市	海伦市联合敬老院住院处	46岁男	无业	纵火	怀疑院友偷其200元	养老院院友	11死4伤
110	林某云故意伤害案	2013年8月19日	福建福清	酒店商场等娱乐场所	31岁男	农民工	刀割	三次恋爱失败，感觉被骗钱	穿着暴露的陌生女性	22轻伤
111	李某勇公交内砍人案	2013年8月25日	四川成都	一环路北四段	41岁男	农民工 无业	刀砍	打工连续被骗	陌生人	5死5重伤5轻伤
112	麻某东灭门案	2013年10月14日	宁夏彭阳	红河乡文沟村被害者居所	24岁男 25岁	农民工	斧头砍	家庭经济纠纷	岳父家人	7死

续表

序号	案件名称	作案时间	发案地	作案场所	作案人性别/年龄	作案人职业	作案手段	犯罪诱因	犯罪人与被害人关系	危害后果
113	丰某均连环爆炸案	2013年11月6日	山西太原	太原市迎泽大街迎泽桥东	41岁男	出租车司机	爆炸	偏执型人格障碍	陌生人	1死8伤
114	彩某锋杀医案	2013年11月13日	安徽合肥	安徽医科大学第二附属医院	42岁男	无业	菜刀欣	偏执性精神障碍	医患关系	1死4伤
115	贾某某杀妻灭门案	2013年11月22日	河南淮阳	被害人居所	男	农民工	勒死	离婚纠纷、怀疑妻与姐夫有染	妻儿等人	7人
116	邵某其杀妻灭门案	2014年1月30日	云南腾冲	被害人居所	男	农民	枪杀	妻子偷情、经济纠纷	妻子的情人（堂兄弟）及家人	6死3伤

续表

序号	案件名称	作案时间	发案地	作案场所	作案人性别/年龄	作案人职业	作案手段	犯罪诱因	犯罪人与被害人关系	危害后果
117	广东清远阿平（化名）灭门案	2014年2月18日	广东清远	罪犯情人居所	女	农民工	刀砍	婚外情纠纷	情夫的家人	3死
118	赵某辉恶性杀人案	2014年3月27日	北京怀柔	王化村多处街道	33岁男	农民	刀砍	对村集体不满、患癫痫病和精神病	同村村民	6死12伤
119	苏某胜入户盗窃灭门案	2014年4月29日	广东番禺	大石街某小区住宅内	29岁男	务工（离异）	刀砍? 锤杀?	入户盗窃被屋主发现	陌生人	6死
120	余某海公交纵火案	2014年5月12日	四川宜宾	公交车内	51岁男	教师/无业	纵火	患糖尿病、似患精神分裂	陌生人	1死77伤
121	陈某杭砍杀学生案	2014年5月20日	湖北麻城	五里墩小学	男35岁	农民工	刀砍	行凶前吸食冰毒	陌生人	8伤

续表

序号	案件名称	作案时间	发案地	作案场所	作案人性别/年龄	作案人职业	作案手段	犯罪诱因	犯罪人与被害人关系	危害后果
122	李某涛灭门案	2014年5月21日	河南平顶山	被害居所	40岁男	农民	刀砍	对门邻居在大门上安的镜子引发口角争吵	邻居	8死
123	包某旭公交纵火案	2014年7月5日	浙江杭州	公交车内	30岁男	农民工	纵火	肺结核病、经济拮据、旧疾复发、对社会不满等	陌生人	33伤（20重伤）
124	陈某森公交纵火案	2014年7月11日	湖南长沙	公交车内	30岁男	农民工	纵火	工作恋爱受挫	陌生人	无人员伤亡
125	欧某生公交纵火案	2014年7月15日	广东广州	公交车内	30岁男	农民工	纵火	赌博输钱	陌生人	2死32伤

续表

序号	案件名称	作案时间	发案地	作案场所	作案人性别/年龄	作案人职业	作案手段	犯罪诱因	犯罪人与被害人关系	危害后果
126	徐某福公交纵火案	2014年8月20日	山东龙口	公交车	57岁男	金店老板	纵火	拆迁纠纷、多次上访未果	不详	1死19伤
127	陈某富校园砍杀案	2014年9月1日	湖北十堰郧西县	城关镇东风小学	43岁男	农民(工)	刀砍	女儿报名四求老师被拒	女儿的老师同学	5死5伤
128	石某廷小学砍杀案	2014年9月26日	广西灵山	平山镇古朴小学周边	57岁男	摩的司机	刀砍	挣不到钱心理失衡	同村小学生	4死
129	李某龙砍杀女职工案	2014年11月20日	河北秦皇岛	疗养院女职工宿舍	27岁男	食堂务工	刀砍	疑有精神病	同事	7死1伤
130	何某带系列杀害雇老人案	2014年12月16日	广东广州	雇主居所	45岁女	保姆(务工)	毒杀、绳勒	贪图钱财	雇佣关系	8死2伤

附录二 2000年以来个人极端暴力犯罪案例基本信息一览表

续表

序号	案件名称	作案时间	发案地	作案场所	作案人性别/年龄	作案人职业	作案手段	犯罪诱因	犯罪人与被害人关系	危害后果
131	冯某相杀人案	2014年12月26日	云南德宏州	被害居所	20岁男	农民	砍刀砍	精神异常	家人和邻居	5死9伤
132	陈某萍系列杀害老人案	2015年2月3日	广东广州	雇主居所	48岁女	保姆	毒杀	贪图钱财	雇佣关系	6死
133	武某国杀妻灭门案	2015年2月14日	河北承德县	村民居所	39岁	农民	持械打杀	长期积压的家庭矛盾	岳父家人	8死
134	贾某龙杀人案	2015年2月15日	河北石家庄	村民居所	29岁	农民	改装射钉枪、枪击	拆迁纠纷（与村主任纠纷）	同村人	1死
135	罗某初杀害老人案	2015年2月19日	湖南双峰	养老院	男	护工	砖头砸	拖欠工资	老人	9死 2重伤 7轻伤
136	贝某明恶性杀人案	2015年5月7日	黑龙江宝清县	村委办公室内	男	农民	杀猪刀砍	土地发包纠纷	村干部（亲戚）	4死

续表

序号	案件名称	作案时间	发案地	作案场所	作案人性别/年龄	作案人职业	作案手段	犯罪诱因	犯罪人与被害人关系	危害后果
137	张某顶灭门案	2015年8月5日	陕西安康旬阳	瓦房坡村一组	44岁男	农民	匕首捅刺	邻里纠纷积怨	同村村民	6死
138	汪某杀妻灭门案	2015年8月22日	湖南湘西州龙山县	农村居所	47岁男	农民	杀猪刀砍杀	离婚纠纷（长期两地分居，打骂妻子）	岳父家人	9死4伤
139	韦某勇连环爆炸案	2015年9月30日	广西柳城	商场、医院、政府等17地	33岁	采石场经营主	连续爆炸	采石生产与附近村民、相关单位产生矛盾	陌生人	10死51伤
140	刘某合杀人案	2015年10月5日	山东嘉祥	三刘村废品收购站	56岁男	农民	持刀杀人、纵火	经济纠纷结怨	亲属关系	4死
141	邓某智暴力袭警案	2015年11月4日	河南洛阳	道路交叉口	43岁男	农民工	西瓜刀捅	怀恨警察扣车	执法民警	2死2伤

续表

序号	案件名称	作案时间	发案地	作案场所	作案人性别/年龄	作案人职业	作案手段	犯罪诱因	犯罪人与被害人关系	危害后果
142	杨某海杀女友家人案	2015 年 11 月 16 日	重庆开州	麻柳乡	30 岁男	农民工	斧砍	婚恋纠纷（女方要求买房，否则不结婚并打掉肚里孩子）	恋人关系	5 死
143	马某平公交车纵火案	2016 年 1 月 5 日	宁夏银川	公交车	33 岁男	经营劳务派遣	纵火（试图自杀未果）	工程款纠纷	债务纠纷	18 死 32 伤
144	聂某勇连环杀人案	2016 年 1 月 15—日 2016 年 1 月 17 日	湖南衡山	源添村	27 岁男	广东务工	杀人、强奸、抢劫	见色起意	陌生人	6 死 1 伤
145	杨某秀纵火灭门案	2016 年 1 月 19 日	广西柳州	被害居所	36 岁男	农民	纵火	夫妻吵架后妻子回娘家居住	妻子及其家人	5 死

续表

序号	案件名称	作案时间	发案地	作案场所	作案人性别/年龄	作案人职业	作案手段	犯罪诱因	犯罪人与被害人关系	危害后果
146	胡某兵撞人案	2016年1月19日	江西奉新	冯川镇狮山西大道	44岁男	农民	驾车撞人	不详	学生	4死18伤
147	李某君伤人案	2016年2月19日	海南海口	扬帆学校	46岁男	开摩托拉客	持刀砍人	不满交通违章处罚	陌生人	10伤
148	谢某杀害邻居案	2016年4月20日	广西横县	新福镇彭岭村委大岭村	35岁男	农民	持刀杀人		邻里关系	4死
149	范某培杀害拆迁人员案	2016年5月10日	河南郑州市惠济区	老鸦陈街道薛岗村	36岁男	农民工（仓库保管员）	刀砍	拆迁纠纷	不详	3死1伤
150	周某华恶性杀人案	2016年5月16日	安徽芜湖	光华星辰小区	男	保安	钝器刺杀	轧死宠物狗赔偿纠纷	陌生人	3死

续表

序号	案件名称	作案时间	发案地	作案场所	作案人性别/年龄	作案人职业	作案手段	犯罪诱因	犯罪人与被害人关系	危害后果
151	王某军杀人舅子家案	2016年6月22日	辽宁海城	哈达村	48岁男	农民无业	杀人	嗜赌欠债、向妻子家人借钱未果	舅子家人	5死
152	刘某鹏入室抢劫案	2016年6月24日	陕西西安市	被害人居所	39岁男	经商	刀捅刺	入室抢劫遭反抗	陌生人	5死
153	胡某骑入室抢劫灭门案	2016年7月25日	山东东营市东营区	被害人居所	21岁男	史口镇居民	刀捅刺	入室抢劫遭反抗	陌生人	4死
154	杨某兰杀子自杀案	2016年8月26日	甘肃康乐	阿古山村	28岁女	农民	斧头砍、喝农药	生活困难、邻里关系不好、政府帮扶政策不够落实	亲属	4死

续表

序号	案件名称	作案时间	发案地	作案场所	作案人性别/年龄	作案人职业	作案手段	犯罪诱因	犯罪人与被害人关系	危害后果
155	杨某培特大杀亲案	2016年9月28日	云南曲靖	野马村	28岁男	农民工	十字镐击打	向父母要钱发生争执,杀死父、母后,担心其罪行败露	亲属邻居	19死
156	雷某跃砍杀学生案	2016年11月25日	陕西汉中	托管班门口	58岁男		用斧头砍	先后因盗窃罪被北京、陕西警方打击处理	不详不详	9伤
157	覃某安幼儿园砍杀案	2017年1月4日	广西凭祥市	凭祥镇南山村	42岁男	农民	菜刀砍	感觉自己在村里受到欺负	同村人	4重伤8轻伤
158	莫某晶纵火案	2017年6月22日	浙江杭州	蓝色钱江小区	34岁女	住家保姆	纵火	为筹集赌资	雇主家人	4死

附录二　2000 年以来个人极端暴力犯罪案例基本信息一览表

续表

序号	案件名称	作案时间	发案地	作案场所	作案人性别/年龄	作案人职业	作案手段	犯罪诱因	犯罪人与被害人关系	危害后果
159	蒋某均超市砍人案	2017 年 7 月 16 日	广东深圳	宝安区西乡金港华庭沃尔玛超市	30 岁男	无固定职业	菜刀砍	不详	陌生人	2 死 9 伤
160	苏某成游览车纵火案	2017 年 7 月 19 日	台湾	游览车	男	游览车司机	纵火	妻子因其性侵案定罪带三个孩子回大陆定居	乘客	26 死
161	王某砍人撞人案	2017 年 7 月 27 日	湖北武汉	东西湖六顺路中百物流综合楼、107 国道六顺路路口	40 岁男	送货员	刀砍、车撞	公司将其开除	不详	3 死 4 伤

续表

序号	案件名称	作案时间	发案地	作案场所	作案人性别/年龄	作案人职业	作案手段	犯罪诱因	犯罪人与被害人关系	危害后果
162	陈某湘持枪杀人案	2017年12月22日	湖南娄底新化	警车内	男 46 岁	警察	持枪杀人	纠纷泄愤杀人	纠纷当事人	2 死
163	张某扣复仇杀人案	2018年2月15日	陕西汉中	王坪村	男	农民工	持刀杀人	工作生活屡屡受挫	邻里关系	3 死
164	白某持枪杀人案	2018年4月14日	陕西西安	白家村	男	警察	持枪杀人	装修费纠纷	经济纠纷当事人	2 死 3 伤
165	崔某会恶性杀人案	2018年4月22日	辽宁大连	赵屯村	男 51 岁	无业	持刀杀人	邻里纠纷	同村村民	4 死
166	刘某露纵火杀人案	2018年4月24日	广东清远	英德市茶园路KTV	33 岁男	经营灵芝生意	纵火	表白遭拒、交易不成	陌生人	18 死5 伤
167	赵某伟砍杀学生案	2018年4月27日	陕西米脂	第三中学	男 28 岁	无业	持匕首杀人	工作不顺	陌生人	9 死12 伤

续表

序号	案件名称	作案时间	发案地	作案场所	作案人性别/年龄	作案人职业	作案手段	犯罪诱因	犯罪人与被害人关系	危害后果
168	刘某硕驾车撞人案	2018年6月6日	河北唐山市路北区	夜市街	50岁男	不详	酒后驾车撞人	因厌世自杀前杀害他人垫背	陌生人	7死2重伤、3人轻伤、5人轻微伤
169	黄某持刀伤人案	2018年6月13日	上海浦东	龚华路小区	44岁男	无业	菜刀砍	邻里纠纷	陌生人	3死5伤
170	辛某平公交车砍人案	2018年6月22日	陕西西安	302公交车	41岁男	无业	刀砍	乘坐公交时被人扎针染上重病，遂产生报复念	陌生人	4死7伤
171	黄某川砍杀学生案	2018年6月28日	上海浦北	世界外国语小学	男	无业	持刀杀人	就业不顺报复社会	陌生人	2死2伤

续表

序号	案件名称	作案时间	发案地	作案场所	作案人性别/年龄	作案人职业	作案手段	犯罪诱因	犯罪人与被害人关系	危害后果
172	况某林持枪杀人案	2018年8月20日	江西宜春上高	建材市场、宿舍合内	男43岁	个体商户	持枪杀人	经济纠纷、邻里口角纷争	前同事、租房邻居	4死
173	黄某朝危害公共安全、恶性杀人案	2018年8月20日	广西柳州	铸造厂住宿区	54岁男	无业	持刀杀人、驾车撞人	感情纠纷	恋人关系	6死12伤
174	钟某捅杀女友母兄案	2018年8月25日	上海松江区	野外	20多岁男	农民工	水果刀捅刺	恋爱分手	前网恋女友（大学生）母兄等人	1死3伤
175	阳某云驾车撞人案	2018年9月12日	湖南衡东	滨江广场	55岁男	放贷赌博	驾车冲撞、折叠铲、匕首砍刺	赌博输钱	陌生人	15死43伤

续表

序号	案件名称	作案时间	发案地	作案场所	作案人性别/年龄	作案人职业	作案手段	犯罪诱因	犯罪人与被害人关系	危害后果
176	杨某驾车撞人案	2018年11月27日	四川乐山沙湾区	嘉农镇王场村公交车站台附近	男	不详	驾车冲撞	婚姻家庭矛盾	陌生人	7死3伤
177	韦某车撞迁人员案	2018年10月15日	江苏扬州	生态科技新城杭集镇	49岁男	镇居民	驾车冲撞	拆迁纠纷、被拆迁人员殴打	拆迁人员，群众	2死8伤
178	彭某桃杀妻子等人案	2018年10月20日	四川乐山	井研县胜泉乡被害居所	40岁男	农民	菜刀砍	离婚纠纷	姻亲关系	4死1重伤
179	卢某兵公交爆炸案	2018年12月5日	四川乐山	公交车	45岁男	农民	爆炸	征地纠纷（上诉要求判处死刑立即执行）	陌生人	17伤

续表

序号	案件名称	作案时间	发案地	作案场所	作案人性别/年龄	作案人职业	作案手段	犯罪诱因	犯罪人与被害人关系	危害后果
180	李某飞杀害合伙人案	2018年12月16日—17日	内蒙古呼和浩特市	被害人居住、水厂内	男	合伙经商	刀刺	合伙退股纠纷	合伙人及其家人	5死
181	张某军杀其女婿及岳父母案	2019年1月10日	四川成都	彭州住宅区	60岁男		刀刺	女儿离婚纠纷	女婿及其父母	3死
182	付某莲弑母骗保案	2019年3月10日	四川自贡	居所	男	务工	电击、板凳击打	心理失衡、骗保	母子	1死
183	梁某持枪杀人案	2019年3月25日	内蒙古通辽开鲁	供水厂	44岁男	供水厂副厂长	枪杀	工作和生活琐事产生矛盾	同事及附近居民	5死
184	王某幼儿园投毒案	2019年3月27日	河南焦作解放区	幼儿园	36岁女	幼教	投毒	因工资矛盾与同事产生纠纷（报复同事）	师生	1死22伤

续表

序号	案件名称	作案时间	发案地	作案场所	作案人性别年龄	作案人职业	作案手段	犯罪诱因	犯罪人与被害人关系	危害后果
185	韦某初杀人案	2019年4月16日	广西柳州柳江区	拉堡镇和黄岭村被害人居所	44岁男	农民	菜刀砍	债务纠纷、与女友感情不和	债务纠纷，女友者、女友亲属	4死1伤
186	蒙某岩杀害岳母等人案	2019年4月17日	广西河池大化县	板升乡弄勇村弄额屯	39岁男	农民	用钢筋击打	无端怀疑其妻出轨	岳母、同村村民	5死1伤
187	王某建校园刺杀案	2019年5月10日	江西上饶	上饶市第五小学	41岁男	不详	刀刺	女儿与被害同学矛盾	女儿同学	1死
188	邓某砍杀保安案	2019年6月19日	四川德阳	市政府门口	32岁男	农民工	刀砍	家庭矛盾	陌生人	1死1伤
189	徐某某拆迁办爆炸案	2019年7月26日	四川绵阳	拆迁办公室	男	农民	爆炸	拆迁维权无果	拆迁办陌生人？	5死15伤

续表

序号	案件名称	作案时间	发案地	作案场所	作案人性别/年龄	作案人职业	作案手段	犯罪诱因	犯罪人与被害人关系	危害后果
190	王某杀妻亲友案	2019年7月28日	江苏淮安	被害居所	男24岁	不详	砍杀	离婚纠纷	妻子亲友	6死1伤
191	杨某情杀案	2019年8月5日	宁夏固原西吉	被害居所	男35岁	不详	刀砍	感情纠纷	情人及其亲友	5死1伤
192	李某平杀人案	2019年8月30日	四川达州宣汉	居所村里	男53岁	农民(工)	锄头击打	田边树挡庄稼纠纷	亲戚	3死1伤
193	于某砍杀学生案	2019年9月2日	湖北恩施	朝阳坡小学	男40岁(未婚)	不详	刀砍	不详	陌生人	8死2伤
194	孔某涵幼儿园伤人案	2019年11月11日	云南省开远市	东城幼儿园	23岁男	无业	喷洒氢氧化钠	幼时父母离异、工作生活不顺	陌生人	54伤(48轻伤、4中伤、2重伤)

续表

序号	案件名称	作案时间	发案地	作案场所	作案人性别/年龄	作案人职业	作案手段	犯罪诱因	犯罪人与被害人关系	危害后果
195	肖某杀楼上邻居案	2019年11月16日	河南郑州郑东新区	农业南路某租房内	男59岁	不详	刀砍	长期半夜吵闹	楼上楼下邻居	3 死
196	吴某早杀三母女案	2019年11月17日	四川宜宾叙州	柏溪街道集体一街一店铺	男42岁	农民工	不详	不详	同居(恋人)关系	4 死
197	晏某车撞人案	2019年11月18日	河南信阳光山县	(晏河乡)门前	男	村医	车撞	地坪不规范被查	执法者与被执法关系	2 死 1 伤
198	庄某来重大杀亲案	2019年11月20日	河北廊坊香河县	钱旺镇达古庄村(居所)	男49岁	农民	刀刺	不详	姐姐祖孙	4 死

续表

序号	案件名称	作案时间	发案地	作案场所	作案人性别/年龄	作案人职业	作案手段	犯罪诱因	犯罪人与被害人关系	危害后果
199	邹某德灭门案	2019年11月27日	江西丰城市	尚庄街道农村居所	男45岁	市民	刀砍	14年前离婚纠葛	同一街道人	3死
200	童某发杀死邻居案	2020年2月20日	湖北武汉新洲区	汪集街陶河村	48岁男	农民	刀刺	邻居口角纠纷	邻居	3死
201	王某杀人邻居案	2020年3月8日	辽宁鞍山市	海城王石镇三大村	男	农民	斧头砍、尖刀刺	与前妻吵架嫌邻居多嘴、怀疑其父与婶娘串通霸占家产	父亲、堂弟媳、邻居	1死2伤
202	吴某亮杀害岳父母家人案	2020年3月31日	安徽阜阳市颍上县	夏桥镇张泊渡村	47岁男	农民	刀砍	离婚纠纷	岳父母家人	5死

附录二 2000 年以来个人极端暴力犯罪案例基本信息一览表

序号	案件名称	作案时间	发案地	作案场所	作案人性别/年龄	作案人职业	作案手段	犯罪诱因	犯罪人与被害人关系	危害后果
203	郑某军小学砍杀案	2020 年 4 月 3 日	湖南永州宁远县	柏家坪镇完全小学	31 岁男	不详	刀砍	不详	不详	2 死 2 伤
204	张某某杀害村民案	2020 年 4 月 5 日	甘肃武威民勤县	薛百镇长城村	30 多岁男	农民	杀害焚尸	干扰自己家事	与妻子交好女子及其子女	3 死
205	田某银杀兄家人案	2020 年 4 月 11 日	四川泸州泸县	立石镇普照村居所	46 岁男	农民	刀砍	母亲安葬费纠纷	兄嫂侄女	3 死 1 伤
206	管某杀妻儿灭门案	2020 年 4 月 21 日	河南郏县	城关镇被害家中	34 岁男	不详	不详	夫妻矛盾情绪失控	妻儿	4 死
207	王某强杀害大伯家人案	2020 年 4 月 24 日	河北保定清苑区	魏村镇魏村北街居所	37 岁男	农民	砍杀	宅基地纠纷	大伯家人	4 死

续表

序号	案件名称	作案时间	发案地	作案场所	作案人性别/年龄	作案人职业	作案手段	犯罪诱因	犯罪人与被害人关系	危害后果
208	王某原因情杀人案	2020年6月1日	湖南隆回县	横板桥镇金石村	30岁男	农民	不详	情感纠纷	对象及其孩子	4死1伤
209	李某文砍杀学生案	2020年6月1日	广西梧州		50岁男	保安	菜砍杀	同事间矛盾	所工作小学人员	41伤
210	刘某焕杀女友家人案	2020年6月23日	河南汝南	被害居所	男	电子厂工人	刀捅	女友家人反对而分手	不详	3死
211	张某钢驾公交车坠湖案	2020年7月7日	贵州安顺	公交车	52岁男	公交司机	驾驶公交车冲入湖中	对拆除其承租公房不满	公交乘客	21死15伤
212	邱某某灭门案	2020年8月9日	自贡富顺	被害居所	33岁男	不详	不详	情感和经济纠纷	前女友家属	6死
213	李某某灭门案	2020年8月11日	青海西宁	被害居所	男	不详	不详	家庭纠纷	不详	4死2伤

续表

序号	案件名称	作案时间	发案地	作案场所	作案人性别/年龄	作案人职业	作案手段	犯罪诱因	犯罪人与被害人关系	危害后果
214	张某华杀女友家人案	2020年8月23日	庆城县	被害居所	男	不详	刀捅刺	因买房、领结婚证纠纷	未婚妻家人	4死
215	陈某杀害女同学案	2020年9月28日	湖北仙桃	教室	17岁男	学生	刀刺	班级垃圾管理引发小摩擦	同学	2死
216	刘某某人户灭门案	2021年2月12日	山东平邑县	平邑街道	45岁男	不详	不详	债务纠纷（五六千元纠纷）	不详	7死
217	魏某某枪杀村民案	2021年2月16日	黑龙江北安市	石泉镇永跃村	68岁男	养牛户	枪杀	养牛纠纷	村民	7死
218	江某涛杀前妻灭门案	2021年3月13日	浙江嘉善县	魏塘街道	33岁男	不详	不详	不详	不详	5死1伤

续表

序号	案件名称	作案时间	发案地	作案场所	作案人性别年龄	作案人职业	作案手段	犯罪诱因	犯罪人与被害人关系	危害后果
219	张某光杀人灭门案	2021年3月16日	蠡县	鲍墟镇被害家中	32岁男	不详	菜刀匕首砍刺	不详	村民	6死
220	潘某海杀前妻灭门案	2021年4月16日	广西玉林	兴业县山心镇高田村	37岁男	不详	刀砍	离婚彩礼纠纷	村民	5死
221	杨某街头刺人案	2021年4月16日	四川成都	天府新区华阳街道伏龙小区	31岁男	不详	刀刺	与母亲吵架	不详	4伤
222	曾某幼儿园砍杀案	2021年4月28日	广西北流市	新丰镇民办健乐幼儿园	24岁男	不详	刀砍	与女教师妻子闹离婚	村民	2死16伤
223	张林杀害前妻等人案	2021年5月12日	江苏宜兴	张渚镇善卷村	30岁男	农民工	不详	离婚怨恨妻子	前妻等人	4死

续表

序号	案件名称	作案时间	发案地	作案场所	作案人性别/年龄	作案人职业	作案手段	犯罪诱因	犯罪人与被害人关系	危害后果
224	廖某保杀人焚烧案	2021年5月14日	广西柳州	融安县长安塘寨村塘寨屯	49岁男	农民	刀砍焚烧	不详的纠纷	同村村民	3 死
225	刘某驾车撞人案	2021年5月22日	辽宁大连	中山区五惠路与友好街路口	32岁男	理发师	驾车冲撞	投资失败	陌生人	5 死 5 伤
226	黎某超杀人案	2021年5月22日	贵州黔南	独山县井城街道办事处	38岁男	农民	不详	情感经济纠纷	同居女子家人等	3 死 1 伤
227	李某砍杀学生案	2021年5月24日	河北沧州	中学外	30岁男	无业	菜刀砍	精神病	不详	3 伤
228	吴某某棍殴校学生	2021年5月25日	河南南阳	小学旁	66岁男	某单位退休人员	棍棒殴打	生活失意离家独居	陌生人	14 伤

续表

序号	案件名称	作案时间	发案地	作案场所	作案人性别/年龄	作案人职业	作案手段	犯罪诱因	犯罪人与被害人关系	危害后果
229	曹某某砍杀学生案	2021年5月28日	湖南郴州	苏仙区白露塘镇	男	农民工	菜刀砍	疑似精神病	陌生人	1死4伤
230	徐某某杀人案	2021年5月29日	浙江绍兴	嵊州市谷来镇民宅	男	不详	不详	不详	不详	3死2伤
231	吉某某撞人砍人案	2021年5月29日	江苏南京	秦淮区金銮巷	41岁男	不详	驾车撞人、刀捅	离婚后与前妻感情纠纷	前妻及陌生人	8伤
232	田某某持刀砍人案	2021年7月14日	辽宁沈阳	生鲜超市内	61岁男	肉食柜台员工	刀砍	销售猪肉纠纷	顾客及陌生人	2死7伤

注：课题组按照个人实施的、使用极端暴力手段实施的（手段特别残忍，情节特别恶劣），后果极其严重（严重伤亡后果，社会影响及危害极大）的等标准，共收集232例个人极端暴力犯罪案件。其中，未列出作案人年龄的案例为课题组未获知其年龄。